21世纪经济管理新形态教材·公共管理系列

城市危机管理
（第二版）

许 敏 ◎ 编 著

清华大学出版社

北京

内 容 简 介

本书围绕城市危机管理和城市公共安全这一主题，揭示当前城市面临的复杂安全形势，结合危机管理的理论研究和实践发展，全面系统地介绍了城市危机管理的组织体系和运行机制，包括应急准备、监测与预警、应急响应与决策、应急沟通、协调与联动、恢复与评估。通过梳理和分析智慧应急、网格化管理和韧性治理等内容，把握城市危机管理新视点。

本书适合公共管理和应急管理等专业的师生，以及应急管理的实践者阅读参考。

本书封面贴有清华大学出版社防伪标签，无标签者不得销售。

版权所有，侵权必究。举报：010-62782989，beiqinquan@tup.tsinghua.edu.cn。

图书在版编目（CIP）数据

城市危机管理 / 许敏编著．—2 版．—北京：清华大学出版社，2024.4
21 世纪经济管理新形态教材．公共管理系列
ISBN 978-7-302-65074-4

Ⅰ．①城⋯　Ⅱ．①许⋯　Ⅲ．①城市－紧急事件－公共管理－高等学校－教材　Ⅳ．① D035.34

中国国家版本馆 CIP 数据核字 (2024) 第 003475 号

责任编辑：刘志彬
封面设计：汉风唐韵
责任校对：宋玉莲
责任印制：宋　林

出版发行：清华大学出版社
网　　址：https://www.tup.com.cn，https://www.wqxuetang.com
地　　址：北京清华大学学研大厦 A 座　　邮　编：100084
社 总 机：010-83470000　　邮　购：010-62786544
投稿与读者服务：010-62776969，c-service@tup.tsinghua.edu.cn
质 量 反 馈：010-62772015，zhiliang@tup.tsinghua.edu.cn
印 装 者：三河市人民印务有限公司
经　　销：全国新华书店
开　　本：185mm×260mm　　印　张：14.5　　字　数：297 千字
版　　次：2013 年 1 月第 1 版　　2024 年 4 月第 2 版　　印　次：2024 年 4 月第 1 次印刷
定　　价：48.00 元

产品编号：079326-01

前言

应急管理是国家治理体系和治理能力的重要组成部分，承担着防范化解重大风险、及时应对处置各类突发事件的重要职责，担负着保护人民群众生命财产安全和维护社会稳定的重要使命。自《城市危机管理》第一版于2013年1月出版以来，我国公共安全治理和应急管理快速发展。尤其是党的十八大以来，以习近平同志为核心的党中央加强国家安全战略谋划和顶层设计，创造性地提出总体国家安全观，推动国家安全工作，取得显著成效。党的二十大提出，构建全域联动、立体高效的国家安全防护体系，以新安全格局保障新发展格局。这充分表明国家安全工作在党和国家工作大局中的重要地位。可以说，统筹发展与安全、居安思危已成为我国治国理政的基本方略和重要原则。

近年来，极端自然灾害、人为环境灾难与关键基础设施故障、传染病疫情等重大风险高度关联，诱发一系列大规模危机事件。而城市由于各类要素聚集，在危机的"放大效应"和"连锁反应"的作用下，面临更为严峻和复杂的安全形势，危机管理责任也更为重大。由于2018年国家成立应急管理部后，我国应急管理体制机制发生了重大变化，城市危机管理的理论研究与时俱进并取得丰硕成果。因此，本书作者决定对第一版教材进行修订，更新内容，以期能够更加准确地把握、反映当前的实践和理论，为相关专业的学生、教研工作者及实践人员提供可以参考的资料。

本次修订更新主要体现在两方面：一是将第一版中实务篇的城市自然灾害危机管理、城市事故灾难危机管理、城市突发公共卫生事件管理、城市突发社会安全事件管理，以案例形式嵌入相关章节中，用选取的典型城市危机管理案例阐释和分析相关知识点。二是新版教材在内容上更加聚焦城市危机管理体制、机制和实践前沿。在体制方面，按照2018年国家组建应急管理部和综合性消防救援队伍，对应急管理体制进行的整体性重构，调整和更新相关内容。在机制方面，从应急准备、监测与预警、应急响应与决策、应急沟通、协调与联动、恢复与评估六个方面系统介绍城市危机管理的运行机制，解决了旧版教材对城市危机管理各个环节介绍不充分的问题。在实践前沿方面，作者充分认识到新一代信息技术的应用和发展推动应急管理现代化的趋势，以及倡导"提升城市对灾害风险冲击的适应能力"这一韧性治理理念在城市危机管理中的应用，因此在新版教材中增加了城市智慧应急和城市危机韧性治理的有关内容。

本书的修订是集体协作的结果，新版大纲的拟定、统稿、修改工作由许敏负责。

感谢戴晟元、张媛媛、陈诚、郭梦珂、毛倩、陈佩、马俊龙、樊洋、朱彪、杨嘉堰为本书修订提供的支持。同时，本书的修订与出版得到了上海工程技术大学教学建设项目的资助。清华大学出版社为本书的修订给予了大力帮助。在本书写作过程中，我们参阅了大量中外文献，吸收了许多学者的研究成果。在此，对所有支持本书写作、修订和出版的老师、同仁和朋友表示深深的谢意！

目录

第 1 章　风险社会与城市危机 ……………001
   1.1　风险社会视域下的城市危机 ………002
   1.2　认识城市危机 ……………………006

第 2 章　城市危机管理概述 ………………017
   2.1　城市危机管理的含义与性质 ………018
   2.2　城市危机管理的阶段与原则 ………022
   2.3　城市危机管理的研究与实践 ………027

第 3 章　城市危机管理的体制 ……………036
   3.1　城市危机管理的机构设置 …………037
   3.2　城市危机管理的组织体系 …………045
   3.3　典型国外大城市危机管理体制 ……048
   3.4　当前我国城市危机管理体制的问题与对策 …053

第 4 章　城市危机应急准备 ………………062
   4.1　应急规划 …………………………063
   4.2　应急预案编制与演练 ………………067
   4.3　应急资源保障 ……………………074

第 5 章　城市危机监测与预警 ……………084
   5.1　监测预警的含义与基本环节 ………085
   5.2　监测预警系统 ……………………087
   5.3　监测预警机制 ……………………093

第6章　城市危机应急响应与决策 …………… 102

6.1　应急响应的原则与流程 ……………………103
6.2　应急决策的内涵与特征 ……………………108
6.3　应急决策的关键问题 ………………………114

第7章　城市危机恢复与调查评估 …………… 122

7.1　危机恢复的概念与原则 ……………………123
7.2　危机恢复的分类与计划 ……………………124
7.3　调查评估的方法与流程 ……………………129

第8章　城市危机应急沟通 …………………… 138

8.1　城市危机应急沟通概述 ……………………139
8.2　危机信息报送 ………………………………144
8.3　危机信息发布 ………………………………149

第9章　城市危机管理协调与联动 …………… 157

9.1　协调联动的含义 ……………………………158
9.2　协调联动的模式 ……………………………159
9.3　协调联动的机构 ……………………………162
9.4　城市应急联动系统 …………………………163

第10章　城市智慧应急 ………………………… 173

10.1　智慧应急的内涵和特征 …………………174
10.2　智能技术应用下城市危机管理的变革 …179
10.3　城市智慧应急的实践发展 ………………181

第11章　城市危机网格化管理 ………………… 189

11.1　城市危机网格化管理的内涵与功能 ……190
11.2　城市危机网格化管理的结构与机制 ……196

11.3 推进我国城市危机网格化管理的思路与
　　　对策……………………………………201

第12章　韧性治理：城市危机管理的新视点 … 207

12.1 城市复杂风险情境与城市危机管理的
　　　挑战……………………………………208
12.2 韧性及韧性治理概述 ………………………210
12.3 我国城市危机韧性治理的实践探索………215

第1章
风险社会与城市危机

学 习 目 标

通过本章的学习,读者可以把握风险社会与城市危机的关系,尤其是当前中国城市在全球化、信息化、城市化进程中所面临的各种风险,理解城市危机的内涵,认识城市危机的特征与分类,并掌握城市危机的发展规律。

德国社会学家卢曼（Luhmann）说，我们生活在一个除了冒险别无选择的社会。[①]风险已经成为人类社会发展的历史境遇。在工业化浪潮和科技革命的双重推动下，风险出现了人化、制度化的特征，并迅速演化成为一种普遍性的灾难。当前，中国正处在城市结构性变革和全球风险混合叠加的高风险时期，自然灾害、事故灾难、公共卫生事件、社会安全事件等城市危机作为风险的实践性后果频繁出现，对城市经济、社会发展造成了严重影响。认清现代风险景观，并在风险社会视域中把握城市危机的特点、诱发领域、发展规律是危机应对实践的必然要求。

1.1 风险社会视域下的城市危机

人类社会始终面临着各种各样的风险，人类文明的发展过程就是回应风险的实践性后果的过程。在自然科学和社会科学领域里不乏对风险内涵的诸多阐释，其中德国社会学家乌尔里希·贝克（Ulrich Beck）和英国社会学家吉登斯（Giddens）对于风险的分析更为全面、深刻，他们在反思现代性的基础上提出了"风险社会"理论。

1.1.1 风险社会：人类社会发展的历史境遇

作为历史的产物，风险源于人类畏惧自然和强烈生存意愿的真实表达。早在远古时代，生产力水平极其低下，凶猛的野兽、肆虐的山洪频繁威胁着人类，自然界作为一种完全异己的、有无限威力和不可制服的力量与人们对立，人类就像牲畜一样慑服于自然界。[②]进入农业社会，生产力水平有了较大的提高，人类开始利用各种生产工具进行大规模的耕植。人类所到之处，砍伐森林、烧毁草原，在与自然界的斗争中获得了局部性的胜利。但由于生产工具落后和对自然资源的无序利用，人类仍然难以抵挡由不合理的实践活动所带来的生态风险。伴随着私有制和阶级的产生，人类社会的冲突开始以暴力形式出现，阶级斗争成为人类面临的一种新风险。18世纪以后，以蒸汽机的发明、推广、应用为标志的工业革命兴起，人类征服自然的实践活动愈演愈烈。一方面，人类改造自然的能力显著增强，物质财富日益丰富。另一方面，生态恶化和环境污染成为主要的风险源。人类利用先进的生产工具粗暴地干扰自然环境，对自然资源的掠夺性开发和严重破坏，使生态环境的震动频度增大。与此同时，社会阶层的分化和不同利益集团的冲突导致人类社会的内部矛盾日益加剧，并以战争等极端形式爆发，造成了毁灭性的后果。

[①] LUHMANN N. Risk: A sociological theory[M]. Berlin: de Gruyter, 1993: 218.
[②] 马克思，恩格斯. 马克思恩格斯选集：第一卷[M]. 北京：人民出版社，1995：76.

在工业化浪潮和科技革命的双重推动下，人类社会在 19 世纪 80 年代开始不断深化的全球化进程。全球化时代的到来加强了国际社会各行为主体之间的互动，这必然导致原来限于一个国家或一个地区的风险扩散到更多的国家和地区。这些风险在扩散的过程中，彼此间还可能产生互动关系，引发新的风险源，增加风险的后果，如传染病的蔓延和外来物种的入侵等。同时，现代通信技术的发展也大大增加了风险潜在利益相关者的数量，诱发了信息不及时、不完整导致的社会心理恐慌。可见，工业文明时代的风险更具复杂性、多样性。

20 世纪后期以来，人类社会进入了不确定性显著增强的后工业时代，德国学者贝克（Beck）将这个时代称为"风险社会"。与传统工业社会的风险相比，风险社会的特征主要体现在以下三个方面：一是风险的人化。即"人为被制造出来的风险"或"人造风险"，它是指由我们不断发展的知识对这个世界的影响所产生的风险，是指我们没有多少历史经验的情况下所产生的风险。[①] 二是风险的制度化。随着人类社会的发展，人们逐渐意识到，社会制度体系在规范社会运行、防范社会风险的同时，也可能由于制度功能的失效使制度本身成为一种现代社会风险的再生产机制，于是就出现了所谓的"制度化风险"。三是风险的普遍性。全球化背景下各类资源的加速流动及各国家相互联系和依赖增强，加速了风险的扩散，加剧了风险的后果，形成一种普遍性的灾难。

中国城市发展的日新月异，在现代高速发展的同时带来了更多的现代化风险，如能源大量消耗、环境污染增加、生态系统脆弱、全球变暖、自然灾害增多等，各种各样的风险日益集聚。当前，我国工业技术的发展使我们逐渐能够应用化工产品与工业技术提升生产力，但对相应危险化工品的管理也提出了更高的要求。一旦管理不当，危险化工品将会造成更大的城市危机。例如，2015 年 8 月 12 日，在天津港存放的硝化棉由于天气干燥，管理人员管理不当发生了危险品爆炸事故，事故造成 165 人遇难的严重后果。因此，自 2019 年以来，习近平总书记从总体国家安全观和国家治理体系和治理能力现代化的角度提出，要加强防范化解重大安全风险和应对处置各类灾害事故的能力，推进我国应急管理体系和能力现代化，应对现代化的城市风险。另一方面，全球化的进程加速了全球物质与信息的流动，使我国不可避免地卷入全球风险社会之中。近年来频繁发生的各类灾害事故，如"全球变暖危机""2020 年新冠疫情"等，充分表明全球的社会生活已经高度关联在一起，在地球某一角落发生的危机有可能影响至每一个人。因此，在城市发展现代化和全球化的背景下，如何有效地化解城市公共危机，科学高效地回应危机的现实后果是当前需要解决的重要任务。

---

① 吉登斯.失控的世界[M].周红云，译.南昌：江西人民出版社，2001：22.

1.1.2 城市危机：风险社会的实践性后果

1. "风险社会"理论的提出

在对风险内涵、风险文化等要素的研究中，形成了一些比较有代表性的理论，如凡·普利特威茨（Von Prittwitz）的"灾害理论"及斯科特·拉什（Scott Lash）等人提出的"风险文化"理论等，其中具有较大影响力和解释力的是贝克和吉登斯提出的"风险社会理论"。尽管风险社会理论称不上是一个完整独立的理论体系，但其对于现代性的深刻反思为我们审视社会疾走带来的伤痛、修正发展模式提供了重要思路。

在工业现代化完成之后，人类对科学技术产生无限的敬仰和依赖，科学理性操控了人类从日常生活到政治实践的一切活动，并逐步控制着自然，人类获取丰厚的价值回报。然而工业化、现代化的到来却招致了前所未有的大量的灾难，这引起了人们对于科学理性和现代化的反思与批判。到20世纪下半叶，随着人们对现代性问题的认识愈加复杂和深入，对现代性的批判与反思也愈加激进。风险社会理论正是在反思现代化危机的背景下应运而生。

在西方学术界，对"风险社会"问题较早地进行深入研究并提出系统的思想与理论的学者当属德国社会学乌尔里希·贝克和英国社会学家吉登斯。贝克在其1986年出版的《风险社会》一书中第一次使用"风险社会"这一概念，描述了全球化过程中所产生的人类充满风险的社会，并提出了"风险社会"理论。贝克通过对人类现代化历史进程特别是自工业化以来人类活动所造成的一系列后果进行反思后指出，人类社会正处在从前工业社会向风险社会转变的时期，这一转变正在全球范围内潜在地发生。此后，苏联切尔诺贝利核泄漏事件、英国的疯牛病危机、美国的"9·11"事件和新冠疫情等全球性危机的发生，一再地证实了这一理论并使得这一理论成为西方学者研究的焦点。

贝克提出：在社会所决定并因此而产生出来的危险破坏和（或）取消福利国家现存的风险计算的既定安全制度时，我们就进入风险社会。① 在风险社会，对由技术的、工业的发展所制造的危险的难以预测性的认同，驱动了对社会环境基础的自我反思与对占统治地位的习俗和"理性"原则的评价，在风险社会的自我概念中，社会变为反思性的。反思现代化主要包含两个要素：一是进一步的现代化对工业社会的基础形成威胁，从而迫使工业社会在现代化作用下进入风险社会；二是在知识增长和不变性增强的条件下，对现代化自身进行反思。② 对科学等理性思维采取积极反思而不是否定、拒绝的态度，是贝克反思现代化理论区别于后现代思潮的核心所在。贝克主要是从技术性风险和生态主义视角来看待风险社会，并认为风险社会的概念只是指现代性的一

---

① 贝克.世界风险社会[M].吴英姿，孙淑敏，译.南京：南京大学出版社，2004：101.
② 贝克.风险社会[M].何博闻，译.南京：译林出版社，2004：188.

个阶段，在这个阶段，工业化社会道路上所产生的威胁开始占主导地位。风险社会概念在三个参照系领域内带来了划时代的系统性转变：一是现代工业化与自然资源和文化资源之间的关系；二是社会与其自身所产生的、超越了社会对安全的理解范围的威胁与问题之间的关系，人们一旦意识到这些威胁和问题的存在，就很可能动摇旧社会秩序的根本假设；三是工业社会文化中的集体的或具体团体的意义之源（如阶级意识或进步信念）正在枯竭、失去魅力。贝克风险社会理论对工业社会发展观反思的前提是：站在资本主义的立场，如何改良资本主义制度，以便唤起人们的政治参与热情，提高资本主义社会现代生产的竞争力。

与贝克相比，吉登斯的风险社会理论有两个鲜明特点：一是他对制度性风险的强调，二是他分析了风险社会对个人日常生活的影响。在他看来，现代性的四个制度支柱（即世界民族国家体系、世界资本主义经济、国际劳动分工体系和世界军事秩序）在全球化的过程中都有可能会带来严重的风险；其发生及影响更加无法预测；其风险的危害程度可能是全球性的，甚至危及人类的整体存在。但他认为这些新风险并不比以前更加影响社会生活，因为人们的自我保护意识在不断增强。吉登斯对比性地提出人们所面临的风险环境的变化，传统意义上的风险环境主要指：一是来自自然的威胁，如传染病的流行，洪水或其他自然灾害；二是来自掠夺性的军队、强盗、地主军阀等人类暴力的威胁。① 而现代意义的风险环境主要为两类：一类是"外部风险"，指来自外部的、因为传统或自然的不变性和固定性所带来的风险，这是在工业社会前两百年里占主导地位的风险；另一类风险则是"人造风险"，指由于我们不断发展的知识对这个世界的影响所产生的风险，它是由人的发展，特别是由科学技术的进步造成的。由于人造风险产生和结果的不可预知性、风险应对的不可借鉴性，使我们只能被动地等待风险来袭而束手无策，人们陷入前所未有的风险环境之中。变化的风险环境导致风险的个人化，一方面每个人的任何一种选择机会都会产生风险，并且选择的数量不断增加；另一方面每个人所遇到的风险又因自己选择的差异而不同。风险的个人化使人们在风险面前会更加积极主动地采取自我保护措施，从而提高了个人的风险意识，并且能够更加积极地参与改革现有的制度。

总结以上观点我们可以得出这样的认识，风险社会是工业现代化的一个负面结果，它指的是现代社会可能面临的危急状态和灾难性危险。风险社会中人类面临的风险主要由外部风险（是指以时间序列为依据可做出估计的风险，如自然灾害等）转变为由人类的科学理性和文化知识制造出来的"人造风险"，而这种人造风险既不容易觉察体验到，也无法依据传统的时间序列做出估计，这标志着人们进入了风险社会。② 现代风险环境下，除了个人要增强风险意识，如何调整、改

① 吉登斯.现代性与自我认同[M].赵旭东，等译.上海：三联书店，1998：4.
② 同上：8.

变现有的不适应制度也成为应对风险的重要因素。

2. 城市危机的产生

在风险社会的视域下，现代的工业生产和高科技给人类带来发展的同时也带来了高风险。贝克在现代风险社会中强调了"系统性""不确定性"和"全球性"三大特征，这三大特征使现代风险会造成更加难以控制的风险。近代以来人类社会得到快速的发展，进一步推动了城市的巨大发展，由于城市人口密度大和信息传播迅速使城市危机产生更大的影响。

传统社会是相对稳定的、低风险的社会形态，它所面临的风险多是非人为的风险，诸如自然灾害等风险因素；而现代社会是高速变迁的、高风险的社会形态，所面临的更多是人为的、制度性的风险。城市化进程既然体现为传统农业社会向现代城市社会的变迁，那么在城市化过程中，我们将不得不面对新旧多元社会风险，其中不可避免地既有传统社会风险，也有现代社会风险，甚至有重叠性社会风险。城市社会风险的种类和数量迅速增加，其所具有的危害性远非传统农业社会风险所能比拟。具体而言，在现代城市社会中，由社会风险演化而来的城市危机发生会对整个城市进程产生很大影响，一是城市灾害事故易发多发，而且极易引发连锁反应，加上城市经济发展快、财富集中，灾害造成的损失就大。城市是全球交往的基本连接点，风险沿着各城市进行扩张和加剧，正所谓华盛顿打一个喷嚏东京也会因此而伤风。二是正在步入城市化和现代化的城市，随着工业、人口、财富的快速积聚，人口迁移和结构的变化，居民生活方式的改变，集中了大量的人口和生产要素，成为社会生活和社会发展最前沿的领域，在城市快速成长的同时，城市也成为新社会风险最突出的领域，新社会风险也会威胁城市的发展。

事实证明，大多数风险均以公共危机的形式在城市地区爆发。例如，"12·31"上海外滩踩踏事件、"8·12"天津滨海新区爆炸事故等都是发生在城市并引起严重社会影响的危机事件。这些事件一次次地警示我们，城市危机已成为城市管理不可避免的问题，如何有效地防范和应对城市危机已成为城市管理者必须面对的重大挑战。

1.2　认识城市危机

在考察公共危机和城市危机概念之前，有必要厘清"风险"与"危机"的关系。"风险"与"危机"都是与现代性相关的概念，具有不确定性、不可预测性等共同特点。但"风险"与"危机"分属两个不同的话语体系，"风险"是经济学话语，"危机"是管理学话语。"风险"与"危机"的差别体现在对决策的不同态度上。由于"危机"的管理是一种强实践性的活动，因而强调"决策"；而对"风险"的分析更在于提出一种新的现代性，强调"自反性"，因而反对决策。换言之，风险取决于决策。这意味着危险的来源不再是无知而是知识；不再是因为对自然缺乏控制而是控制得太完善了；不再是那些脱离了人的把握的东西，而是工业时代建立起来的规范和体系。[1] 更为重要的是，任何风险在发生之后，就不能称之为"风险"，只能称之为"危机"，而"危机"在发生之后仍称为"危机"。"风险"是"因"，"危机"是"果"，二者之间有一定的因果关系。[2]

1.2.1 城市危机的内涵

1. 公共危机

"危机"一词最初是一个医学术语，指人濒临死亡、游离于生死之间的状态。到了18、19世纪，"危机"一词被逐步引入政治领域，表明政府体制或政府面临的紧急状态，是相对于政府常规决策环境的一种非常态的环境。随着适用范围的不断拓展，各主要工具书和专家学者从不同角度对危机进行了解释和定义。例如：《韦伯辞典》将"危机"一词定义为有可能变好或变坏的转折点或关键时刻；现代汉语词典对危机的解释为"危机的祸根，如危机四伏""严重困难的关头，如经济危机"。

中西方学者对危机也给出了众多的定义。

C.F. 赫尔曼从决策的角度指出，危机是威胁到决策集团优先目标的一种形势，在这种形势中，决策集团做出反应的时间非常有限，且形势常常朝着令决策集团惊奇的方向发展。[3]

福斯特（Foster）发现危机有四个显著特征：需快速做出决策，并且严重缺乏必要的训练有素的员工、危机资源和时间来完成。

罗森塔尔（Rosenthal）从整个社会系统的角度将危机定义为对一个社会系统的基本价值和行为准则架构产生严重威胁，并且在时间压力和不确定性极高的情况下，必须对其做出关键决策的事件。[4]

巴顿（Laurence Barton）强调危机管理过程中沟通的重要性，认为危机是一个会引起潜在负面影响具有不确定性的大事件，这种事件及其后果可能对组织及其人员、产品、服务、资产和声誉等造成巨大的损害。[5]

---

[1] BECK U. Risk Society: Towards a new modernity [M]. London: Sage Publications, 1992: 183.

[2] 童星，张海波，等. 中国转型期的社会风险及识别——理论探讨与经验研究[M]. 南京：南京大学出版社，2007：21.

[3] Hermann, Charles F., ed. International Crises: Insights From Behavioral Research [M]. New York: Free Press. 1972: 13.

[4] Rosenthal Uriel, Charles Michael T., ed. Coping with Crises: the Management of Disasters, Riots and Terrorism[M]. Springfield: Charles C. Thomas Publisher Ltd. 1989: 10.

[5] 希斯. 危机管理[M]. 王成，等译. 北京：中信出版社，2001：18-19.

中国学者薛澜认为，危机通常是在决策者的核心价值观念受到严重威胁或挑战，有关信息很不充分，事态发展具有高度不确定性和需要迅捷决策等不利情境的汇聚。①

潘光认为，危机乃指事物发展过程中因若干方面矛盾激化而导致的一种打破常规的恶性状态。这一界定比较强调危机爆发的原因和危机爆发后所呈现的状态。②

余潇枫以非传统安全危机为视角，通过对危机的历史"现实"和理论"逻辑"分析，将危机定义为由自然或人为的突发事件引发的、导致系统正常运行失序或中断的急难状态，即危机是不安全状态的急难状态。③

中外学者从不同的角度解释了危机，但却对公共危机的内涵鲜有界定。那么什么是公共危机呢？公共危机是指社会偏离正常轨道的过程与非均衡的状态。公共危机的影响范围和危害程度涉及社会层面，它的出现和爆发严重影响社会的正常运作，对生命、财产、环境等造成威胁、损害，超出了政府和社会常态的管理能力，要求政府和社会采取特殊的措施加以应对。④

值得注意的是，在社会生活中"突发事件"常常成为危机的代名词。但国际主流社会倾向于采用"危机"一词，因为它比突发事件更好地反映一个"突发事件"持续的过程对社会的影响。从严格意义上讲，突发事件并不完全等同于危机。并非所有突发事件都是危机，有些突发事件因危害程度和紧急程度都较低，难以归入危机范畴。如果突发事件不对人民生命财产构成危害，如球迷欢庆胜利的游行，也不属于危机事件。同样，多数危机事件具有突发性的特征，但有些危机也具有缓和性。例如，有时特大型洪水形成也是一个逐步推进的过程，台海危机也有一个长期酝酿的过程。但一般来说，我们所说的危机事件都有突发性特征，突发事件如果性质比较严重或向性质严重的方向发展，一般可归于危机的范畴。

2. 城市危机

根据公共危机发生和影响的地域划分，公共危机可以分为城市危机和农村危机两大类。城市危机是由自然或人为因素引起的，对城市居民的生命财产安全构成威胁，影响城市系统正常运行的突发事件。这其中既有城市由于处于一定的地理位置和气候环境等自然条件造成的"天灾"，也有城市社会和经济活动经常遭遇的"人祸"，更有"天灾"和"人祸"相交织，致使城市危机的危害扩大蔓延，殃及周边甚至更大范围的地区。

伴随着城市化进程的加快，城市危机也愈发呈现多样性和复杂性的趋势。城市的人口密集，容易引发公共卫生事件，传播性极强，或者在社会公共安全方面，社会矛盾激化引起社会冲突和群体性事件的情况容易产生，这些都会产生广泛的社会和政治

---

① 薛澜，张强，钟开斌.危机管理——转型期中国面临的挑战[M].北京：清华大学出版社，2003：53.
② 潘光.当代国际危机研究[M].北京：中国社会科学出版社，1989：1.
③ 余潇枫.非传统安全与公共危机治理[M].浙江：浙江大学出版社，2007：16.
④ 张成福，党秀云.公共管理学[M].北京：中国人民大学出版社，2001：302.

影响。西方马克思生态异化理论认为科学技术为人类带来丰裕的物质生活的同时，带来了严重的社会和环境问题，资本的日益扩张和全球化的趋势，城市异化现象越来越多，且传染性越来越强。全国第七次人口普查报告显示，2020年我国常住人口城镇化率达到63.89%。城市的发展促进了人类文明进步与生产力提高，人类生活质量也得到快速提升。但是，在城市化进程中，也发生了一系列城市空气污染、洪涝灾害、房价过快增长、公共安全事件和贫富分化等城市异化现象。广州大学南方灾害治理研究中心主任周利敏认为，城市异化广泛存在于当今全球城市的经济、政治、生态和社会系统中，城市中爆发的生态、环境、安全及就业等一系列问题是城市异化的外化表现，如何防范和治理城市异化风险成为全球城市共同面临的重大现实问题。[①]

1.2.2 城市危机的特征与分类

1. 城市危机的特征

城市作为一个国家国民经济和社会发展的重要载体，由于具有人口数量多及密度大、建筑及设施密集、活动密集等特点，城市居民往往更加依赖于城市通信、水电、道路交通等基础设施，如有危机发生，可能会伤害到较多人的生命安全，也会影响到更多城市居民的生活秩序。城市危机具有以下特点。

（1）突发性。城市危机往往是在意识不到、没有准备的情况下突然爆发。危机的突发性并不意味着危机是空穴来风和不可预防的。相反，危机的爆发从本质上来说是一个从量变到质变的过程，酝酿危机的因素总是逐渐积累起来的，爆发只是一种表象或结果。也就是说尽管危机的爆发看似偶然，但其蕴含着必然性因素。如果酿成危机的过程没有得到重视或被有效控制，危机的爆发在所难免。相反，如果在危机量变的过程中采取了及时、有效的干预措施，危机的爆发概率和危害程度则会大幅度降低。

（2）不确定性。所谓不确定性，按照法兰克·奈特（Frank Knight）的界定，是指人们不可能或无法对问题进行客观分析。面对不确定性，人们的行为在很大程度上依赖于"对自己正确估计机会的估计"，也就是说，在不确定的情形下，人们只能对问题给出主观分类并赋予这种主观分类以一定的主观概率。在危机情境下，不确定性尤为明显。城市危机的不确定性不仅表现为其发生的难以预测，而且其发展趋势也无法有效判断，城市危机从始至终都处于不断的发展变化中，其发展演变速度快，方向不确定，应对处理不当极易使其恶化升级，引起连锁反应。正是因为城市危机的不确定性，所以城市危机的实质是非程序化决策问题，其管理应对一般无先例可循。在当前全球化的背景下，城市危机的发展规律及范围更加难以预测，进一步增加了其不确

---

① 周利敏，姬磊磊. 城市异化风险的全球治理及中国启示[J]. 同济大学学报（社会科学版），2019，30（1）：61-74.

定性，一旦得不到有效的控制，则会进一步产生次生危机，演化为更加严重的城市危机。

（3）紧迫性。城市危机的一个重要特征，就是其处理时间的紧迫性。由于危机事件发展迅速，在出现时往往已经造成一定的后果，如交通堵塞、人员伤亡等，因而必须迅速控制事态发展，及时采取应对措施，缓解、防止事态升级扩大。这要求相关责任人必须在第一时间做出决定，即使在信息不充分、资源有限的条件下，也要快速果断地决策，否则将会贻误处置危机的最佳时机。

（4）连带性。城市危机的发生一般都不是独立的，一种灾害或事故的发生常常会导致一连串其他种类灾害或事故的发生，即在原生灾害与次生灾害之间存在着一定内在联系。这就可能使城市危机不断扩散，形成"连带效应"。所谓"连带反应"，就像一粒石子投进池水里引起阵阵涟漪那样，初始的危机事件会对外部产生一系列的负面影响，所引起的冲击破坏可能包含石子撞击池底、在水面及周边溅出水花和涟漪荡漾而引起的波动。米特罗夫（Mitroff）和皮尔森（Pearson）把这种由于危机初期管理不善而造成的涟漪反应称为"连锁反应"。在如今经济全球化的背景下，一个领域内的危机极其容易影响到其他领域，造成更大规模的城市危机。这就要求城市管理者尽快控制危机的传播，防止产生"连锁反应"。

（5）跨区域性。城市危机是特指在城市区域发生的公共危机。由于城市是一定规模及密度的非农业人口及非农业产业聚集的地方和一定层级地域的经济、政治、社会和文化中心，所以城市具有高度的集中性。这种集中包括人口、资本、消费、文化等要素的集中。城市的集中性使城市危机一旦发生就会对城市的正常运行产生巨大影响。当然，城市危机的区域性并不是绝对的，危机的衍生性和扩散性会使在某一城市发生的危机波及其他城市和地区，转变成为跨地区的公共危机。

（6）两面性。城市危机是危险和机遇的综合体，是组织命运"转化与恶化的分水岭"，这充分体现了危险与机遇的辩证关系。城市危机会构成对社会正常秩序和核心价值的破坏和威胁。它的破坏性在于打乱了政府机关的正常工作秩序，影响了城市管理目标的实现，侵害人民的生命财产安全。但危机带来破坏的同时，本身也蕴藏着机遇。正如诺曼·R.奥古斯丁（Norman R. Augustine）所说"每一次危机既包含失败的根源，又孕育着成功的种子"。如果城市政府和社会能从危机中吸取教训，积极反思，则能将危机转化为促进城市变革和制度创新的推动力，从而有助于城市的健康发展。

2. 城市危机的分类

探讨城市危机的类别和级别是应对危机事件发展的前提，它既可以为科学分析危机事件提供坚实的基础，也可以指导危机管理实践活动的顺利开展。

按照不同标准，我们可以将城市危机划分为不同的类别。例如，按危机产生的诱因分类，危机可以分为外生型危机、内生型危机、内外双生型危机。外生型危机是由于外部环境变化给城市带来的危机。内生型危机是由于内部管理不善所引发的危机。

内外双生型危机是外部环境变化和内部管理不善交互作用的结果。

按危机中的不同利益主体分类，可以分为一致性危机和冲突性危机。在危机情境中，当所有相关的利益主体具有同质的要求时，就属于一致性危机，如自然灾害；当各相关利益主体具有不同的要求时，或者说存在两个或两个以上不同要求的利益主体时，就属于冲突性危机，如军事冲突。

根据我国转型期政治经济文化实际和危机的发生过程、性质和机理，可以将城市危机主要分为以下四类，如表1-1所示。

表1-1 城市危机的类型

城市危机的类型	典 型 事 件
自然灾害	水旱灾害、气象灾害、地质灾害、海洋灾害、生物灾害
事故灾难	重大交通运输事故、重大安全事故、生态破坏事故
公共卫生事件	传染病疫情、食品安全、动物疫情
社会安全事件	重大刑事案件、涉外突发事件、恐怖袭击事件、经济安全事件、规模较大的群体性事件

（1）自然灾害。主要包括水旱灾害，台风、暴雨、冰雹、风雪、高温沙尘暴等气象灾害，地震、滑坡、泥石流等地质灾害，风暴潮、海啸等海洋灾害，生物火灾和重大生物灾害等。重大自然灾害是我国城市常见、频发的突发事件类型，分布广、损失大，平均每年造成1万多人死亡，2000多亿元的经济损失。据统计，我国2020年共出现33次大范围降水过程，平均降水量689.2mm，较常年偏多11.2%；出现58次大范围短时强降雨、雷暴大风和冰雹等强对流天气过程，全国1367个县（市、区）遭受风雹灾害，造成1514万人次受灾，93人死亡失踪。①

扩展阅读1.1

2020年全国自然灾害基本情况统计

（2）事故灾难。主要包括民航、铁路、公路、水运、轨道交通等重大交通运输事故，工矿企业、建筑工程、公共场所及机关、企事业单位发生的各类重大安全事故，造成重大影响和损失的供水、供电、供油和供气等城市生命线事故及通信、信息网络、特种设备等安全事故，核辐射泄漏事故，重大环境污染和生态破坏事故等。据有关部门统计，2020年我国发生各类生产安全事故3.81万起，死亡2.74万人。②

（3）公共卫生事件。主要包括传染病疫情，群体性不明原因的疾病，食品安全和职业危害，动物疫情，以及其他严重影响公众健康和生命安全的事件。如鼠疫、霍乱、传染性非典型肺炎，食物中毒，重大动物疫情及外来有害生物入侵等。近年来虽然我国人民医疗保健水平有了较大提高，但仍有多种传染病尚未得到有效遏制，公共卫生

---

① 中华人民共和国中央人民政府.应急部发布2020年全国自然灾害基本情况 [EB/OL].（2021-01-12）[2021-08-15]. http://www.gov.cn/xinwen/2021/01/12/content_5579258.htm.

② 中华人民共和国应急管理部官网. 全国安全生产简报第1期. [EB/OL].（2021-07-09）[2021-08-15]. https://www.mem.gov.cn/awhsy_3512/aqscjb/202107/t20210709_391456.shtml.

事件仍严重威胁着人民生命和健康。2019年新冠疫情暴发并迅速传播，截至2022年8月15日，我国内地累计报告新型冠状病毒肺炎临床诊断确诊病例23万例，死亡5226例。①突发公共卫生事件不仅严重威胁着人民健康和生命安全，也影响了我国经济发展、社会稳定和对外交往，造成巨大损失。

（4）社会安全事件。主要包括重大刑事案件、涉外突发事件、恐怖袭击事件、经济安全事件及规模较大的群体性事件等。这类事件具有突发性强、规模大、易升级等特征，必须引起政府足够的重视。尽管我国长期政治稳定，人民安居乐业，但影响国家安全和社会稳定的因素依然存在。例如，个人极端的暴力犯罪，造成人员严重伤亡和不良的社会影响。随着时代发展，违法犯罪活动日趋组织化、职业化、智能化、国际化，境内外各种敌对势力加紧勾结聚合，图谋策划暴力、恐怖活动，恐怖主义现实危害上升，恐怖主义活动是社会安全事件中破坏程度最为严重的一类。此外我国的城市公共安全还面临诸多新的挑战。例如，近年来，随着人们环保意识的觉醒和维权意愿的增强，在自利性动机和社区保护的交互作用下，垃圾焚烧站、PX项目等各类邻避设施的兴建和运营时常引发冲突，并从小范围的"街区行动"向大规模的"群体性事件"演化，影响了公共安全与社会稳定，也造成某些重要公共设施供给受阻。如何消解邻避设施建设和运营过程中的深层次社会矛盾，防止邻避冲突在网络发酵下转化为重大社会安全事件已成为城市危机管理的新议题。

余杭中泰垃圾焚烧厂事件

为了有效处置各类突发公共事件，2008年国务院颁布了《特别重大、重大突发公共事件分级标准（试行）》的规定，实行危机分级管理制度。依据突发公共事件可能造成的危害程度、波及范围、影响力大小、人员及财产损失等情况，将突发公共事件由高到低划分为特别重大（Ⅰ级）、重大（Ⅱ级）、较大（Ⅲ级）、一般（Ⅳ级）四个级别。

特别重大突发公共事件（Ⅰ级）：指突然发生，事态非常复杂，给国家公共安全、政治稳定和社会经济秩序带来严重危害或威胁，已经或可能造成特别重大人员伤亡、特别重大财产损失或重大生态环境破坏，需要国家和政府统一组织协调，调度各方面力量和资源进行应急处置的紧急事件。

重大突发公共事件（Ⅱ级）：指突然发生，事态复杂，对一定区域内的公共安全、政治稳定和社会经济秩序造成严重危害或威胁，已经或可能造成重大人员伤亡、重大财产损失或严重生态环境破坏，需要调度多个部门、相关单位力量和资源进行联合处置的紧急事件。

---

① 中华人民共和国国家卫生健康委员会官网. 截至8月15日24时新型冠状病毒肺炎疫情的最新情况. [EB/OL].（2022-08-16）[2022-08-18]. http://www.nhc.gov.cn/xcs/yqfkdt/202208/f116e9be06074d14a468ac5cd1989928.shtml.

较大突发公共事件（Ⅲ级）：指突然发生，事态较为复杂，对一定区域内的公共安全、政治稳定和社会经济秩序造成一定危害或威胁，已经或可能造成较大人员伤亡、较大财产损失或生态环境破坏，需要调度个别部门、力量和资源进行处置的紧急事件。

一般突发公共事件（Ⅳ级）：指突然发生，事态比较简单，仅对较小范围内的公共安全、政治稳定和社会经济秩序造成严重危害或威胁，已经或可能造成人员伤亡和财产损失，只需调度个别部门、力量和资源就能处置的事件。

1.2.3　城市危机的生命运动周期

城市危机与其他类型的危机一样，其发生和发展，都有一定的规律可循。为了有效管理危机，学者们全面分析了危机发展的基本态势，并构建了危机运动的不同模型。其中，基本的三阶段模型、芬克（Fink）的四阶段模型和米特罗夫的五阶段模型被广泛接受。

1. 三阶段模型

该模型为伯奇（Brich）和古斯（Guth）等很多危机管理专家所推崇。它将危机的发展分为事前、事中、事后三大阶段，每一阶段可再划分为不同的子阶段。针对公共危机的不同阶段，分别采取预警、应对、善后措施。

2. 四阶段模型

芬克用医学术语对危机的生命周期进行了描述，他将公共危机的发展划分为四个阶段。

征兆期——有线索显示有潜在的危机可能发生。
发作期——具有伤害性的事件发生并引发危机。
持续期——危机的影响持续，同时也是努力清除危机的过程。
痊愈期——危机事件已经完全解决。

3. 五阶段模型

危机管理专家米特罗夫从管理的角度将公共危机的发展分为五个阶段。
信号侦测——识别新的危机发生的警示信号并采取预防措施。
探测和预防——组织成员搜寻已知的危机风险因素并尽力减少潜在损害。
控制损害——危机发生阶段，组织成员努力使其不影响组织运作的其他部分或外部环境。
恢复阶段——尽可能快地让组织运转正常。
学习阶段——组织成员回顾和审视所采取的危机管理措施，并整理使之成为今后的运作基础。

一般来说，可以将危机的发生和发展划分为潜伏（酝酿）、发作（紧急）、持续（高潮）、解决（消退）四个阶段，如表1-2所示。

表1-2　危机的发展阶段

阶　　段	特　　征
潜伏阶段	危机发生前各种先兆出现的阶段。社会系统或组织较长时间地积累矛盾，处于量变阶段。这是预防、解决突发事件最容易的时期，但是却没有明显标志，事件没有发生或未引起人们关注而不易被人察觉
发作阶段	关键性的标志突发事件发生，时间演变迅速，出人意料。它在四个阶段中持续时间最短，但是社会冲击、危害最大，会马上引起社会关注
持续阶段	危机得到控制，但是并没有彻底解决，时间段影响还在持续，若应对不当，还有激化升级的可能
解决阶段	问题逐步得到妥善解决，人们关注度逐渐下降，社会系统或组织渐渐恢复正常状态。此阶段是消除事件影响，进行组织再造和改革的有利时机，处理得好，不仅可以避免以后类似事件的发生，还可以使组织进入新的发展周期

本章小结

风险是人类社会发展的历史境遇。作为风险的实践性后果，城市危机是由自然或人为因素引起的，对城市居民的生命财产安全构成威胁，影响城市系统正常运行的突发事件。它具有突发性、不确定性、紧迫性、连带性、区域性、两面性的特征。根据我国转型期政治经济文化实际和危机的发生过程、性质和机理，可以将城市危机分为自然灾害、事故灾难、突发公共卫生事件、社会安全事件四类。依据城市危机可能造成的危害程度、波及范围、影响力大小、人员及财产损失等情况，可以将城市危机由高到低划分为特别重大（Ⅰ级）、重大（Ⅱ级）、较大（Ⅲ级）、一般（Ⅳ级）四个级别。城市危机与所有其他类型的危机一样，其发生和发展，都有一定的规律可循。为了有效管理危机，学者们全面分析了危机发展的基本态势，并构建了危机运动的不同模型，比较有代表性的有基本的三阶段模型、芬克的四阶段模型和米特罗夫的五阶段模型。一般来说，可以将危机的发生和发展划分为潜伏（酝酿）、发作（紧急）、持续（高潮）、解决（消退）四个阶段。只有掌握了城市危机整体的生命运动周期，才能更好地、有针对性地防范和应对城市危机，从而缓解城市危机对城市正常经济社会秩序和城市居民生命财产安全的影响。

关键词

风险（risk）；风险社会（risk society）；危机（crisis）；城市危机（city crisis）；

城市危机的生命运动周期（life cycle of urban crisis）

思考题

1. 现代城市发展与城市危机的关系是什么？
2. 如何理解危机是危险与机遇的综合体？
3. 如何对城市危机进行分类与分级？
4. 你认为城市危机的产生和发展有何规律？请结合典型案例进行分析。

思考题参考答案

即测即练题

案例分析

互联网技术绝对安全吗？

进入 21 世纪以来，中国互联网技术得到了快速发展。在这个信息爆炸的网络化大变革时代，谁掌握了数据就掌握了主动权，大数据正不断改变着人们以往传统的思维方式和生活方式，尤其深刻改变着社会的经济结构和人们参与国家的政治生活方式。现阶段，以云计算为代表的新一代信息技术发展迅猛，运用云技术打造更加科学便捷的政务工作平台，不仅是大势所趋，而且更加符合政务信息化工作的内在需求，有助于提高效率、节约资源、扩大工作范围。对于档案机构来说，云计算的高速发展，政务云服务可以有效管控数据资源，破解当前政务信息化建设面临的难题。

浙江省地处我国经济发达的长三角地区，服务居民数量巨大，行政机构众多，自 2014 年开始政府数字化转型的道路，首先提出电子政务建设的云基础设施战略，建设电子政务"一朵云"，同时构建政府服务"一张网"，成为全国政府数字化转型的先进典型。浙江省在数据化转型的道路上进行探索，提供包括数据资源管理、数据资源开放和数据资源共享等服务，打破部门之间的数据壁垒，真正实现"数据跑"代替"群众跑"，对跨部门的业务进行流程再造，实现"减时间、减流程、减环节"。

但带来便利的同时，政务上云面临着更多更复杂的风险和挑战，首先就是"数据资源是否足够安全，将面临哪些安全风险及如何应对"的问题。国家档案局办公室于 2020 年 5 月发布《关于档案部门使用政务云平台过程中加强档案信息安全管理的意见》，要求充分认识到政务云平台的不足，避免：对档案数据和应用系统控制和监管手段的掌握不充分，单位管控能力不够；单位未同政务云平台管理方、服务方划分责任，安全责任不明确；未准确划分档案数据上载范围，数据上载界限不清，导致涉密及敏感信息外泄。各级档案部门必须高度重视，加强使用政务平台的安全管理。

思考题

21世纪大数据和云技术的发展使政府和公众处理信息更加便利，但新兴技术的运用蕴含了更加复杂的风险，结合案例分析新兴技术应用可能诱发的城市危机事件。

拓展阅读

[1] 贝克. 风险社会 [M]. 何博闻，译. 南京：译林出版社，2004.

[2] 容志. 城市应急管理：流程、机制和方法 [M]. 上海：复旦大学出版社，2019.

[3] 杨雪冬，等. 风险社会与秩序重建 [M]. 北京：社会科学文献出版社，2005.

[4] 张海波. 应急管理的全过程均衡：一个新议题 [J]. 中国行政管理，2020（3）：123-130.

[5] 王宏伟. 总体国家安全观视角下公共危机管理模式的变革 [J]. 行政论坛，2018，25（4）：18-24.

第2章
城市危机管理概述

学　　习　　目　　标

通过本章的学习，理解城市危机管理的内涵和性质，了解当前加强城市危机管理的必要性，掌握城市危机管理的阶段与原则，了解城市危机管理的研究兴起与发展过程，正确理解城市危机管理的重点与程序。

城市危机管理是现代城市管理的重要内容，它是全球化、信息化、城市化发展趋势下的一项崭新课题。尽管城市危机对以政府为主体的城市公共部门提出了巨大的挑战，但随着科学技术的发展，人类开始有能力主动预防危机、回应危机，从而进一步推动了城市危机管理理论和实践的发展。

2.1 城市危机管理的含义与性质

鉴于城市危机给城市居民生命、财产所造成的巨大损失，以及对城市安全造成的严重影响，城市危机管理迅速成为社会关注的焦点，也成为公共管理和城市管理理论界日益重视的一个新领域。

2.1.1 城市危机管理的含义

对城市危机管理的界定是以危机管理的定义为基础的，危机管理是政治学、企业管理、公共关系等学科的议题之一，学者们从各自的学科背景出发，对危机管理的内涵进行了阐释。

1. 对危机管理的几种界定

危机管理最早产生于对国际关系中的政治危机的研究。作为西方政治学研究的传统课题，危机管理理论主要分析的是政治危机，包括政治制度变迁、政权与政府的变更、政治冲突和战争等，研究的目的是探索政治危机的根源，寻找处理和应对政治危机、维护政治稳定或促进政治变革的方法。

20世纪70年代以后，随着经济的发展，企业组织迅速扩张，一系列企业危机随之产生。例如，1980年皮罗克特和盖姆勃尔公司止血塞危机、1982年强生公司泰诺止痛胶囊事件和1984年印度博帕尔毒气渗漏事件等。为了减少损失、降低影响，人们开始将危机管理理论引进企业管理领域，并将危机管理的研究和应用范围逐步推广到生产中因技术进步产生的危机和商业危机。

追溯危机管理这一概念的缘起，我们可以发现它最早是由美国学者提出。尽管国内外学者对危机管理的内涵莫衷一是，但当前学术界对危机管理的目标和性质已达成广泛的共识。纵观目前的研究成果，对危机管理的界定有以下几条途径。

（1）过程取向的危机管理。过程取向的危机管理强调根据危机的生命运动周期采取有针对性的管理措施。罗伯特·希斯（Robrt Health）指出：从最广泛的意义上来说，危机管理包含对危机事前、事中、事后所有方面的管理。他认为，危机管理不仅要强调对危机反应的管理，而且要重视危机的前因后果。海耶士（Hayes）认为，危机管理是指一种适应性的管理及控制过程，它是由六个管理步骤所组成，包括：密切对环境做监测、对实际问题做了解、制订可用的被选方案、预测行动方案的可能后果、决定行动方案、下达办理方向及排定计划内容。米特罗夫将危机管理分为五个阶段，分别是信号侦测、探测与预防、控制损害、恢复阶段、学习阶段。国内学者薛澜从时间序列的角度将危机发展演变的过程分为前兆阶段、紧急阶段、持久阶段及危机解决阶段，因此，危机管理过程可以划分为以下五个阶段：危机预警和危机管理阶段、识别危机阶段、隔离危机阶段、管理危机阶段，以及处理善后并从危机中获得收益。[①] 不管如何划分，都强调危机管理应贯穿于危机的整个生命运动周期，在危机发展、演变的过程中采取有针对性的措施。

（2）目的取向的危机管理。目的取向的危机管理侧重于对危机管理的目的和价值进行研究。例如，考拉·贝尔将危机管理等同于和平解决冲突，认为它的成功完全取决于能否避免战争。格林（Green）注意到危机管理的一个特征是"事态已发展到无法控制的程度"。一旦发生危机，时间因素非常关键，减少损失将是主要任务。危机管理的任务是尽可能控制事态，在危机事件中把损失控制在一定的范围内，在事态失控后要争取重新控制住。[②] 中国学者魏加宁认为，危机管理是对危机进行管理，以达到防止和回避危机，使组织或个人在危机中得以生存，并将危机所造成的损害限制在最低度的目的。[③] 胡平认为，危机管理具有控制和制约的含义，即采取各种措施，控制和限制冲突行为的发展，改变冲突各方不断相互刺激和冲突逐步升级的趋势，使冲突得到隔离和抑制，减少由危机引发战争或大规模暴力对抗的危险。[④]

（3）公共关系视域下的危机管理。危机的爆发不仅会给人们的生命财产造成损失，也会严重危及政府的形象。危机管理实质上是一种应急性的公共关系，应将危机管理立足于应付组织突发的危机事件上，通过有计划的专业处理系统将危机的损失降到最低。同时，成功的危机管理还能利用危机，使组织在危机过后树立更优秀的形象。从另一角度看，危机是危险与机遇的综合体，每一次危机既包含了导致失败的根源，又孕育着成功的种子。如果及时采取了有效措施应对危机，危机就会转变为机遇，相关利益群体就会对组织有更大的认同。因此，在危机面前，发现、培育，进而收获潜在的机会，是危机管理的精髓；而应对不当或不及时，将会令事态进一步恶化，相关利益群体会对组织产生不信任感，这种不满情绪的集聚，将导致单一危机事件转化为复合型的危机。

[①] 薛澜，张强. SARS事件与中国危机管理体系建设[J]. 清华大学学报（哲学社会科学版），2003（4）：1-6, 18.
[②] 希斯. 危机管理[M]. 王成，宋炳辉，金瑛，译. 北京：中信出版社，2001：19.
[③] 魏加宁. 危机与危机管理[J]. 管理世界，1994，（6）：53-59.
[④] 胡平. 国际冲突分析与危机管理研究[M]. 北京：军事谊文出版社，1993：25.

2. 城市危机管理的定义

城市危机管理是政府和其他公共组织在科学研究城市危机的基础上，使用现代科学技术和方法，防止可能发生的危机，预报警戒危机发生的征兆，及时处置已经发生的危机，恢复危机造成的损失和伤害，甚至将危险转化为机会，以保护城市居民的人身财产安全，保障城市正常运行的活动。对于这一定义，我们可以从以下三个方面理解。

城市危机管理的主体是城市政府和其他公共机构。随着城市化进程的加快，城市政治、经济、文化得到了快速发展，但一系列城市病如环境污染、交通拥堵等问题频繁发生。与此同时各类城市危机也大规模、高频次地出现。因此，以城市政府为主体的城市公共机构不仅要对城市广泛的经济、文化、教育、基础设施、社会福利、公共安全、交通、环境与卫生、城市住房、公用事业、游憩设施等公共事务进行有效管理，还要对自然灾害、事故灾难、公共卫生事件、社会安全事件等各类城市公共危机做出有效回应。在城市危机管理中，城市政府与非政府组织是相辅相成的。城市政府重在启动预案并出台应对危机的政策措施，而非政府组织可以发挥其在社会动员、快速响应、专业化救援、持续性善后上的优势，与政府相互配合。

城市危机管理的重点在预防。现代公共危机管理的一个重要理念，就是危机管理的重心前移，将被动应对转变为主动防范。这就意味着某一城市危机事件发生之前，必须采取多种措施以防止危机的爆发或消减危机爆发时对自然、社会及公民个人的有害影响。从美国"9·11"事件到俄罗斯莫斯科剧院人质事件的爆发，从"非典"的流行到新冠肺炎病毒的传播，惨痛的事实告诉我们，采取一切措施将危机消灭在萌芽状态或降低危机危害性比单纯进行应急处置更有意义。预防城市危机的主要作用体现在：其一，提高应对危机的主动性。危机的突然爆发常常会让人手足无措，无从应对。要强化危机缓和意识、采取危机预防措施，建立灵敏的危机预警系统，能够使危机管理者先发制人，变被动为主动，更好地应对危机。其二，降低危机对个人和社会的损害。危机预防作为一种前瞻性的危机管理行动，通过在危机形成和爆发之前采取的相关行动和措施，能够提高社会抵御危机的能力，以便在危机真正来临时，将危机造成的损失降到最低点。例如，稳固堤坝可以抵御洪水，加强安全检查可以减少技术或工业事故，辨认危机高发区可以有效控制不稳定因素的扩散等。

城市危机管理的目的是保护人民群众的人身财产安全，保障城市正常运行。城市危机管理是一种主动的积极行为，其奉行"危机不仅意味着威胁、危险，更意味着机遇"的行为准则，主要致力于制订预案并有效监控、防御危机，如何化解、缓解和减少危机；准备、动员和调配资源，在危机过程中回应市民愿望、满足社会需求、维护公共利益；在危机过后恢复管理秩序、重建服务体系等。把危机中的不确定性降到最低，保护人民群众的人身财产安全，保障城市的正常运行是城市危机管理的终极目标，也是现代城市管理的目标之一。

2.1.2 城市危机管理的性质

城市危机管理具有城市管理和公共管理的一般属性,如增进公共利益、追求社会公平等,也有其自身的特点。

1. 城市危机管理以预防为主

现代社会经济的快速发展,使整个社会面临着高风险和全新挑战。为了更好地应对风险时代的挑战,城市危机管理要融入日常管理活动之中,即在危机处于潜伏期的常态中,加强危机预防和应急准备。在危机管理活动中强调危机预防的原因在于危机的状态是不确定的,危机往往是在人们意识不到、没有准备的情况下突然爆发,其演变速度、传播链条无法准确判断。管理者难以确保所采取的手段、措施行之有效。从源头预防城市危机,可以在危机尚未爆发之前采取必要措施消减风险。此外,当前城市各种风险复杂多样、连锁联动,且极端风险更凸显,现代城市社会的风险显现出一种"持续"状态,只有在常态中牢固树立风险意识,加强危机预防,为紧急状态下的应急力量调配、物资储备、服务资源等留出适度冗余,才能提升危机应对的能力。

扩展阅读2.1
新冠疫情常态化防控指导意见

2. 城市危机管理是一项系统工程

危机的发生和发展有其生命周期,危机管理也是一个系统的过程和循环。按照最为简单的三分法,可以将危机管理的过程分为事前、事中和事后三个阶段。三个阶段环环相扣、密不可分。而面对随时可能发生的城市危机事件,城市危机管理要涉及大范围的物资、人员调配,对危机处理,也必须动员、组织社会力量共同参与。从城市危机管理实施的过程看,它包括建立机构、培训人员、建章立制、危机监测、预警预防、应急处置、控制修复、善后协调、评估改进等众多环节。城市危机管理,就是对不确定的自然和社会灾难现象的系统管理。因此,可以说城市危机管理是一个系统性很强的管理过程。

3. 城市危机管理是理论和实践的结合

从20世纪60年代开始,西方发达国家开始从多学科、多角度对危机和危机管理进行全方位的研究,使危机管理成为一门独立的学科。作为一门学科,危机管理最早产生于国际关系中政治危机的研究。危机管理理论的提出始于1962年的古巴导弹危机,它是指某种冲突状态处于转向战争或和平的关口时,为防止其引发战争而力图控制事态的体系。美国等国家在总结历史危机事件的基础上,结合全球化理论、社会冲突理论、文明冲突理论等相关理论,对危机管理进行了深入研究。[①] 众多研究成果为城市建立

---

① 张成福,唐钧,谢一凡. 公共危机管理:理论与实务[M]. 北京:中国人民大学出版社,2009:20.

和完善危机管理体制、机制和法制提供了理论指导,危机管理实践也得到了长足的发展,并日趋完善。20世纪以后,随着全球化、信息化、城市化进程的加快,一系列影响较大的城市危机频繁发生,如极端恶劣气候、城市安全生产事故、城市网络安全事件等,对这些城市危机事件的管理实践进一步丰富了危机管理的研究成果,使城市危机管理进入了发展的快车道,这与风险社会的现实境遇是适应的。

2.2 城市危机管理的阶段与原则

2.2.1 城市危机管理的阶段

美国联邦安全管理委员会根据危机的生命运动周期将危机管理分为:减缓(缓和)、预防(准备)、反应(回应)和恢复四个阶段。减缓也就是危机缓和,它意味着在某一事件发生之前采取多种措施以防止危机的爆发或消减危机爆发时对自然、社会及公民个人的有害影响。简言之,危机缓和意味着在危机发生之前遏止或遏制危机。[①] 准备是指政府为了应对潜在危机事件所做的各种准备工作,这个阶段工作的着眼点是做好风险评估工作,尽可能事先考虑到会出现哪些风险,并采取有效的预防措施。反应是指政府在危机发生、发展过程中所进行的各种紧急处置工作,主要包括:进行预警提示,启动应急计划,提供紧急救援,实施控制隔离,紧急疏散居民,评估灾难程度,向公众报告危机状况及政府采取的应对措施,提供基本的公共设施和安全保障等一系列工作。恢复是指政府在危机事件得到有效控制之后为了恢复正常的社会状态和秩序所进行的各种善后工作,包括灾后重建、总结经验、对灾民进行心理安抚和情感支持等。美国联邦紧急事务管理局的大量实践证明,根据危机的生命运动周期开展危机管理活动是比较成功的。

在我国2007年实施的《中华人民共和国突发事件应对法》(简称为《突发事件应对法》)中将突发事件的应对分为预防与应急准备、监测与预警、应急处置与救援、事后恢复与重建四个阶段,如图2-1所示。该阶段性划分为我国开展城市危机管理活动提供了依据。

---

① 危机缓和措施主要包括立法、发布公共信息、纳税奖惩、推行保险等。例如,美国在"9·11"事件发生后,建立了一整套以《国家安全法》《全国紧急状态法》《反恐怖主义法》和《斯坦福法》为核心的法律法规体系,以降低发生该类事件的可能性。

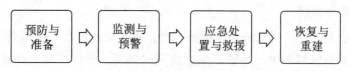

图2-1 危机管理的阶段划分

1. 预防与准备

凡事预则立，不预则废。预防与准备是针对可能发生的城市危机进行事前的控制与防范，以防止危机的发生，或者减轻危机发生后的后果。预防与准备是最好的危机管理，如果能通过预防避免危机的发生，就达到了危机管理的最佳效果。即便不能遏止危机，也可以大大消减危机爆发时的影响。但由于人们往往只在具有爆炸性的危机事件出现后才认识到问题的严重性，城市危机的预防常常没有得到足够的重视。

城市危机的诱因不同，政府所采取的预防和准备措施也有所不同。对自然因素引发的突发灾害，通常采取一些直接的预防和控制措施。例如，在每年汛期之前，对长江大堤进行加固，对大型水库水位进行调整。对自然和人为因素共同导致的危机，则采取直接控制和间接控制相结合的办法。例如，改造公共场所的用电线路就是对火灾危机的直接预防，而对公众进行火灾防范知识及安全逃生技能教育就属于间接预防。对于纯社会性危机，一般采用间接预防的办法。例如，编制政府应急事故处理预案，进行紧急事件处理演练，开发应急事故辅助决策系统等，这些工作会有效提高城市危机管理的水平。[①]

2. 监测与预警

监测与预警是城市危机管理的前提，其主要作用是发现危机的存在，为防范危机提供依据。由于危机的起因不同，其监测、预警的方式也不一样。自然因素引发的突发灾害一般需要借助观测仪器、装备和相关专门技术获取有关灾害数据，对有关数据进行分析、判断、预报、统计整理，结合灾害发生的历史规律进行综合分析，对灾害发生的可能性、强度、范围做出估计和判断，并将评估结果告知公众或有关灾害防治部门。例如，通过卫星云图的跟踪分析，结合洪水发生的历史规律，可以对洪水未来水位及爆发风险做出评估，通过大数据等现代新技术在城市危机管理中的应用，提升危机监测与预警水平，以相应采取应对措施。

城市政府面对的危机事件，有相当一部分属于人为因素引发的社会危机。政府的监测、预警主要是通过对社会现象的分析、调查，对社会经济发展过程中的突出矛盾和问题进行综合和归纳，找出其发生发展的一般规律，根据对社会矛盾的反常信号或警戒信号进行评估，对这些矛盾和问题能否会引发城市危机，以及对可能发生危机的时间、规模、范围、强度、性质等进行评估，得出危机是否发生、如何发生的结论。

---

① 卢涛.应对突发事件能力[M].北京：人民出版社，2005：42.

3. 应急处置与救援

应急处置是指危机管理保障系统根据指令，执行处置预案，迅速组织人力、物力，动用各类资源对突发事件进行处置，同时应及时预测、评估预案的处置效果，并根据应对的效果，动态调整预案或下达临时性指令以防止意想不到的突发连锁反应发生。应急救援是危机应对的核心部分，是为了防止危机转化和扩大，减少人员伤亡和财产损失所采取的多项救援处置行动。救援队伍以职业救援队伍为主，民间组织和志愿者为辅，必要时可动用国家的力量，如军队和警察。紧急救援措施包括以下几方面。

医疗救助：在危机发生的第一时间启动医疗救助预案，安排充足的医疗物资，医疗人员赶赴事发现场或在医院为伤患者提供紧急抢救方案，尽最大努力减少人员伤亡。

消防救火：消防服务包括灭火、防火和消防检查三个领域。

搜寻救援：根据危机的性质和影响程度，选择相应的搜索工具寻找灾难受害者，将其从危险区域或控制区转移出来，并对其进行紧急援助救治以缓解受灾者的伤痛。[①]

4. 恢复与重建

危机事件平息以后，并非意味着危机管理的终结，而是要对危机造成的危害进行评估并开展恢复与重建工作。善后阶段的恢复与重建不仅可以为城市政府提供一个挽回部分损失、纠正混乱的机会，也可以通过大数据平台对危机处置过程中的数据进行精确分析，发现应急流程、应急预案中存在的问题并在此基础上进行深刻反思和总结，有针对性地修订预案，完善制度，总结经验，学习提高，达到化"危"为"机"的目的。危机事件会导致组织或社会出现一种高度不稳定的紧张、失衡状态，这种状态一般会持续一段时间才能完全消失，所以必须对危机事件的后续发展情形进行追踪、反馈，确保问题被根本解决。灾后重建是一系列周期较长的恢复活动，具体包括风险源控制、土地利用、工程建设、公共卫生、经济复苏、历史文化保护、环境补救等。

危机恢复不仅包括对危机造成的有形损失，如物质的损坏，生产、服务能力等的恢复，还要重视对无形损失的恢复。对于多数自然灾害引发的危机而言，可见的、有形的损失可能是主要的，也是相对易于管理的。然而，对于大多数政府面对的社会危机而言，更多的是面临形象受损、信誉丧失等无形损失。这些损失虽然不像有形损失那样明显和易于统计，但其危害性却一点不亚于物质损失，并且无形损失最终都将表现为更大的可见的损失。对于有些国家的政府来说，信誉的损失会造成政府权威的丧失，信任危机乃至合法性的危机，引发社会动荡或政权更迭；对企业来说，信誉的丧失会导致顾客流失、股票下跌、资金断档直至企业破产等命运。从某种意义上讲，不仅是危机的恢复，整个危机管理的重点都是无形损失的管理——形象管理。因此，形象管理是贯穿于危机管理过程的任务，在危机发生后，组织形象和声誉都受到较严重

---

① 张成福，唐钧. 政府危机管理能力评估——知识框架和指标体系研究[M]. 北京：中国人民大学出版社，2009：140-141.

的影响和威胁，从危机中恢复的核心，就是挽回无形损失，甚至借机塑造更佳的形象，达到化"危"为"机"的效果。此外，人们在面临危机，生命和财产受到巨大威胁的情况下，心理会发生一定的变化，这意味着他们对自己、他人及周围的世界的信念、看法都会受到影响，甚至发生巨大转变。在突发的强烈危机冲击面前，人们可能出现意识模糊、行动反应迟钝等极端特征。这些都是人们在危机面前的正常应激反应，随着时间的流逝，大多数会逐渐恢复到危机前的状态，但如果危机特别严重，对于直接受到危机冲击和影响的当事人或利益攸关者来说，危机的心理影响却有可能是长期的，危机的恢复必须考虑这部分群体的心理需求和变化。[①]

2.2.2　城市危机管理的原则

1. 统一指挥

随着我国经济社会快速发展，各类自然灾害、事故灾难、传染性疾病、群体性突发事件在城市中的出现，我国越来越重视防范重大突发事件带来的风险，要求各级政府树立底线思维，全面、依法防范化解重大风险。我国在2018年进行的党和国家机构改革中，进一步将相关机构的职责整合，组建应急管理部。应急管理部作为国务院组成部门，使城市危机管理在统一的领导下整合应急力量和资源。习近平总书记在中国共产党第十八届三中全会上通过的《中共中央关于全面深化改革若干重大问题的决定》中特别指出，应急管理部的主要职责之一是负责国家应急管理及体系建设，推动形成统一指挥、专常兼备、反应灵敏、上下联动、平战结合的中国特色应急管理体制。

加强指挥平台的建设可以为城市危机管理统一指挥的实现提供硬件辅助，及时整合各部门重要信息，解决数据"各自为政、烟囱林立、信息孤岛"问题，实现资源统一调度、形成全国一盘棋的组织指挥机制。

2. 协同应对

城市是社会、经济、政治的发展中心，承载了大规模的商品、资本和人力的流动。城市的规模性和流动性使城市危机迅速从"点"蔓延开，影响到更广范围。针对城市危机连带性和跨区域性的特点，城市管理者进行危机管理时要注意两点：其一，一个城市危机的发生可以对其他地区产生连带影响，需要各地区人员相互协调，建立协调联动机制。其二，随着社会风险化和网络信息化时代的发展，政府部门面临着日益增多的"超组织边界"问题。在城市危机救援与处置过程中，会涉及许多不同组织的人员，如政府工作人员、部队官兵、医务工作者与广大群众，这就要求政府、社会与公众多元主体合作共治、协同应对。各个层级、机构之间的有效协同和配合是城市危机管理

---

① 卢涛. 应对突发事件能力[M]. 北京：人民出版社，2005：226.

的重要基础。

从协同方向看,城市危机管理可以分为横向部门机构间、纵向不同层级间、内外政府与社会间三个维度。第一,横向部门机构维度间的协同要求各部门之间厘清工作职责;第二,纵向不同层级维度间的协调中最重要的是划定中央政府与地方政府的应急事权;第三,政府与社会的协同要求把握政府与社会在危机管理中各自的组织优势,搭建社会组织参与危机管理的制度平台,形成应急联动。

视频2.1

"7·20"河南暴雨协同救援

3. 科技支撑

科学技术的应用有助于激发城市危机管理活力、增强城市危机管理能力。在城市危机管理的全周期内,科学技术都可以产生巨大的支撑作用。在危机预防与准备阶段,可以利用大数据及时发现问题实施有效控制,运用云计算技术、快速抓取与捕捉技术、数据采集技术和图像传输技术等先进手段进行综合研判,提前做好避险准备;在危机监控与预警阶段,可以通过实时监测技术进行风险评估,并提前进行智能报警;在处置与救援阶段,可以应用大数据进行动态分析,合理配置资源,并应用智能无人机和探测仪等先进设备进行人员救治;在恢复与重建阶段可以应用智能技术对危机事件进行调查,并运用仿真技术对应急预案进行模拟优化,以检验和提升应急预案的实效。

国务院发布的《国家中长期科学和技术发展规划纲要(2006—2020年)》指出,我国公共安全对科技提出了重大战略需求,要加强对突发公共事件快速反应和应急处置的技术支持,提高早期发现与防范能力、增强应急救护综合能力、加快公共安全装备现代化。要优先发展国家公共安全应急信息平台,重点研究全方位无障碍危险源探测监测、精确定位和信息获取技术,多尺度动态信息分析处理和优化决策技术,国家一体化公共安全应急决策指挥平台集成技术等,构建国家公共安全早期监测、快速预警与高效处置一体化应急决策指挥平台。

4. 以人为本

党的十八大以来,习近平总书记多次强调要"坚持以人民为中心",要把人民健康放在优先发展战略地位,努力全方位全周期保障人民健康。以人为本的理念就是在危机管理过程中,把人的生命放在高于一切的地位,把保障公民生命安全作为应急处置的首要任务。人的生命是宝贵的,对生命权的重视是中国共产党领导下的社会主义国家始终秉持的价值伦理。例如,我国在抗击新冠病毒疫情的过程中,党中央全力阻断疫情的传播链条,最大限度地保障人民群众的生命安全。同时,国家采取免费救治确诊病例措施,从出生的婴儿到100多岁的老人,努力使每一个生命都得到护佑,国家最大限度构筑起了保障人民生命安全的坚实防线。

在危机管理活动中,"以人为本"不仅体现在保障人民生命健康,还充分体现在发挥人民的主体作用。鼓励人民群众树立生命共同体意识，积极参与危机管理活动。在抗击新冠病毒疫情的过程中，党和国家广泛动员群众、组织群众、凝聚群众，进行疫情防控的人民战争。

2.3 城市危机管理的研究与实践

危机管理是西方政治学和企业管理的传统议题，随着全球化时代风险后果的加剧和转型期社会矛盾的激变，危机管理的研究开始从私人领域渗透到公共领域，危机管理实践的应用从私人部门发展到公共部门。在城市化进程加快、城市病频繁出现的背景下，公共危机管理的理论成果被用于分析典型的城市灾难，促使城市危机管理作为一个较新的学术研究领域出现。

2.3.1 公共危机管理的缘起与勃兴

人类社会的发展史可以说是一部与各种危机抗衡、斗争的历史。自人类社会产生以来，人类就面临着各种各样的危机和灾难，在与之斗争的过程中，人类逐步发展和壮大，并将应对危机的朴素观点系统化为真正的危机管理思想。

早期西方学术界对危机管理的研究主要集中在自然灾害方面。随着战后两极格局体制下各国政治、经济、民族、宗教矛盾激化引起的社会危机不断，20世纪60—80年代初，西方危机理论在政治学、社会学和国际关系领域出现了第一次研究高潮。代表人物有：格尔、赫尔曼、H.艾斯克斯坦、C.蒂利、E.齐摩门等。冷战结束以后，一方面被原来两极争霸格局掩盖的矛盾突然爆发，大规模社会冲突、政权更迭等社会问题频频发生；另一方面伴随着全球化进程的进一步加快，贫富差距、环境恶化等问题日益突出。1997年的亚洲金融风暴、2001年美国的"9·11"恐怖袭击、2002年莫斯科人质事件、2003年的"非典"，这一系列事件将危机推进了人们的视野，从而掀起了危机管理研究的第二次高潮。这一时期的代表著作有劳伦斯·巴顿所著的《组织危机管理》、罗伯特·西斯的《危机管理》、罗森塔尔的《危机管理：应对灾害、暴乱与恐怖主义》等，这时期的危机管理研究的主要方向是政府如何建立一套完善的危机预警及管控机制，着重讨论政府在应对危机时应该承担的主体责任。21世纪以来英美等西方国家公共危机管理倡导"治理"理念，注重政府组织、非政府组织、营利组织和社会公众等多元主体的跨部门合作，在寻求跨部门协同治理的同时，一部分学者将研究视野聚焦到预警和决策系统的模型与平台建构和信息技术在危机管理中的应用上。

值得一提的是，"危机管理"的概念是在私人部门中较早使用的，它是指企业防备和应对那些威胁企业生存的突发事件，如重大生产事故、劳资纠纷、信誉危机等。

伴随着企业危机管理研究的科学化，以美国为代表的西方发达国家对公共部门的危机管理研究也开始重视起来，从而使危机管理研究开始从私人领域渗透到公共领域，危机管理的实践应用从私人部门发展到公共部门。特别是在1979年美国成立联邦紧急事务管理局以后，危机管理的研究重点进一步从私人领域转向国家危机管理体系和危机管理政策等公共领域，公共危机管理开始成为大学的学科和专业，也成为一种社会职业。

当前，西方公共危机管理研究更趋于综合性，研究机构主要集中在政府机构、非营利组织和大学。他们的研究具有如下特征：其一，研究内容从单一的政治危机扩展到公共管理的各个领域；其二，研究目的由原来的政治目标转变为建立整合的公共危机管理体系；其三，研究重点由原来重视危机现场应对到危机的生命运转周期，尤其重视危机前的预警研究；其四，研究导向由本国情况研究走向跨国比较研究；其五，研究方法上立体分层研究体现了当代危机管理研究多元化和全面融合的趋向，从单纯定性研究到定性定量相结合，在个体层面上运用心理学、博弈论，在组织层面上运用组织理论、管理理论，在社会层面上运用社会学、政治学、经济学等。可以说，西方现代危机管理的理论研究已渐趋成熟。①

在中国五千年的灿烂文明中，危机管理的经典思想比比皆是。例如，"存而不忘亡，安而不忘危，治而不忘乱，思所以危则安矣，思所以乱则治矣，思所以亡则存矣""祸兮福之所倚，福兮祸之所伏""亡羊补牢，犹未为晚"等。但是危机管理作为一门独立的学科引入中国的时间并不长。国内较早提出创建危机管理学的是王贵秀，他认为危机管理学应以社会危机为独立的研究对象，凭借丰富的内涵、广阔的外延，定能成为一门博大精深的边缘科学。最早从行政学角度研究危机管理的是许文惠和张成福，他们于1997年主编了《危机状态下的政府管理》一书。

综观近几年来的研究成果，我国学者对公共危机管理的研究主要集中在以下几个方面。一是国外有关危机管理理论的引介。我国学者相继翻译了史蒂文·芬克的《危机管理：对付突发事件的计划》、巴顿的《组织危机管理》、罗伯特·希斯的《危机管理》等著作。这些译著对于促进我国危机管理研究的起步和发展具有重要的开拓性作用。二是不同层面、不同角度、不同类型的专项危机管理研究，我国学者关于公共危机类型的划分，比较有代表性和影响力的划分方法包括从公共危机诱因的视角进行分类和从公共危机综合标准的视角进行分类，研究成果主要集中在公共卫生、自然灾害、群体性事件等方面。三是整合社会学、传播学、政治学、法学、信息技术等相关知识的跨学科交叉研究。例如，韩大元、莫于川主编的《应急法制论》针对突发事件应对机制的法律问题进行了研究；李瑞昌、侯晓菁在《"智调应急"替代还是补充了"议调应急"？——技术治理中协调创新》一文中探讨在信息技术升级的社会背景下，

---

① 孙多勇，鲁洋. 危机管理的理论发展与现实问题[J]. 江西社会科学，2004（4）：138-143.

技术赋能应急协调发展，使协调信息更加全面完整，协调决策更加准确，协调过程更加平滑。

当然，公共危机管理研究在我国的兴起与繁荣是有着深刻的现实动因的。首先，全球化时代的到来加强了国际社会各行为主体之间的互动，从而使得全球性风险系数增大。其次，转型引发各类社会矛盾的激变。经济社会转型阶段，经济容易失调、社会容易失序、心理容易失衡、社会伦理需要调整重建。我国20世纪以来经济社会转型发展，由于制度变迁引起的利益和权力的重新转移，使一部分人的利益受到相对损害，从而形成不稳定的因素。转型期出现的各种管理制度上的漏洞和真空，使各种灾害不断发生，并对各级政府的正常运行造成了很大的冲击。

2.3.2　我国城市危机管理实践的发展

我国城市危机管理体系的构建与国家以"一案三制"（应急预案和应急管理体制、机制、法制）为核心的应急管理体系建设是同步的。回顾中国公共危机管理的实践，以2003年抗击"非典"、2008年全国应急管理体系基本形成和2018年应急管理部组建为标志可以分为三个阶段。

1. 起步阶段

2002年年底至2003年上半年在中国广东首先被发现，后来在全球扩散传播的"非典"疫情开启了中国公共危机管理的篇章。"非典"疫情既是一场公共卫生危机，也是一场影响社会安定的复合型危机，更是中国政府形象和国家安全所面临的一次重大危机。到了2003年4月中旬，面对不断肆虐的"非典"疫情及其所造成的负面影响，中国政府开始采取果断措施，紧急出台《突发公共卫生事件应急条例》，逐步扭转"非典"疫情防治被动的不利局面。"非典"疫情让中国付出了代价，也给了中国深刻的警示和启迪，让中国切实认识到增强忧患意识，加强城市危机管理工作的极端重要性。2003年7月，胡锦涛总书记在全国防治"非典"工作会议上指出：我国突发事件应急机制不健全，处理和管理危机能力不强；一些地方和部门缺乏应对突发事件的准备和能力。要高度重视存在的问题，采取切实措施加以解决。他特别强调：要大力增强应对风险和突发事件的能力，经常性地做好应对风险和突发事件的思想准备、预案准备、机制准备和工作准备，坚持防患于未然。温家宝总理在会上指出：争取用3年左右的时间，建立健全突发公共卫生事件应急机制，提高突发公共卫生事件应急能力。此后，中国开始了全面加强应急管理工作的积极探索。因此，"非典"危机成为中国全面加强应急管理体系建设的重要起点，2003年由此也成为中国全面加强应急管理的起步之年。

2003年10月，党的十六届三中全会通过《中共中央关于完善社会主义市场经济体制若干问题的决定》，深刻分析了影响生产力发展的体制性障碍，提出为适应经济全球化和科技进步加快的国际环境，适应全面建设小康社会的新形势，必须加快推进改革，建立健全各种预警和应急机制，提高政府应对突发公共事件和风险的能力。2004年9月，党的十六届四中全会做出《中共中央关于加强党的执政能力建设的决定》，从加强党的执政能力和政府执行力的层面，进一步提出"建立健全社会预警体系，形成统一指挥、功能齐全、反应灵敏、运转高效的应急机制，提高保障公共安全和处置突发公共事件的能力"。2006年8月，党的十六届六中全会通过《中共中央关于构建社会主义和谐社会若干重大问题的决定》（简称为《决定》），正式提出我国按照"一案三制"的总体要求建设应急管理体系。《决定》指出：完善应急管理体制机制，有效应对各种风险。建立健全分类管理、分级负责、条块结合、属地为主的应急管理体制，形成统一指挥、反应灵敏、协调有序、运转高效的应急管理机制，有效应对自然灾害、事故灾难、公共卫生事件、社会安全事件，提高突发公共事件管理和抗风险能力。按照预防与应急并重、常态与非常态结合的原则，建立统一高效的应急信息平台，建设精干实用的专业应急救援队伍，健全应急预案体系，完善应急管理法律法规，加强应急管理宣传教育，提高公众参与和自救能力，实现社会预警、社会动员、快速反应、应急处置的整体联动。坚持安全第一、预防为主、综合治理，完善安全生产体制机制、法律法规和政策措施，加大投入，落实责任，严格管理，强化监督，坚决遏制重特大安全事故。至此，这三次党的全会基本完成了我国公共危机管理体系框架的设计工作。《中华人民共和国突发公共事件应对法》的实施，正式确立了我国"统一领导、综合协调、分类管理、分级负责、属地管理为主"的应急管理体制。

2. 发展阶段

在2007年《中华人民共和国突发公共事件应对法》颁布实施后，中国各种突发性事件的处理，依照既有的应急管理体系的管理程序有条不紊地进行。例如，成功应对2008年南方低温雨雪和四川汶川地震，及时有效地处置了西藏拉萨"3·14"严重暴力犯罪事件和新疆"7·5"事件，成功举办了北京奥运会、上海世博会等。公共危机管理体系在实践的应对中不断接受检验，并在实践中逐渐成熟和走向完善。中国初步形成的应急管理体系，有效地实现了应急管理工作从单一性到综合性、从临时性到制度化、从封闭性到开放性及从应对性到保障性的四大转变，为公共危机管理工作向更基础层面纵深推进奠定了扎实的基础。

党的十八大以来，中国特色社会主义进入了新时代。立足于新时代国际国内安全新形势，党从总体国家安全的宗旨、根本、基础、保障、依托等方面构筑体系，习近平总书记系统分析了国内外各类风险，科学发现了各种矛盾源、风险源、挑战点是相互交织、相互作用的，如果防范不及、应对不力，就会传导、叠加、演变、升级，使小的矛盾风险挑战发展成大的矛盾风险挑战，局部的矛盾风险挑战发展成系统的矛盾风险挑战，国际上的矛盾风险挑战演变为国内的矛盾风险挑战，经济、社会、文化、生态领域的矛盾风险挑战转化为政治矛盾风险挑战，最终危及党的执政地位、危及国家安全。① 2015年出台的《中华人民共和国国家安全法》，把预防、减少和化解社会矛盾，妥善处置公共卫生、社会安全等影响国家安全和社会稳定的突发事件，列为维护国家安全的重点任务。2017年2月17日，习近平总书记在主持召开国家安全工作座谈会时强调：当前和今后一个时期要突出抓好政治安全、经济安全、国土安全、社会安全、网络安全等各方面安全工作，要完善立体化社会治安防控体系，加强交通运输、消防、危险化学品等重点领域安全生产治理。②

然而当前的城市危机管理模式还存在传统粗放化、经验式的问题。我国城市危机的发生大多都忽视事前的风险防范和隐患排查，只重视危机发生后的紧急处置与救援，造成重大人员伤亡与财产损失，城市危机管理急需向精细化转型。面对日益严峻的公共安全形势，要提高应急保障能力，从国家政府层面对安全生产监督和应急救援力量整合，坚决杜绝突发事件中风险信息孤岛问题；提高各级政府对突发事件的应急准备能力和处置能力，进一步完善应急预案体系并不断推动应急预案演练。

3. 完善阶段

习近平总书记在党的十九大报告中指出：坚持总体国家安全观。必须坚持国家利益至上，以人民安全为宗旨，以政治安全为根本，统筹外部安全和内部安全、国土安全和国民安全、传统安全和非传统安全、自身安全和共同安全，完善国家安全制度体系，加强国家安全能力建设，坚决维护国家主权、安全、发展利益。这是习近平新时代中国特色社会主义基本方略之一。在此背景下，十三届全国人大一次会议上，国务院总理李克强向大会提请审议《国务院机构改革方案》的议案，建议组建应急管理部。根据2018年3月17日第十三届全国人民代表大会第一次会议批准的国务院机构改革方案，中华人民共和国应急管理部成立。中国特色社会主义进入新时代，城市化进程不断加快，社会多元化、系统复杂性、技术不可控等因素对我国公共安全提出新的挑战，而应急管理部的组建实现了管理对象、管理职责、管理过程三个方面内部要素的高度统一。一是应急管理对象的统一。由国务院组成部门来统一管理自然灾害和生产事故等公共突发性事件。二是应急管理职能的统一。新组建的应急管理部实现应急管理职能的静态统一和动态统一。新部门整合先前分散在13个部门、机构的应急管理职能，基本完成自然灾害和事故灾难领域内的全灾种管理的静态职能和动态职能统一。三是应急管理过程的统一。应急管理部成立后将有助于解决危机事前预防准备、事中响应协调、事后恢复善后全过程的组织困境。这次改革赋予应急管理部整体规划和指导的全过程应急管理职责。同时，也明确了灾害

视频2.2

总体国家安全观

---

① 习近平. 习近平谈治国理政：第二卷[M]. 北京：外文出版社，2017：222.
② 同上：382.

和事故类公共突发事件的物资准备、预案演练,指挥应对和恢复善后的全过程管理职能。①

经过多年的努力,我国应急管理体系建设取得了初步的成就。一是应急预案"纵向到底、横向到边;二是形成了"统一领导、综合协调、分类管理、分级负责、属地管理"的应急管理体制;三是构建了"统一指挥、反应灵敏、协调有序、运转高效"的应急管理机制;四是应急管理的法制化程度有所提高。在全国应急管理体系的框架内,我国也逐步形成了城市危机管理模式。

但是,我国目前的城市危机管理仍然呈现出两大问题:一是协同应对碎片化。随着城镇化、全球化进程加快及社会流动性的增加,各类突发事件影响的连带性和扩散性日趋明显,突发事件处理需要跨区域、跨部门的协同应对。我国成立各类议事协调机构、建立联席会议机制、成立应急管理办事机构及组建应急管理部,统筹内部协调与外部协调。但是我国目前协调机制总体还处于碎片化状况,协调机制类型比较单一,协作的密切程度不高,造成在城市危机管理的过程中信息交流缓慢、组织间沟通缺位的现象经常发生。二是重处置、轻预防。当前我国危机响应迅速,一旦某一城市发生了危机,政府部门会及时启动应急响应,迅速组织强大的资源应对,效果显著,但应急管理效能则未必最佳。我们需要意识到危机预防在城市危机管理中的重要作用,主动管控风险源、及时排查安全隐患,控制风险的影响程度和范围,尽最大可能避免风险隐患酿成城市危机。

在未来城市危机管理的实践发展过程中,中国必须逐步通过公共治理结构改革,用制度化的措施和方法,科学合理地界定政府、社会、公众等在危机管理过程中的权力、职责及其相互关系,完善全社会共同参与的城市危机管理体系。其总体思路是以"三移"推动"三靠",即通过危机管理的关口前移、重心下移、主体外移,形成全方位、立体化、多层次、综合性的危机管理网络及常态和非常态有机衔接的机制,最终树立"小灾靠自己,中灾靠集体,大灾靠政府"的危机管理工作理念,为全面推进城市危机管理奠定坚实的制度基础与社会基础。

首先,关口前移。危机的根源在于各种各样的风险,最高明的危机管理应当是避免事件的发生,有效的危机管理应当"使用少量钱预防,而不是花大量钱治疗"。为此,危机管理必须做到关口的再前移,即从当前侧重对危机的管理到对事件和风险并重的管理,加强危机发生前的预警与监测,在此基础上实现危机管理工作从事后被动型到事前主导型的积极转变,从而最大限度地避免和减少风险源和危机的发生,形成一个危机管理和风险管理有机结合的公共安全治理框架。预警是城市危机管理的关键环节,准确高效的预警是成功应对重大城市危机的重要前提。在信息技术快速发展和广泛应用背景下,可以运用大数据、人工智能等技术方法,灵敏感知潜在风险,对危机的发

---

① 高小平,刘一弘.应急管理部成立:背景、特点与导向[J].行政法学研究,2018(5):29-38.

展趋势和演变规律做出判断与预测。

其次，重心下移。城市危机管理工作应当强调应对重心的下移和第一现场的处置权。在权力相对集中和管理重心下移之间，要结合自身的实际，科学合理地进行职责分工，明晰上下级之间、部门之间、领导指挥与现场处置之间的权责关系。当今社会是一个高度流动性和复杂的社会。这种不确定性使中央政府无法更无力解决所有地方问题，为了提高危机管理效率，需要把管理权力与重心下移至基层，提高治理水平。进行网格化管理可以在基层实现精细化和个性化的管理模式。一方面，在信息技术手段快速发展的今天，可以在基层治理中引入技术治理的路径，通过系统整合、信息集成、流程再造等手段构建网格化的危机管理系统，实现各区域的危机信息交流；另一方面，要加强与基层的合作治理，建立和完善以地方为主的危机管理工作权责机制，特别是要注重营造一种鼓励地方积极创新和勇于承担风险的制度环境。

最后，主体外移。当今危机事件具有越来越多的开放性和扩散性，因此危机管理也需要采取开放思维和多元治理方法，建立一个由政府、企事业单位、非政府组织、志愿者、公民个体等共同构成的治理网络，形成多元主体责任意识，着力让个体归位，政府到位，社会力量补位，形成多元合力。政府体系外的社会力量不仅是政府的重要信息来源，也是政府应急管理的重要力量。为此，在危机管理过程中，要建立政府、企业、社会组织等多元主体之间平等交流、协商合作的互动机制，让社会个体、各类非政府组织、国际性和区域性组织同政府打破界限，进行跨领域、跨部门、跨地区乃至全球性的良性合作。

扩展阅读2.2

我国新时代危机管理意识

本章小结

对城市危机管理的界定是以危机管理的定义为基础的。纵观目前的研究成果，对危机管理的界定有三条途径：一是过程取向的危机管理；二是目的取向的危机管理；三是公共关系视域下的危机管理。城市危机管理是公共危机管理的分支，其主体是城市政府和其他公共机构，重点在预防，目的是保护公民的人身财产安全、保障城市正常运行。在风险社会，加强城市危机管理有利于落实城市政府的职责、维护政府形象、彰显政府效能、保障城市公共安全。城市危机管理分为预防与准备、监控与预警、处置与救援、恢复与重建四个阶段，进行城市危机管理要遵循统一指挥、协同应对、应用科技、以人为本四个原则。我国公共危机管理的实践，可以以2003年抗击"非典"、2008年全国应急管理体系基本形成和2018年应急管理部组建为标志分为三个阶段。经过多年努力，我国形成了"统一领导、综合协调、分类管理、分级负责、属地管理"的应急管理体制，构建了"统一指挥、反应灵敏、协调有序、运转高效"的应急管理机制。在未来的城市危机管理体系建设的过程中，中国必须通过危机管理的关口前移、重心下移、主体外移，形成全方位、立体化、多层次、综合性的危机管理网络，以及常态和非常态有机衔接的机制，最终树立"小灾靠自己，中灾靠集体，大灾靠政府"的危机管理工作理念，为全面推进城市危机管理奠定坚实的制度基础与社会基础。

关键词

危机管理（crisis management）；城市危机管理（urban crisis management）；危机生命周期管理（life cycle management of crisis）

思考题

1. 简述城市危机管理的内涵与特征。
2. 以你所熟悉的城市危机事件为例，分析城市危机管理的阶段。
3. 城市危机管理的原则有哪些？在实际案例中如何体现？
4. 简述我国城市危机管理体系的特色及发展趋势。
5. 当前我国城市危机管理还存在哪些不足？应如何改进？

第2章 思考题参考答案

第2章 即测即练题

案例分析

从2019年烧到2020年的澳大利亚丛林大火

2019年9月到2020年2月初，澳大利亚东南部数州爆发林火，形成数百个火场，多地大火肆虐，烟雾弥漫。澳大利亚的高温天气和干旱是林火肆虐的主要原因，每年的春夏之交都会迎来火季，所以以往发生森林大火在澳大利亚并不算什么大新闻。但是在2019年的这次森林大火持续时间长达5个月，造成至少33人死亡，约10亿野生动物丧命，2500多间房屋和1170万公顷土地被烧毁，这场如此惨烈的火灾引起了全世界的关注，也对全球经济造成了较大影响。

2019年9月初，澳大利亚发生了第一批森林火情，但是并未引起人们的注意，大家只是在感叹火季来得有点早。直至2019年11月，澳大利亚东部丛林大火肆虐，灾情加重，空气雾霾加重，引起了人们的关注。截至11月9日，已造成3人死亡，30多人受伤，150间房屋烧毁，数以千计的居民被迫逃离家园。而此时，气候持续干旱，平均降雨量只有18mm，接受高温热浪袭击，使此次的森林大火更易扩散，难以扑灭。直至2020年2月出现持续的降雨、低温、无强风的有利天气，历时四个多月的森林大火才得到控制。澳大利亚全国至少有10亿只动物被大火波及。林木、土地、动物、房屋甚至是人，都在这场大火中化为焦灰，被强烈的气流卷入高空，一些飘向了邻国新西兰，一些则抵达了11 000km外的南美洲上空。这场肆虐的大火对于澳洲乃至全球，无疑是一场生态灾难，影响的不仅是空气的质量，也吞噬了人们应对全球气候变化的努力。

澳大利亚总理斯科特·莫里森（Scott Morrison）承认在应对山火危机中存在失误，他表示，将向内阁提出一项提案，以建立一个皇家委员会来应对丛林大火灾难，还将讨论在灾难发生时联邦政府如何以更大的灵活性介入和协助各州应对问题。

思考题

根据危机管理的阶段和原则，澳大利亚政府在应对森林大火中存在哪些不足？结合上述材料进行分析。

拓展阅读

[1] 林德尔，普拉特，佩里. 公共危机与应急管理概论[M]. 王宏伟，译. 北京：中国人民大学出版社，2016.

[2] 李敏. 城市公共危机管理[M]. 上海：东华大学出版社，2014.

[3] 张成福，唐钧，谢一帆. 公共危机管理理论与实务[M]. 北京：中国人民大学出版社，2009.

[4] 刘一弘，高小平. 新中国70周年应急管理制度创新[J]. 甘肃行政学院报，2019（4）：4-13，124.

[5] 朱正威，吴佳. 新时代中国应急管理：变革、挑战与研究议程[J]. 公共管理与政策评论，2019，8（4）：47-53.

第 3 章
城市危机管理的体制

学 习 目 标

通过本章的学习，理解城市危机管理体制的内涵，把握城市危机管理机构设置的特征和设置原则，了解国外大城市危机管理体制状况及基本经验，了解我国城市危机管理体制的基本状况和存在的问题，并把握完善我国城市危机管理体制的基本举措。

危机管理体制是指危机管理机构的组织形式，即综合性危机管理组织，各专项危机管理组织及各地区、各部门的危机管理组织各自的法律地位、相互间的权力分配关系及其组织形式等，是危机管理机构设置、领导隶属关系、管理权限划分、组织体系的总和。危机管理体制是一个由横向机构和纵向机构、政府机构与社会组织相结合的复杂系统，包括危机管理的领导指挥机构、专项应急指挥机构及日常办事机构等不同层次。[①]

我国危机管理体制建设经历了由单灾种管理到协同危机管理再到综合危机管理的三个发展阶段。单灾种管理时期的危机管理体制是为某一灾害而专门设立的职能部门或协调机构。直至 2005 年 7 月 22 日，温家宝总理提出了以"一案三制"为重点，全面加强危机管理体系建设。2007 年 11 月 1 日，《突发事件应对法》施行，以基本法的形式明确突发事件的危机管理责任、义务和权利，规范了危机管理内容、流程，确定了国家建立"统一领导、综合协调、分类管理、分级负责、属地管理为主"的危机管理体制。

当前，以预案、体制、机制和法制所构成的"一案三制"仍是我国危机管理体系的基本框架。体制作为"一案三制"之一，是危机管理体系建设的基础，是危机管理体系不可分割的核心要素。城市危机管理体制决定了城市危机管理体系的静态结构，规定了城市危机管理体系的潜在功能。从整体上看，城市危机管理体制可针对不同类型、不同级别和不同地域范围内的突发事件，快速形成相应的组织安排。从功能上看，其目的在于根据危机管理目标，设计和建立一套组织机构和职位系统，确定职权关系，把内部上下左右联系起来，以保证组织结构的有效运转。

3.1 城市危机管理的机构设置

危机管理体制的核心内容是危机管理机构的设置和职能定位，它明确了体制内各危机管理主体的法律地位和职责及其相互关系。

3.1.1 城市危机管理机构设置的特征

现代社会每时每刻都面临着各种突发事件的冲击和威胁，要想最大限度地避免和减少这种冲击和威胁，确保社会公众生命财产安全和公共利益不受损失或减少损失，就需要建立系统完备、科学规范、运作高效的危机管理组织机构，有序开展城市危机管理活动。城市危机管理机构设置的特征主要体现在以下方面。

---

① 钟开斌."一案三制"：中国应急管理体系建设的基本框架[J]. 南京社会科学，2009（11）：77-83.

第一，主导性。城市危机管理必须有一个主导核心，掌握着应对危机事件所必备的大量的社会资源，调集全社会各个方面共同参与，正确引导媒体和舆论的走向，及时公开突发事件信息，大力开展危机管理知识培训、宣传、教育，引导公众积极参与各项危机管理活动，不断增强公众的防范意识，提高社会整体的应急能力。

第二，约束性。在应对城市危机的过程中，每个级别的管理机构都必须在法律、法规限定的范围内，行使自己的权利，履行规定的义务，共同承担城市危机所带来的风险。

第三，协作性。由于现代化城市危机的连带性与跨区域性，其中任何一个部门或区域受到城市危机的负面影响，可能沿着各种脉络产生涟漪效应。因此，在城市危机管理中，各区域、各部门应分工明确，相互配合，协同作战，实现对突发事件的快速反应，降低处置突发事件的成本。

3.1.2　城市危机管理机构设置的原则

危机管理机构必须具备快速、高效、广泛地整合资源的特殊功能。危机管理机构的设置应遵循以下原则。

1. 系统整体原则

危机管理是一个系统工程，包括应急准备、预警、响应、处置及恢复等几个阶段，按照系统原理和系统开放原则，必须深入研究政治环境、技术环境及资源环境等对危机管理的影响，通过设置合理的组织机构，促进多部门形成合力，共同应对城市危机事件。系统整体原则主要体现在以下三个方面。

第一，结构完整。危机管理机构只有结构完整才能保证具有必要的功能。危机管理组织内部是一个系统，它是由决策系统、执行系统、操作系统、监督系统和反馈系统等构成，并要求尽可能地保持各个系统协调联动，而不能割裂其内部的有机联系，将其分散开来。

第二，要素齐全。危机管理组织系统要素一般包括人员、职能和责任、信息等。人员在危机管理中起主导作用，要求危机管理组织中的人员具备较高个人素质，充分发挥个人潜力，确保危机管理组织高效运行。规定每一岗位和职务所拥有的权力和承担的责任，以达到指挥、协调和控制的目的，避免有权无责或有责无权的问题。危机管理机构与外界联系、与组织系统内部联系主要依靠信息沟通，能否保持信息畅通是危机管理机构设置时应考虑的重要因素。

第三，确保目标。根据危机管理目标建立和调整组织机构，按机构各部门各岗位的职能要求确定相应目标和任务，将目标和任务进行分解和细化，并与每个岗位担负的责任相适应，提高整体效能，确保各项危机管理工作任务的贯彻落实。

2. 统一领导原则

一方面，危机管理通常是跨部门、跨地域的，这样不仅会影响多个正常工作和业务流程，也对各部门之间信息共享与资源整合调配的能力提出了更高的要求。另一方面，城市危机的发生具有突然性、破坏性、连带性等特点，使任何一个部门的管理机构或人员都无法单独胜任这种跨部门、跨地域的工作。因此，若要促进各部门高效的协同应对危机事件，就必须在上下各级之间形成统一领导、统一指挥的危机管理系统，以便能够调配各方面资源，协调各部门的行动。

3. 权责对应原则

对承担危机管理职责的人员，不论其在组织中的哪个层面工作，既要确立其在危机管理中的责任，又要赋予其危机管理的权力，其担负的目标、任务与赋予其相应的权力、责任相匹配，坚持有多大权力就负多大责任，有什么权力就负什么责任的原则。例如，如果领导者有权无责或权大责小，就会做出不负责任的决策，甚至产生瞎指挥、滥用权力的官僚主义或腐败行为；如果领导者有责无权或责大权小，就没有承担责任的保证，其所承担的危机管理任务就难以完成，甚至会严重挫伤其积极性，不利于应急处置。要实现权责对应，主要靠科学的组织设计，明确权力分配关系，深入研究组织结构，建立起一套完整的职能职责制度体系。

4. 机构常设原则

危机可以预测，却不能完全避免。《突发事件应对法》规定，突发事件应对工作实行以预防为主、预防与应急相结合的原则。当前，我国对城市危机管理的原则是以预防为主，尽量用最少的花费阻止危机发生。因此，我国要想将城市危机管理列入常态化管理的范围之内，设置日常机构进行常态化的危机信息预测、准备与预防是必须的。同时，我国强调危机管理机构常设，并不排除特殊情况下，面对难以预料的特别重大突发事件时成立危机管理临时机构。当然，设置危机管理机构应注重精简和提高效率，减少内耗，确保组织信息传递畅通快捷和对外开放有序。

5. 良性互动原则

危机管理涉及各部门各方面，突发事件发生后，政府不同职能部门之间应协调运作，发挥整体功效。一方面，要进一步理顺中央和地方纵向的分级处置职能，强化条块之间的协调配合与互动。另一方面，还要加强政府与社会部门的横向交流合作，发挥政府的社会动员优势，组织和调动社会各方面力量，共同参与城市危机事件的监测、预警和处置工作，实现政府功能与社会功能优势互补与良性互动。最终形成政府统一指挥、各部门协同配合、全社会共同参与的危机管理工作格局，形成有效应对突发事件的合力。

3.1.3 我国城市危机管理机构的设置

我国城市危机管理机构的设置针对各个时期的危机特征，经历了长期的演变，每一个阶段都实现了我国城市危机管理机构设置的质的飞跃。从改革开放之前由专门的部门或机构应对单一灾害管理，过渡到20世纪80年代至21世纪初的"专门机构＋部门间议事协调制度"，再到2006年以来的"权威枢纽机构抓总＋部门间协调"机制，最后到2018年之后向新时代的全面综合统一的部门管理模式过渡。①

从新中国成立到2003年之前，我国城市危机管理工作长期以来分属于对单一灾害分部门管理，在国家和地方都没有常设的统一领导协调机构，遇到重大突发事件时则靠成立临时指挥机构来应对危机。2003年"非典"事件暴露出我国危机管理存在的重大薄弱环节，国家相继颁布了《国家突发公共事件总体应急预案》和《突发事件应对法》，并确定了国家和地方的危机管理机构及运作体制。我国设立危机管理机构，主要是从国情出发，也借鉴了国外的危机管理机构设置模式。在现有管理体制基本不变的情况下，我国应充分考虑发挥各级政府的信息主渠道和综合协调作用，强化各级政府社会管理和公共服务职能，强化各部门应对突发事件的处置职能，明确各级基层组织应对辖区内发生的突发事件的职责，同时，注重发挥决策咨询机构作用等。我国建立了统一领导、综合协调、分类管理、分级负责、属地管理为主的危机管理体制。在这之后，我国有条不紊地应对了多次公共危机的发生。但是，面对新时代国际国内安全新形势，相互交织、相互作用的各种矛盾源、风险源、挑战点，需要进一步完善我国的国家应急管理能力和应急管理体系。在此背景下，根据2018年3月我国第十三届全国人民代表大会第一次会议批准的国务院机构改革方案，成立了中华人民共和国应急管理部（简称为应急管理部），其主要指导生产安全类和自然灾害类的应急救援，协调其他各部门应对城市危机发生。

除应急管理部，我国承担危机管理职责的部门还主要包括卫生健康委员会和公安部，分别指导公共卫生事件和社会安全事件的应急救援和处置。在纵向划分职责方面，按照分级负责的原则，一般危机由地方各级政府负责，应急管理部代表中央统一响应支援；发生特别重大危机时，应急管理部作为指挥部，协调中央与地方的危机管理工作。② 在我国承担危机管理职责的机构可以大致分为：领导指挥机构、协调机构、地方机构和咨询机构。

1. 领导指挥机构

《突发事件应对法》将突发事件的种类分为自然灾害类、事故灾难类、公共卫生类和社会安全类。其中自然灾害类和事故灾难类危机的领导指挥机构是应急管理部；

---

① 高小平，刘一弘. 应急管理部成立：背景、特点与导向[J]. 行政法学研究，2018（5）：29-38.
② 蔡立辉，董慧明. 论机构改革与我国应急管理事业的发展[J]. 行政论坛，2018，25（3）：17-23.

公共卫生类危机的领导指挥机构是国家卫生健康委员会；社会安全类危机的领导指挥机构是公安部。

自然灾害类和事故灾难类的城市危机由应急管理部领导指挥。应急管理部是国务院的组成部门。目前，我国应急管理部整合了国家安全生产监督管理总局、国务院办公厅、公安部、民政部、国土资源部、水利部、农业部、国家林业局、中国地震局、国家防汛抗旱总指挥部、国家减灾委员会、国务院抗震救灾指挥部、国家森林防火指挥部13个部门的职责，即国家安全生产监督管理总局的职责，国务院办公厅的应急管理职责，公安部的消防管理职责，民政部的救灾职责，国土资源部的地质灾害防治、水利部的水旱灾害防治、农业部的草原防火、国家林业局的森林防火相关职责，中国地震局的震灾应急救援职责及国家防汛抗旱总指挥部、国家减灾委员会、国务院抗震救灾指挥部、国家森林防火指挥部的11个职责。[①] 应急管理部的内部组织架构如图3-1所示。

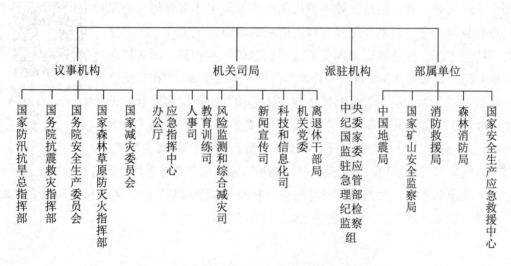

图3-1 中华人民共和国应急管理部的组织架构

公共卫生类危机由国家卫生健康委员会指挥协调。根据第十三届全国人民代表大会第一次会议批准的《国务院机构改革方案》组建国家卫生健康委员会，并规定其负责对卫生健康工作的统一领导。国家卫生健康委员会是国务院的组成部门，为正部级。在危机管理中的职责包括：制定并组织落实疾病预防控制规划、国家免疫规划及严重危害人民健康公共卫生问题的干预措施，制定检疫传染病和监测传染病目录，组织指导突发公共卫生事件的预防控制和各类突发公共事件的医疗卫生救援。卫生健康委员

---

① 朱正威，吴佳. 新时代中国应急管理：变革、挑战与研究议程[J]. 公共管理与政策评论，2019，8（4）：47-53.

会下设 23 个内设机构，其中疾病预防控制局、卫生应急办公室、食品安全标准与监测评估司负责不同的公共卫生应急管理职能。①

社会安全类突发事件由公安部指挥协调。经过第十三届全国人民代表大会第一次会议批准的《国务院机构改革方案》，将公安部的消防管理职责合并至应急管理部门。公安部仍然作为国务院的组成部分，下设办公厅、警务督察、人事训练、宣传、经济犯罪侦查、治安管理、边防管理、刑事侦查、出入境管理、消防、警卫、公共信息网络安全监察、监所管理、交通管理、法制、外事、装备财务、禁毒、科技、反恐怖、信息通信等局级机构，这些机构分别承担有关业务工作。有关应急管理的职责包括：组织指导侦察工作，协调处置重大案件、治安事故和骚乱，指挥防范、打击恐怖活动；收集邪教组织影响社会稳定、危害社会治安的情况并进行分析研判，依法打击邪教组织的违法犯罪活动等。

2. 协调机构

虽然城市危机管理的职责主要由应急管理部、卫生健康委员会和公安部领导指挥，但是在处理城市危机的过程中还需要与其他部门进行协调，充分调动和配置各种资源应对城市危机事件。在自然灾害防救方面，应急管理部需要与自然资源部、水利部、国家林业和草原局、国家粮食和物资储备局等部门进行职责协调；②在安全生产事故处理方面，应急管理部需要与交通运输部、住房和城乡建设部、水利部和民用航空局等有关部门进行职责协调；③在公共卫生事件中，卫生健康委员会与国家发展和改革委员会、民政部、海关总署、国家市场监督管理总局、国家医疗保障局和国家药品监督管理局之间进行协调处理；④在社会安全事件中，铁路局、民用航空局和海关总署缉私局接受主管部门和公安部双重领导，⑤协调处理。具体职责分工如表 3-1 所示。

扩展阅读3.1

国家卫生健康委员会职能配置、内设机构和人员编制规定

---

① 中华人民共和国国家卫生健康委员会. 国家卫生健康委员会职责（2018-09-10）[2022-05-23]. [EB/OL]. http://www.nhc.gov.cn/wjw/jgsz/jgsz.shtml.

② 搜狐网. 重磅：应急管理部内设机构与职责分工[EB/OL].（2018-08-14）[2022-05-23]. https://www.sohu.com/a/247196789_656776.

③ 中华人民共和国人力资源和社会保障部. 中华人民共和国安全生产法（2022-05-13）[2022-05-23][EB/OL] http://www.mohrss.gov.cn/SYrlzyhshbzb/dongtaixinwen/shizhengyaowen/202205/t20220513_448176.html.

④ 中华人民共和国中央人民政府. 国家卫生健康委员会职能配置、内设机构和人员编制规定（2018-09-10）[2022-05-23][EB/OL]. http://www.gov.cn/zhengce/2018-09/10/content_5320817.htm.

⑤ 中华人民共和国公安部. 机构设置（2017-04-15）[2022-05-23][EB/OL]. https://www.mps.gov.cn/.

表3-1 各协调部门应急管理职责

事件类型	机构名称	主要职责
自然灾害类	自然资源部	负责组织编制地质灾害防治规划和防护标准并指导实施；组织指导协调和监督地质灾害调查评价及隐患的普查、详查、排查；指导开展群测群防、专业监测和预报预警等工作，指导开展地质灾害工程治理工作；承担地质灾害应急救援的技术支撑工作
	水利部	负责组织编制洪水干旱灾害防治规划和防护标准并指导实施；承担水情旱情监测预警工作；组织编制重要江河湖泊和重要水工程的防御洪水抗御旱灾调度和应急水量调度方案，按程序审批并组织实施；承担防御洪水应急抢险的技术支撑工作；承担台风防御期间重要水工程调度工作
	国家林业和草原局	负责组织编制森林和草原火灾防治规划和防护标准并指导实施；指导开展防火巡护、火源管理、防火设施建设等工作；组织指导国有林场林区和草原开展防火宣传教育、监测预警、督促检查等工作
	国家粮食和物资储备局	根据中央救灾物资储备规划、品种目录和标准、年度购置计划，负责中央救灾物资的收储、轮换和日常管理，根据应急管理部的动用指令按程序组织调出
安全生产类	交通运输部 住房和城乡建设部 水利部 民用航空局	建立健全相关行业、领域、地区的生产安全事故应急救援信息系统，实现互联互通、信息共享，通过推行网上安全信息采集、安全监管和监测预警，提升监管的精准化、智能化水平
公共卫生类	国家发展和改革委员会	负责组织监测和评估人口变动情况及趋势影响，建立人口预测预报制度，开展重大决策人口影响评估，完善重大人口政策咨询机制，研究提出国家人口发展战略，拟订人口发展规划和人口政策，研究提出人口与经济、社会、资源、环境协调可持续发展，以及统筹促进人口长期均衡发展的政策建议
	民政部	承担老年疾病防治、老年人医疗照护、老年人心理健康与关怀服务等老年健康工作。民政部负责统筹推进、督促指导、监督管理养老服务工作，拟订养老服务体系建设规划、法规、政策、标准并组织实施，承担老年人福利和特殊困难老年人救助工作
	海关总署	建立健全应对口岸传染病疫情和公共卫生事件合作机制、传染病疫情和公共卫生事件通报交流机制、口岸输入性疫情通报和协作处理机制
	国家市场监督管理总局	对不安全的食品国家市场监督管理总局等部门应当立即采取措施，国家市场监督管理总局等部门在监督管理工作中发现需要进行食品安全风险评估的，应当及时向国家卫生健康委员会提出建议

续表

事件类型	机构名称	主要职责
公共卫生类	国家医疗保障局	在医疗、医保、医药等方面加强制度、政策衔接，建立沟通协商机制，协同推进改革，提高医疗资源使用效率和医疗保障水平
	国家药品监督管理局	制定国家药典，建立重大药品不良反应和医疗器械不良事件相互通报机制和联合处置机制
社会安全类	铁路局	管辖铁路运营安全事故案
	民用航空局	管辖重大飞行事故案
	海关总署缉私局	管辖逃避商检案、妨害国境卫生检疫案、妨害动植物检疫案

3. 地方机构

应急管理部、卫生健康委员会和公安部均属于国务院下设的正部级机构，负责中央对地方突发公共危机的领导指挥，必要时组织下派官员组成临时应急小组。地方各级政府需要设立相应的地方的危机管理机构作为本行政区域危机管理工作的行政领导机构，负责本行政区域各类危机的预测预警、应急处置，重点是先期处置、应急响应和恢复重建的组织领导工作。

在省级行政区下设立应急管理厅统筹省内各地区的危机管理工作，指导各地区各部门应对安全生产类、自然灾害类等危机和综合防灾减灾救灾工作。在市级行政区下设立应急管理局，指导市内应急管理工作，对本行政区域内发生的危机负首要的应对处置责任。责任包括信息收集、险情监测和预警、组织调动应急队伍，依法采取必要的其他措施；涉及两个以上行政区域的，由相关行政区域共同的上一级政府负责，或者由各有关行政区域的上一级政府共同负责。同样，在省级行政区域和市级行政区域分别设立公安厅和公安局负责社会公共安全事件的危机管理工作，设立卫生健康委员会负责突发公共卫生事件的危机管理工作。

分别设立国家层面的危机管理机构和地方层面的危机管理机构，一是有利于上下各级形成高度统一领导与指挥的危机管理指挥系统，更好地调配各方面资源；二是有利于遵循危机管理属地为主、分级负责的原则，强化了地方政府特别是县级政府对突发事件预防、应对、处置的能力；三是符合政府危机管理机构设计要求，即各级政府危机管理权限划分，是根据突发事件类别、级别，以及政府层级和管理职能的四维结构确定的。

4. 咨询机构

国内外大量事例表明，应对突发事件除了健全的管理体制和灵活的社会参与机制，设置咨询机构、建立危机管理专家制度也十分必要。让危机管理专家参与处置与预防工作，可以为危机管理和应急决策出谋划策。专家组的主要职责是：为危机管理提供决策咨询和工作建议，必要时参加危机处置的技术援助工作。县级以上政府及部门设立这类咨询机构，一是通过发挥专家的咨询参谋作用，促进危机管理按照科学规律办事，提高决策科学化程度，做到科学决策、科学执行。二是通过专家可以对危机事件进行识别和评估，提出科学合理的处置方案与措施。三是通过组织各领域专家，有针对性地研究危险源识别、预防、监测、控制、救援等环节的核心技术，有利于加快危机管理研究成果的转化利用，推动公共安全科技发展。四是通过专家对公共危机进行释疑解惑，有利于帮助提高公众心理防御能力，缓解心理压力，克服精神障碍，消除公共危机带来的精神后遗症。

3.2　城市危机管理的组织体系

　　城市危机管理是一项系统工程，在城市危机管理过程中，不仅要坚持党委领导、政府主导，更要充分调动社会力量的积极性、主动性、创造性，动员和吸纳社会力量广泛参与。一般来说，城市危机管理的组织体系包含政府及其部门、企业组织、社会组织、公众和国际组织。

3.2.1　政府及其部门

　　有效的预防、准备、回应和化解城市危机，使人民群众免于城市危机的侵害，保障社会秩序正常运转是政府的基本职责。政府及其部门作为国家代表，行使维护公共安全的职责，就是要通过提供公共服务，保障公民生命财产安全。政府及其部门要树立强烈的危机意识、忧患意识，做到"安而不忘危、存而不忘亡、治而不忘乱"，将城市危机管理纳入整个国民经济和社会发展战略，健全城市危机管理体制，确保各类城市危机的有效防范和处置，促进社会发展与稳定。

　　新中国成立以来，中国共产党和政府在长期的执政治国实践中，积累了许多宝贵的应对城市危机的基本经验，取得了抗击各种灾害的伟大胜利。中国共产党作为我国危机管理体制的锻造者和引领者，始终坚守以人民为中心的根本立场，以"保障人民生命财产安全"作为价值取向。2019年12月，新冠疫情突然在湖北武汉暴发，一场牵动人心的总体战、阻击战全面打响。面对来势汹汹的新冠疫情，在党中央的领导下，我国各级政府切实保障所有群众的生命和财产安全。在此次新冠疫情阻击战中，我国始终坚持全国一盘棋，将集中力量办大事的制度优势充分地发挥出来，为战胜疫情提供了坚实的制度支撑。

3.2.2　企业组织

企业组织是社会基本经济单位,是社会生产和经营的主体。随着其经济规模不断扩充和发展,企业业务范围和经营领域不断扩大,对社会影响也愈来愈深远。城市危机发生后,受灾地区的企业组织作为灾害的直接利益相关者,在做好向政府及相关职能部门报告信息的同时,责无旁贷地承担起在第一时间应对城市危机的责任,组织抢险救灾工作,最大限度地减少人员伤亡和财产损失。而受灾地区以外的企业组织,也应当通过各种方式积极为灾区提供各种资金、物资、技术设备、人员等方面的帮助。同时,政府在城市危机管理中,也常常需要借助企业资源,满足应急处置的救援需求、物资需求和重建需求。可见,企业组织在城市危机管理中有着不可替代的作用。

除此之外,企业还可以通过慈善捐赠、开发保险和金融产品等参与城市危机管理活动。企业自身也可以在宣传危机管理知识的同时为社会培养危机应对人才,提高企业员工应急能力。例如,国内多数企业借助网络平台大力开展危机管理宣传教育培训工作,通过"安全生产月""防灾减灾日"等宣传活动向社会宣传事故预防知识和危机救援知识;借助安全监管企业负责人、安全管理人员、特种作业操作人员等培训班,宣传危机管理知识和危机操作技能,在提升企业危机管理水平的同时培养危机管理人才。

3.2.3　非政府组织

非政府组织是指不以营利为目的,主要开展各种志愿性的公益或互益活动的社会组织,包括各类群体组织和民间社团等。作为一种社会力量,非政府组织具有众多促进社会发展的职能,在参与公共政策制定、监督政府政策的实施、推动公益事业发展、整合民间社会资源、开展灾害自救、推动公民参与、唤醒公民意识及塑造公民文化等方面发挥着越来越重要的作用。2013年,我国非政府组织得到了飞速发展,我国通过《中共中央关于全面深化改革若干重大问题的决定》强调政府对非政府组织的支持和引导作用。截至2020年年底,我国非政府组织的数量已达到89.4万个。[①] 优秀的非政府组织能够与政府之间形成协调互动的良性关系,协助政府共同应对城市危机。在城市危机发生前,非政府组织的专业性使其对特定危机迅速做出响应,促使民众增强危机防范意识,并凭借其特性为社会边缘群体提供多样服务,缓解社会矛盾,尤其在公共部门难以进行全方位、全流程管理时,非政府组织能够提高整体应对复合型公共危机的响应能力和治理效率,在一定程度上降低了政府单打独斗所导致决策失误的可能性;

---

① 中华人民共和国民政部. 2020年民政事业发展统计公报[EB/OL].（2021-09-10）[2022-07-20]. https://www.mca.gov.cn/article/sj/tjgb/.

当城市危机发生时，非政府组织由于相对行动自由且贴近公众和基层，既简化了政府部门由于科层制结构存在所产生的烦琐流程，又能够凭借其中介地位，在危机救助中迅速进行社会力量的动员与整合，筹集危机管理所需的各种资源；城市危机后的重建阶段，非政府组织可以辅助公共部门重塑社会正常秩序的能力，为社会各群体提供专业化、个性化的服务，帮助其回归正常生活状态。①

非政府组织的特征及优势，可以弥补政府在组织、人员和资源等方面的许多诸多不足。例如，在河南发生"7·20"暴雨灾害后，以"壹基金救援联盟""蓝天救援队体系"和"中国扶贫基金会联盟"为代表，形成了较为专业的、相互协调的专业救援力量。在人员转移、搜查搜救、物资筹集等工作中均展现出了自身的专业优势。因此，各级政府部门要积极吸纳非政府组织加入城市危机管理的队伍，形成应对城市危机的巨大合力。

河南暴雨中的蓝天救援队

3.2.4 社会公众

社会公众是城市危机的主要威胁对象，他们既是受保护的对象，也是城市危机管理活动的参与者。公众的危机意识、自我管理能力、自救协防能力和对政府危机管理措施的支持配合程度是决定政府城市危机管理成效的重要因素。从国内外城市危机管理实践来看，在城市危机管理中公众通过参与安全风险防控、参与相关法规政策制定、参与应急演练和宣教、参与现场救援抢险、参与应急救援保障和参与恢复重建等工作，可以促进城市危机管理整体效能提升。②

随着社会主义民主政治的发展、信息技术的广泛兴起，社会公众更有意愿，也更有条件参与危机治理活动。在2020年新冠疫情暴发后，随着中央统筹指导力度的加强，大量社会公众、志愿者积极参与防灾减灾救灾活动，为国家疫情防控做出重要贡献。例如，武汉多支民间自发成立的爱心车队开始运转，他们通过社交媒体进行联络，帮助运送民间捐赠的口罩、防护服、制氧机等医疗物资，义务接送医务工作者上下班。社区志愿者承担起了小区的消毒工作，帮助居民购买物资、药品等，维护了人民群众正常生活的"最后一公里"。在疫情突发形势严峻、政府应对能力不足的情况下，社会公众的加入无疑是对抗疫力量的及时补充，不仅提高了疫情防控工作效率，而且帮助人们解决了许多实际的生活困难。

---

① 焦克源. 社会组织参与公共危机协同治理的困境与出路：以红十字会慈善捐赠工作为例[J]. 行政论坛，2020，27（6）：122-129.

② 闵学勤. 市域社会治理：从新公众参与到全能力建设：以2020抗击新冠疫情为例[J]. 探索与争鸣，2020（4）：205-215，291.

3.2.5 国际社会

关于国际社会问题,一方面,各国政府现在面对的很多城市危机都具有世界性、国际性,如区域冲突、局部战争、金融危机、食品安全、偷渡贩毒等跨国界城市危机,以及危害各国安全的自然灾害,这些城市危机的应对都需要各国乃至国际社会的全面合作。另一方面,在一国发生重大危机尤其是重大灾难时,需要通过国际人道主义救援,为受灾国输送大批急需的食品、药品等应急物资和相关救援人员,缓和和减轻灾害发生国的城市危机应对压力,帮助他们尽快恢复重建,渡过难关。目前,随着全球经济一体化的发展和国家间的国际交往不断深入,危机管理对国际社会的影响愈来愈深刻,国家间的相互依存更加突出,共损共荣的局面正在逐步形成。建立全球应对城市危机的合作协调机制、建立安全稳定的国际环境,已经愈来愈多地受到各国政府和国际组织的高度关注,利用国际力量和资源已经成为各国应对城市危机的一种有效的补充方式。例如,上海合作组织成员国签署《上海合作组织成员国政府间救灾互助协定》就是我国政府寻求危机管理国际合作的有益尝试。汶川特大地震发生后,许多国家和国际组织派出大批专业救援队伍奔赴灾区实施救援,同时捐赠了大量国际性的紧急救援资金和物资,对我国抗震救灾工作起到了重要的推动作用。

3.3 典型国外大城市危机管理体制

西方发达国家的城市化进程开始较早,在长期的城市管理实践中,已经逐步形成较为成熟的危机管理体制,这对我国完善城市危机管理体制提供了一定的参考。以下将对美国洛杉矶、日本东京、英国伦敦的危机管理体制进行介绍。

3.3.1 美国洛杉矶市危机管理体制

洛杉矶市是在美国仅次于纽约的第二大城市。洛杉矶市地处加利福尼亚地震活跃带,容易遭受地震的袭击;此外,作为一个移民众多、文化多元的城市,种族矛盾和黑帮犯罪等现象也比较突出。因此,洛杉矶市在美国各大城市中最早建立了危机管理体制,许多经验和做法被推广到全美各大城市。

1. 洛杉矶市危机管理组织结构

洛杉矶市危机管理组织机构是一个多层次网络化的体系。主要有洛杉矶市长、洛杉矶市危机处理理事会(EOB)、洛杉矶市危机处理组织(EOO)、洛杉矶市危机预备局(EPD)、洛杉矶市危机处理中心(EOC)、洛杉矶市危机管理委员会(EMC)

组成（表 3-2）。洛杉矶市长领导下的 EOB 是危机管理体系的最高权力机构，EOC 为其日常办事机构，该中心是在灾害发生时由警察或消防部门正式启动，负责人由消防或警察方面的首脑担任。危机处理中心的第三级机构分六大块：信息和公众事件部门的协调、联络部门的协调、执行（指挥）部门的协调、计划和情报部门的协调、后勤部门的协调、财政和行政部门的协调。六大块分别由相关的部门和单位组成，每个部门和单位有 1 至 3 名职员在危机处理中心内共同工作。其中，各部门之间的协调者中可能有其他部门的代表，并且随情况变化。组织中的人员只有在需要的时候才活动。

表3-2　洛杉矶市危机管理组织结构体系[①]

组织成员	职能、权力与领导	组织成员	运作特点
洛杉矶市长	洛杉矶市危机管理组织体系的最高领导人，全权指挥危机管理的运作	洛杉矶市长	洛杉矶危机管理组织体系最高负责人
EOB	洛杉矶市长领导下危机管理体系的最高权力机构，负责指导危机预备、应对与恢复工作。洛杉矶市警察局长为该理事会常任主席，消防局长为常任副主席	来自以下部门的领导人员：警察局、消防局、空港局、建筑安全局、交通局、水电局、信息技术署、危机预备局、人事局、公用设施委员等	类似领导联席会议，是危机管理的最高权力机构，不是独立的政府机构
EOO	接受洛杉矶市长的指挥，是危机管理的运作机构。该组织的领导为洛杉矶市长	洛杉矶市政府的任何政府机构及其工作人员都有可能被招入该组织服务	不是独立的政府机构，在危机状态到来时，其功能类似于一个虚拟的处理危机的政府
EPD	负责协调洛杉矶市危机处理组织和政府所有部门之间的危机预备、规划、培训、恢复活动和协调工作	常设的全职职员，分别具有警察局、消防局、水电局、公共设施局、信息技术署等部门的工作经验	独立的政府常设机构，主要负责危机管理体系的协调工作和日常运作
EOC	危机产生时的洛杉矶市危机管理的信息与指挥中心。由警察局或消防局领导	运作、规划、情报收集协调员由警察局或消防局领导担任；其他事务协调员由相关局领导担任	在非危机状态处于休眠状态，危机一旦发生就启动
EMC	为洛杉矶市危机处理理事会提供决策建议和工作支持。下设多个分委员会	成员来自洛杉矶市三十多家政府机构和有关民间组织	决策辅助机构。向所有政府机构和民间组织及市民开放

参加救援的主要力量还包括联邦危机管理署的 17 个城市搜寻和救援任务执行机构（USAR）。其中，8 个为加利福尼亚州启动，9 个为联邦应急管理署调派。洛杉矶市没有自己管理的专门城市搜寻和救援任务执行机构，平时执行此类任务的机构为消防局。

---

① 赵成根. 国外大城市危机管理模式研究[M]. 北京：北京大学出版社，2006：105.

不存在按各灾种设置的特大灾害危机管理与指挥机构。所有特大灾害发生时都统一由 EOB 或 EOC 进行指挥管理。有一个由洛杉矶市管理官员（CAO）组成的联邦灾难现场办公室（DFO），其主要任务为加强加利福尼亚州和美国联邦政府间的联系，属于全日制工作部门，以保证与受灾其他地区、州、联邦机构的联系通道一直开通。

2. 洛杉矶市危机管理方式

洛杉矶市的危机管理主要依靠上述的危机管理组织体系。在实践中，一旦危机出现，则根据加州政府和州长危机服务办公室所颁布的标准危机管理系统理念进行运作。

标准危机管理系统整合了五层组织级别，洛杉矶危机管理体系则负责其中最低的两个层次：地方和现场所发生的危机事件（图3-2）。除此之外，运作区域层次由洛杉矶郡负责，而区域和州层次则由州府负责。通过明确的责任分工，标准危机管理系统保证了一旦危机发生，各种信息能够快速传递、部门之间能够有效协调，从而充分利用所有资源来平息危机。

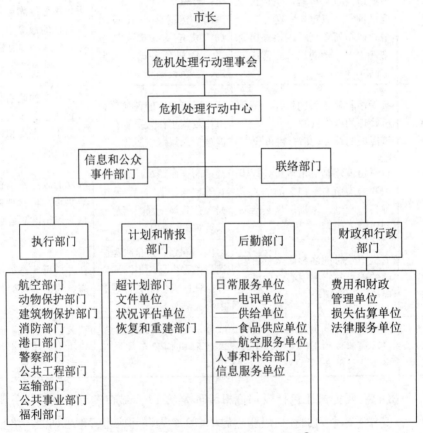

图3-2　洛杉矶危机管理运作方式图示①

---

① 资料来源：《洛杉矶危机处理组织手册》。

3.3.2 日本东京市危机管理体制

东京是世界级的综合性现代化国际大都市,在国际社会经济中具有非常重要的地位。东京都的危机管理能力建设直接反映了日本现代城市乃至全国的政府危机管理能力。地铁沙林事件、防止NBC(nuclear,biological,chemical weapons,核武器、生物武器和化学武器)恐怖袭击、世界杯足球赛的危机管理等,充分显示了东京城市危机管理在制度建设、机构建设、技术支撑等各个方面的成熟与先进程度。东京于2003年4月确立了知事(相当于我国的市长)直管型危机管理体制,设置局长级的"危机管理总监",改组灾害对策部,成立综合防灾部,建立了一个面对各种各样危机的全政府机构统一应对体制(图3-3)。

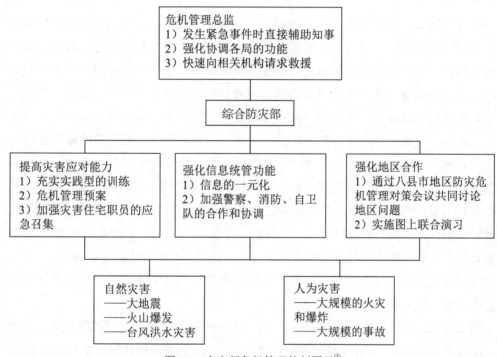

图3-3 东京都危机管理体制图示[①]

危机管理总监的主要职责是:①发生紧急事件时直接辅助知事;②强化协调各局的功能;③快速做出向相关机构请求救援的决策和行动。当灾害危机发生时,危机管理总监直接辅助知事,在知事的指挥下综合协调各局的应急活动。自卫队、警察厅、消防厅各自派遣干部职员2人直接置于危机管理总监的管理之下。[②]

根据《日本灾害对策基本法》和《东京都地区防灾对策基本规划》,东京都设立

---

① 中村正彦. 关于东京都的危机管理对策[R]. 21世纪亚洲大都市网络第一次亚洲危机管理会议的报告书,2003(9).

② 赵成根. 国外大城市危机管理模式研究[M]. 北京:北京大学出版社,2006:149.

危机管理对策本部、灾害对策本部、地震灾害警戒本部和震灾恢复本部这四个指挥部。后来取代灾害对策部二新成立的总和防灾部，增加了对 NBC 灾害等人为灾害和社会安全事件的应急管理，直接辅助危机管理总监，在组织制度上强调单项功能：强化信息通关功能、提高危机事态和灾害应对能力、加强首都圈大范围的区域合作。

东京都发生大规模的人为制造灾害时，光靠东京都很难单独应对，必须与首都圈及周围的其他地方政府进行合作。例如，东京与邻接县市成立了"广域防灾危机管理对策会议"，通过这样的组织，明确首都圈在防灾和危机管理上的共同问题，进行研究讨论，并具体化。

3.3.3 英国伦敦市危机管理系统

作为英国的首都、世界上最具影响力的金融中心之一、拥有 1300 万人口的国际大都市，伦敦危机管理规划系统是英国其他地区危机管理规划机制复杂特征的真实写照，危机管理目前已经成为英国应急服务体系的中心，正在成为英国政府各个领域管理的一个重要模块。这里需要指出的是，灾难包括各种各样的事件，围绕"灾难"这一概念的争论同样复杂。在英国，灾难事件被危机管理服务和救援组织称为"重大事故"（major incident）。英国在国家层面上由英国首相担任危机管理的最高行政官。作为非常设机构的内阁紧急应变小组（COBR）是应急管理协调和决策的最高机构，根据突发事件的性质和严重程度，由相关层级的官员参加。在内阁办公室设立国民紧急事务秘书处（CCS），负责协调跨部门、跨机构的危机管理工作和紧急救援行动，是国家危机管理事务的常设机构。英国政府将全国划分为 9 个区域性管理局（ROC），各局直属中央政府领导，对内阁办公室负责。各局设立应急金色指挥机构（GOLD），以《民事突发事件法案》为依据，制订区域性防御计划及实施细则，组织所辖区域危机管理宣教、培训和演练。①

伦敦危机管理体制的基本框架，本质上与国家层面是一样的，一线危机处理者的角色和职责都相同。但是，由于伦敦在英国政治、经济、金融和社会等各方面的特殊地位，伦敦的危机管理体制又有许多独有的特点，设立了许多专门的组织机构，来应对伦敦范围内所可能发生的各种紧急事件。伦敦主要有以下危机管理机构：伦敦应急服务联合会、伦敦消防应急规划署、伦敦应急小组、伦敦市长办公室、大伦敦政府、伦敦市政府及议会办公室。伦敦 33 个区政府都有自己独立的危机管理职能，也都是亚地区联合委员会的成员，如西北伦敦、东南伦敦等。其中，伦敦应急服务联合会（以下简称"LESLP"）的责任是为伦敦市区提供最好的、有准备的应急服务，是促进政府部门间的合作，对突发事件做出快速的反应，其作用已经在英国全国范围内获得了认可。

---

① 沈蓉华. 国外防灾救灾应急管理体制[M]. 北京：中国社会出版社，2008：78.

伦敦应急小组是伦敦市政府办公厅内部的一个常设性机构，主要由来自代表伦敦应急论坛各个机构的"二把手"构成，其职责在于保证伦敦做好各种灾难事件的应急准备工作。

伦敦市健全而复杂的危机管理系统，对于保障伦敦城市社会的正常运转和伦敦市民生产生活的基本秩序，发挥了重要的作用，有着自己的特点。概括起来说，主要有以下四个特征。

一是对危机事件有明确的界定。伦敦防灾救灾主要针对发生在市区内的重大事故，包括生化危机、铁路事故、航空事故、泰晤士河运事故和洪灾。LESLP对重大事故的定义是指一种紧急情况（含恐怖主义活动），需要动用一种或多种应急服务的特殊安排。其应急反应工作可以分为初期反应、稳定状态、重建阶段及恢复正常状态四个阶段。

二是以救援为主要宗旨，各部门职责明确。LESLP提供的应急服务主要是救援。由伦敦消防总队负责救助事故的幸存者；伦敦急救中心负责护理从现场救出的伤员并将他们运送到医院接受治疗；警队将与地方政府及其他机构一起协助顺利实施以上的救援活动。同时，LESLP从初期应急到恢复正常四个阶段对各应急部门所要履行的具体职责都有明确规定。

三是强调部门间的配合。伦敦市应急管理系统由消防总队、警署和急救中心的指挥车共同组成一个联合应急服务控制中心，各部门的现场指挥官通过这一控制中心发号施令。该系统在强调部门间配合的同时，对部门间的沟通方式也有特别重视，就是对无线电通讯的运用。参与应急服务的各部门都有独立的电台通信系统，通过国家频道计划规定的电台频道进行互相之间的联络，专门供现场指挥官之间互通联络沟通使用。

四是信息的公开透明。伦敦市应急管理系统将事故发生后第一时间的发言权交给了警署新闻办公室，由它和其他部门的新闻机构沟通，统一观点，并向社会发布。

3.4 当前我国城市危机管理体制的问题与对策

上述国外几个典型城市的危机管理体制为完善我国城市危机管理体制提供了有益借鉴。我国处于社会急速转型时期，城市危机频繁爆发。危机在显露危险的同时也带来了机遇。每一次大的危机事件，政府和人民都从中吸取经验和教训，使城市危机管理体制不断得以改进。

3.4.1 我国城市危机管理体制的现状

我国目前的危机管理体制以"政府危机管理"为主，即政府为了应对各种危机情境所进行的信息收集、信息分析、问题决策、计划拟订、措施制定、化解处理、动态调整、经验总结和自我诊断的全过程，主要任务是有效地预防和处置各种突发公共事件，最大限度地减少其负面影响。在危机管理机构的设置上，国家层面上设有负责统筹协调全国危机管理工作的危机管理机构，省、市、县各级政府也设立了相应的危机管理机构。

《国务院关于全面加强应急管理工作的意见》提出，要健全分类管理、分级负责、条块结合、属地为主的应急管理体制，落实党委领导下的行政领导责任制，加强应急管理机构和应急救援队伍建设。《突发事件应对法》的正式实施标志着我国的危机管理体制建设进入一个新的阶段，明确了我国要建立统一领导、综合协调、分类管理、分级负责、属地管理为主的应急管理体制。2018年，我国启动新一轮党和国家机构改革，应急管理是此次党和国家机构改革的"重头戏"，组建了应急管理部作为国务院组成部门。应急管理部组建后，我国危机管理体制从枢纽型的"政府应急管理办公室"开始进入综合型的"政府组成部门"新时代。[1] 我国将突发事件主要分为四大类，并规定了牵头部门：自然灾害和事故灾难由应急管理部牵头管理；突发公共卫生事件由卫生健康委员会管理；社会安全事件由公安部牵头管理。参照国家层面的体制设计和机构设置，地方层面也实行同样的危机管理机构设置和职能安排。

近年来，引发危机的因素日趋多元化，自然灾害、事故灾难、环境污染、传染性疾病、食品安全、群体性事件等因素诱发的危机增多。党的十八大以来，以习近平同志为核心的党中央深刻洞悉国家治理大势，把国家应急管理能力建设纳入"总体国家安全观"的战略系统，以构建适应国家治理体系和治理能力现代化的危机管理新体制为目标，以深化党和国家机构改革为契机，改革危机管理机构设置，优化危机管理职能配置，推动形成统一指挥、专常兼备、反应灵敏、上下联动、平战结合的中国特色危机管理体制，增强国家危机管理体制的系统性、整体性和协同性，开启了中国特色危机管理体制新时代。[2]

3.4.2　我国城市危机管理体制存在的问题

2018年应急管理部的组建，标志着中国从灾种分割管理走向灾害综合治理，改变了长期以来部门分割、政令不一、标准有别、资源分散、信息不同的旧格局。但是，我国当前的危机管理机构是由纵向层次结构和横向部门结构共同构成的复杂组织体系，在协调配合、职责划分等方面依然存在问题。

---

[1] 高小平. 整体性治理与应急管理：新的冲突与解决方案[J]. 公共管理与政策评论，2018，7（6）：3-10.
[2] 吕志奎. 构建适应国家治理现代化的应急管理新体制[J]. 人民论坛·学术前沿，2019（5）：16-21.

1. 协调机制不成熟

虽然我国当前危机管理体制由长期执行分部门、分灾种构建的单一城市危机管理"旧体制"转变为灾害综合治理的"新体制",加强了各部门共同应对城市危机的协调性,危机管理的机构改革以制度化的方式重新整合了应急职能,但是这并不意味着协同联动的目标已然实现。

在内部协调方面,危机管理部门要面对内部权力重组的有机性考验。虽然应急管理部整合了多个机构、多种救援力量,但是每个机构和每种力量都有自己的组织文化、使命文化,整合起来需要时间。在外部协调方面,还需要面对与交通、公安、政法等系统中承担应急管理职责的部门的府际关系处理。

2. 职责划分不明确

应急管理部的组建整合了多个部门的应急管理职责,在横向与其他同级部门之间的职责划分与协调上存在不小的难度。一方面,在横向职责划分中,应急管理部将自然资源部、水利部、国家林业和草原局等部门在自然灾害防救方面的职责都整合在应急管理部中,在发生自然灾害时有可能面临各部门权责不清,导致应急管理部难以统一领导;另一方面,由于在原有危机管理体制中,国务院应急办被赋予履行综合协调与运转枢纽的职责,国务院应急办具有对承担应急管理职责的各部门综合领导的权力。但是,应急管理部的成立造成高层次综合协调部门空缺。相关法律法规规范和制度化授权严重不足的情况下,让应急管理部这样一个不是由政府行政首长直接牵头,且远离作为权力运转枢纽的专业化职能部门牵头进行跨部门领导,其难度之大可想而知。①

3. 信息技术应用不足

随着互联网时代信息通信技术的迅猛发展,信息传播手段日新月异,传统的信息传播观念和方式被颠覆、突破和超越,这既是国家危机管理能力提升的机遇,又是对国家危机管理能力的挑战。

互联网技术为提高我国城市危机管理能力提供了全新的动力和机制。在危机信息传递、危机预警等方面,借助互联网技术,有助于构建信息化、网络化、智能化的危机管理新模式。同时,信息技术的发展对我国危机管理能力又提出新的要求。互联网传播信息的快速与便捷,使公众更容易获得关于危机事件的相关信息,互联网成为当代意识形态工作的主战场、最前沿。当前,我国对信息技术在城市危机管理中的应用还有待进一步深化,互联网技术应用所带来的安全问题还需要国家给予关注并积极应对。

---

① 钟开斌. 中国应急管理机构的演进与发展:基于协调视角的观察[J]. 公共管理与政策评论,2018,7(6):21-36.

4. 参与主体单一

当前政府的危机管理过分依赖政府所属部门的力量，不重视发挥社会组织、市场组织、公众的作用，造成危机管理的主体单一，社会参与度较低。例如，在新冠疫情暴发期间，全国许多地区下沉到社区居委会的行政力量较强，社区居民、社会组织、市场力量相对较弱且作用没有得到有效发挥。参与社区防控的各个主体之间没有形成清晰的工作界面和协同流程，社区联防联控运作过程中缺乏相应的规范和工作指导，一定程度上影响了社区防疫的效果。部分社区还对联防联控存在泛政治化的理解，采用"一刀切"或"大水漫灌"的方式执行防疫规定，引发一系列矛盾。

3.4.3 我国城市危机管理体制的完善

1. 我国危机管理体制建设的任务和目标

政府危机管理体制只有符合危机管理规律才能奏效。当前突发事件日趋呈现多样化、复合化的特点，城市危机的次生性、衍生性越来越普遍，危机的放大、变异效应越来越明显，危机影响的速度越来越快，影响范围越来越广。根据这些情况，国际经验是在建立高度组织化的现代危机管理体系中，重视按照综合化的要求建立危机管理体制，从制度上保证有效整合政府危机管理资源，提高全社会应对危机的动员能力，实现政府、各类组织、社区、公众等共同参与。政府、各类组织、社区相互合作，形成统一指挥、分工协作的危机管理组织结构。政府危机管理的预测预警体制、信息管理体制、决策指挥体制、组织协调体制、行动响应体制、处置救援体制、社会动员体制等，都要服从综合化的要求。政府危机管理体制建设所要解决的核心问题，归结起来是三个：一是要明确指挥关系，按照统一指挥、分工协作、协调行动的要求，建立一个规格高、有权威的危机管理指挥机构，合理划分各相关机构的职责，明确指挥机构和危机管理各相关机构之间的纵向关系，以及各机构之间的横向关系。二是要明确管理流程，合理设定一整套危机管理响应的程序，形成运转高效、反应快速、规范有序的危机行动管理。三是要明确管理责任，通过组织整合、资源整合、信息整合和行动整合，形成政府危机管理的统一责任。

2. 完善我国城市危机管理体制的具体措施

第一，加强各部门的协调机制。按照有统有分、有主有次的协同原则配置应急管理部与相关部委、中央与地方的危机管理职责和明确职责关系属性。组建应急管理部是我国机构改革和职能配置优化的重要内容，必须通过科学合理地配置危机管理权力，使应急管理部可以在危机状态下有效发挥综合协调、统筹管理的功能。而各部门之间的危机管理权力配置不仅包括上级与下级政府之间的权力配置，还包括在没有隶属关系的同级政府之间科学配置权力、在同一级政府内危机管理部门与其他政府部门之间科学配置权力、在危机管理部门内各个机构之间科学配置权力等。具体体现在：国家、省（包括较大的市）两级的安全生产类、自然灾害类的危机管理由应急管理部负责指导，应急管理部同时需要配合卫生、公安等部门处置公共卫生类、社会安全类公共危机的危机管理。由于现代风险具有复杂性与连带性，应急管理部、卫生健康委员会与公安部作为三大主责部门需要相互配合、协同应对突发事件。因此，在平常必须通过科学的配置权力，建立良好的跨部门协同机制，才能对各类别的突发事件做好应对与指导。

第二，建立分级响应和属地管理体制。当代公共危机按照可否预测，分为两类：一类是可预测的。例如，凭借现代科技监测手段可提前预测大部分自然灾害；另一类是无法预测的，如事故灾难等。对可预测的危机，可预先确定由哪一级政府负责管理；对于不可预测的危机，在危机境况下由于难以确定其性质、发展和影响，往往无法马上确定属于何等级别的危机，以及启动哪一级政府危机管理响应。因此，要建立以应对能力为主要依据的分级管理体制，即根据事发地政府是否有足够的应对能力，来确定应急响应行动的级别。《国务院机构改革方案》规定，一般性灾害由地方政府负责，应急管理部代表中央统一响应支援。这就要求省级政府若有能力应对已经发生的突发公共危机，就应当由其负责组织应急处置工作，应急管理部可予以技术、资金、物资等方面的援助，强化属地管理责任；若省级政府感到无力对付或危机规模跨省时，再升级到由中央政府负责组织应对；对于已经发生或预测可能发生的跨部门、跨省区的重大突发公共事件，直接由上一级政府负责组织应对，形成以应对危机能力为依据的国家分级响应体制。属地管理体制是一项基础性制度，处理任何公共危机都应该遵守，即使是特别重大的危机，由中央派人或组织专门机关进行直接指挥和协调，也要充分尊重所在地政府。如果所在地政府在危机管理中不得力，需要撤换人马的，要及时更换，不能因为要换人而放弃了属地管理原则。在这方面，特别需要解决好条块结合，以块为主的问题，在地方的中央企业事业单位发生危机，应该建立以地方政府为主负责危机管理处置，中央部门予以支持、援助的组织协调体制。也就是说，危机状态下，地方政府及危机管理机构对危机实施管理，对危机处理负主要责任，必要时可以接管中央单位的危机管理权。[①]

第三，构建基于智慧信息科学技术的新型国家危机管理体制。城市危机的影响涉及社会各领域，所有的职能部门都不同程度地承担着危机管理责任。新组建的应急管理部虽然整合了分散于13个部门（或机构）的职责，但也不可能包揽所有职能部门的危机管理职责，部门化管理必然存在体制上的不足。大数据、网络技术和人工智能（AI）技术方法的快速发展，已经将社会各系统有机连接。因此，通过大数据和智慧系统，能有效实现各部门的融合和数据共享，突破部门间危机管理的"信息孤

---

① 高小平. 综合化：政府应急管理体制改革的方向[J]. 行政论坛，2007（2）：24-30.

岛"，以达到"更透彻的感知、更广泛的互联互通、更深入的智能化"，形成基于"同一画面"的危机管理，使政府、企业和市民可以做出更明智的决策。而随着物联网、云计算、大数据技术的广泛应用，以及传感技术的终端采集装备不断完善，新型智慧技术也开始逐步实现对灾害风险更为直接和细致的全面感知，深度挖掘和综合分析能力将为优化政府的危机管理与社会管理职能提供有力的技术支持。因此，可以依托智慧技术，构建超越职能部门管理的新型国家危机管理体制，以一种更智慧的方法，通过利用新一代信息技术建立跨越部门和不同系统的壁垒，来改变政府、企业和人们相互交互的方式，以提高交互的明确性、效率、灵活性和响应速度。将信息基础架构与高度整合的基础设施相结合，使政府职能部门之间、政府与企业之间、政府与社会民众之间，在危机管理中进行"深度整合、协同运作"，实现国家安全的有效治理。①

第四，建立危机管理多主体参与的工作机制。城市大规模发展使城市公共危机的扩散速度、破坏力都显著提升，仅依靠单一主体、单一部门、单一手段的传统应急管理模式难以实现城市公共危机的长效治理。城市危机管理体制需要确立多主体参与原则，重视危机管理领域社会组织、商业力量和国际社会的作用，充分发挥政府、市场和社会主体的协同效应，全方位、全过程提高治理效能。例如，在危机预防和准备阶段，政府可以通过有效调动社会组织与公众等社会力量的参与，强化危机治理的宣传教育，增强居民安全防范意识和能力；在危机应对阶段，可以通过跨部门的通力合作、协同联动为应对危机获取更多的时间，将危机损失减至最低；在危机恢复阶段，可以通过社会组织实现在城市重建方面的恢复，依靠专业社会群体实现心理重建目标。在整个应急管理过程中，多元主体能够充分利用各自的资源、知识、技术等优势，发挥出"整体大于部分之和"的治理功效。

除此之外，还可以借助国家合作制度和商业力量等进一步完善城市危机管理体制。危机管理国际合作制度是指在世界各国间形成关于危机管理的研究、交流、协调、合作和互助的制度。如灾害发生时，第一时间向国际求援，接受国际物资、专业人员的援助，同时，在能力许可范围内尽可能地向需要紧急援助的其他国家提供支持。危机管理的国际合作制度不仅可以加快危机处理进程、降低损失，也有助于赢得国际舆论的支持、促进国际交流和理解，塑造良好的国家形象。商业力量的运用包括很多方面，其中迫切需要引起注意的是充分运用商业保险资源，在高风险地区由政府推广巨灾商业保险。例如，美国地方政府法典中要求坐落在可能发生洪水地区的财产必须有洪水保险，否则财产不能出售、转让。

---

① 滕五晓. 新时代国家应急管理体制：机遇、挑战与创新[J]. 人民论坛·学术前沿, 2019（5）：36-43.

本章小结

危机管理体制是指危机管理机构的组织形式,即综合性危机管理组织,各专项危机管理组织及各地区、各部门的危机管理组织各自的法律地位、相互间的权力分配关系及其组织形式等,是危机管理机构设置、领导隶属关系、管理权限划分、组织体系的总和。城市危机管理体制是城市危机管理体系的组织基础。危机管理体制的核心内容是危机管理机构的设置和职能定位,危机管理机构设置是否科学、合理成为影响政府公共危机管理的重要因素之一。城市危机管理机构设置具有主导性、约束性和协作性的特点,其设置应当遵循系统整体原则、统一领导原则、权责对应原则、机构常设原则和良性互动原则。危机管理机构主要包括领导指挥机构、协调机构、地方机构、咨询机构等。城市危机管理管理组织体系一般包括政府及其部门、企业组织、非政府组织、社会公众和国际社会。洛杉矶、东京、伦敦等国际大都市危机管理体制各具特色,值得我国借鉴。我国危机管理体制存在协调机制不成熟、职责划分不明确、信息技术应用不足和参与主体单一等问题。完善我国城市危机管理体制的具体措施有:加强各部门的协调机制、建立分级响应和属地管理体制、构建基于智慧信息科学技术的新型国家危机管理体制、建立危机管理多主体参与工作机制等。

关键词

"一案三制"(emergency preplan, legislation, system and mechanism);城市危机管理(urban crisis management);危机管理体制(system of crisis management);城市危机管理机构设置(establishment of the crisis management institution in city);城市危机管理组织体系(organization system of urban crisis management)

思考题

1. 简述城市危机管理体制的内涵与特征。
2. 城市危机管理机构设置的原则有哪些?
3. 国外大城市危机管理体制对我国有什么启示?
4. 我国城市危机管理体制存在哪些问题,应从哪些方面加以完善?

案例分析

天津市滨海新区发生一起铁路桥坍塌事故

2020年11月1日上午,天津市滨海新区天津港散货物流加工区一跨河铁路桥在维修施工过程中发生坍塌,部分施工人员被压。根据天津市委、市政府的要求,天津市滨海新区人民政府成立应急救援指挥部,由现场救援组、现场维稳组、医疗救治组、舆论宣传组四个工作组组成,并组成恢复稳定维护组,做好事故应急救援、伤员救治及相关保障工作。当地消防救援力量192人携带10条搜救犬赶赴现场救援。据了解,事故共造成8人遇难,其中5人现场遇难,3人经医院全力抢救无效遇难,伤者中有危重伤员1人。

在接到报警之后,应急管理部主要负责人和带班领导立即到部指挥中心视频连线天津应急局、消防救援总队和现场指挥员,调度指导救援处置工作,并派出工作组赴现场指导。根据有关法律法规,国家铁路局北京铁路监督所牵头成立了事故调查组。事故调查组由国家铁路局安监局、科技法制部、安全技术中心、工程质量监督中心、天津市应急管理局、天津市公安局、滨海新区应急管理局等部门人员组成,滨海新区公安分局、北京铁路安全监督管理办公室等有关单位和部门邀请有关专家参加事故调查。事故调查组按照"科学严谨、依法合规、实事求是、注重实效"和"四不放过"的原则,通过现场调查、调查取证、科学测算、专家论证和综合分析,查明事故过程、原因和直接经济损失,查明事故性质,查明有关单位和人员的责任,提出防范措施,并提出整改措施。

经调查,导致这次事故的直接原因是在全桥换枕作业中,违反规定,将钢轨、道砟堆放在桥两侧和人行道上。同时,由于桥梁施工期间管理混乱,违反桥梁施工标准,梁体内的两块道砟槽板没有水平连接,造成梁体横向失稳和倒塌。施工单位未向设计单位提出问题,未履行设计变更手续,将出厂价采购梁改为现场预制梁;监理单位未发现问题;施工管理单位未发现问题。这说明天津市安全生产基础处在日常工作中没有认真完成工作要求,在指导、监督相关行业企业安全生产标准化、安全预防控制体系建设等方面存在工作失职、懈怠等现象。

视频3.2 天津滨海新区铁路桥坍塌事故

整体而言,在本次危机事件中天津市危机管理体系有效预防和应对了突发事件,避免、减少和减缓了危机事件造成的危害,降低了危机事件对社会产生的负面影响。

资料来源:http://www.gov.cn/xinwen/2020-11/01/content_5556535.htm 2020-11-01 18:17 中国政府网.

思考题

哪些机构参与了天津市滨海新区铁路桥坍塌事故的处置？根据事故调查结果，你发现天津城市危机管理机构中哪些部门存在工作失误？今后应该如何改进？

案例分析参考答案

拓展阅读

[1] 滕五晓，胡晶焱. 基层综合性应急救援队伍组建模式及管理机制研究 [J]. 上海行政学院学报，2015，16（1）：79-87.

[2] 钟开斌. 中国应急管理机构的演进与发展：基于协调视角的观察 [J]. 公共管理与政策评论，2018，7（6）：21-36.

[3] 钟开斌. 中国应急管理体制的演化轨迹：一个分析框架 [J]. 新疆师范大学学报（哲学社会科学版），2020，41（6）：73-89，2.

[4] 闪淳昌，等. 中国突发事件应急体系顶层设计 [M]. 北京：科学出版社，2017.

[5] 滕五晓. 新时代国家应急管理体制：机遇、挑战与创新 [J]. 人民论坛·学术前沿，2019（5）：36-43.

第4章
城市危机应急准备

学　　习　　目　　标

通过本章的学习，理解城市危机应急准备包含应急规划、应急预案编制与演练、应急资源保障三项内容。了解应急规划的作用与原则，理解应急规划的基本要素与过程；把握应急预案的编制过程、体系构成与演练类型，把握完善应急预案编制与演练的思路；了解应急资源保障的定义及其主要内容，把握应急资源保障的运作与实施。

中国古人提出："世异则事异，事异则备便。"《礼记·中庸》也提出："凡事豫（预）则立，不豫（预）则废。言前定则不跲，事前定则不困，行前定则不疚，道前定则不穷。"自古以来人们就强调计划和准备的重要性。在充满不确定性的风险时代，做好应急准备格外重要。应急准备是指在危机事件爆发前，通过采取各种措施做好充分准备，以防止危机事件升级扩大，最大限度地减少危机爆发所造成的影响和损失。城市危机应急准备主要包括：制定应急规划、编制和演练应急预案、应急资源保障三项内容。

4.1 应急规划

4.1.1 应急规划的作用与原则

应急规划是应急准备的一项重要内容，它通过消除致灾因子、人员培训、提供标准运行程序等方式，最大限度地降低危机发生的概率，减少危机造成的损失和影响，有利于防止危机事件升级、扩大。应急规划与应急预案有紧密的联系，应急规划是一个持续性的动态过程，体现在对应急预案的修订和演练上，但"规划的过程比作为规划结果的预案更为重要"。认真完成应急规划的过程，能够为危机管理活动带来以下积极作用：一是明确危机管理相关主体的责任范围、角色期待和分工，确保危机管理活动有条不紊地开展；二是辨识潜在风险，避免或防止危机的升级扩大，最大限度地减少危机给社会公众的生命、健康和财产造成的损失；三是将危机处置与响应的步骤与措施"格式化"，提高应对效率；四是培养全社会居安思危的忧患意识，塑造预防为主的安全文化氛围；五是避免应急预案更新不及时。[①]

应急规划基于对未来风险走势的科学研判，鼓励危机管理者做出正确的临机决断，争取所有响应组织的参与、承诺与认可，并促进他们的协调与合作。作为一个不断校正与完善的过程，应急规划应遵循全面性、明确性、灵活性、实用性的原则。

1. 全面性

应急规划是整个应急准备工作的基础。应急规划的全面性意味着一方面要实现主体的广泛参与，各类危机管理者参与到应急规划的制定、执行、决策过程中，目的是促成相关利益主体做出承诺、分担责任；另一方面要求各类危机管理者规划危机管理的全阶段，即全面考虑危机事件的前期、中期和后期各个阶段的发展实际和管理需求，确保应急规划过程的完整性。

---

① 王宏伟. 公共危机管理[M]. 北京：中国人民大学出版社，2012：99-100.

2. 明确性

应急规划要明确危机管理主体的责任范围、角色分工，在研判风险形势的基础上，提出应急管理工作的阶段性目标，该目标要明确、具体。相关部门依据该目标，结合部门职责分工，确保目标的实现和各项工作任务的达成。

3. 灵活性

危机是动态演进的，应急规划应根据现实情况的变化而及时进行调整，鼓励危机管理者在决策过程中灵活处理，做出正确的危机决策，以满足不断变化的应急需求。

4. 实用性

应急规划不是束之高阁的制度文本。为了发挥应急规划对危机管理实践的指导作用，需要提升应急规划的实用性，即通过对城市安全风险的科学预测和准确研判，以及对城市应急资源和应急保障能力的科学分析，确保应急规划中提出的危机管理目标切实可行，各项规划任务能顺利推进。

4.1.2 应急规划的基本要素

一个完整的应急规划涉及从抽象到具体的多个方面，包括宗旨、目标、定位、战略、任务、计划、行动、资源八种要素，如图4-1所示。[①]

图4-1 应急规划的基本要素

1. 宗旨

宗旨又称为目的或使命，是危机管理理念、态度和价值观的体现，如保护公民人身财产安全、保持社会稳定、平衡危机应对与经济发展等。宗旨贯穿于应急规划的始终，应急规划的其他要素要充分体现宗旨的意涵，与宗旨内容保持一致。

---

① 黄典剑. 现代事故应急管理[M]. 北京：冶金工业出版社，2009：40-41.

2. 目标

应急规划的目标是其宗旨的具体化和数量化。制定应急规划的目标时要充分考虑地方经济、社会、文化、基础设施、人口结构与规模等实际条件，避免空洞的、不切实际的目标，同时也要防止应急规划目标过低，不能持续推进城市危机管理水平的提升。

3. 定位

应急规划的定位是在宗旨和目标确定之后，确定城市危机管理活动在城市管理中的重要程度，寻找其在城市管理中的角色定位。应急规划中关于城市危机管理的定位将会对危机管理的资源准备和行动开展产生直接影响。

4. 战略

应急规划的战略是为实现规划目标，依据其在城市管理中的角色定位，对所要采取的应急行动和应急资源的总体筹划。它是城市危机管理抽象的理念、目标等规划要素向具体的实践行动转化的桥梁。

5. 任务

应急规划的任务是依据规划目标，对一定时期内重要危机管理工作的部署和安排。规划任务具有较强的针对性，其指向是城市危机管理活动的重要事项和当前亟须解决的瓶颈问题。

6. 计划

应急规划的实施计划是指为完成规划任务所做出的具体安排。规划者既可以以时间顺序对危机管理的任务事项进行排列，也可以依据危机管理任务的重要程度来制定分层次、分步骤的实施计划。

7. 行动

应急规划的行动是对计划要素的进一步细化，包含行动主体、行动方式、行动程序等内容，应急行动是相关城市危机管理部门开展危机管理活动的具体实施方案。

8. 资源

资源要素是应急规划的基础。通过对人力、物力、财力等资源要素的储备和配置，实现危机管理的宗旨、目标，并为推进危机管理实践提供必要保障。

扩展阅读4.1

《上海市应急管理"十四五"规划》

4.1.3 应急规划的过程

应急规划的过程与一般战略规划的过程类似，需要经过成立应急规划编制小组、进行危机管理风险调研、制订工作与人员计划、编写应急规划文件、应急规划评审与审批这一系列的步骤。完成这一系列步骤后，我们能够确定危机管理中所需达到的目标，界定相关责任主体与角色，分解工作任务，确定所需资源与服务。应急规划主要有五个主要的环节，如图4-2所示。

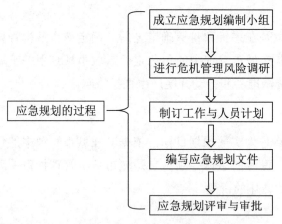

图4-2 应急规划的过程

1. 成立应急规划编制小组

应急规划编制小组一般由政府相关部门的权威人士组成，包括政府应急管理部门、科研机构、技术专家、管理专家、有关企业、社会团体等部门和人员，明确应急规划的宗旨与目标，在危机管理的基础上，编制小组各方密切配合，共同开展编制工作。

2. 进行危机管理风险调研

在应急规划中，要确定危机事件的性质，识别致灾因子对危机管理的影响。识别风险，描述危机事件类型、危险源分布及外部环境信息；分析风险，分析内部情况信息确定社会环境的承受能力；评估风险，依据应急力量、应急资源、应急设施等危机管理信息，确定风险是否可以接受；处置风险，确定可以降低风险带来冲击的举措。

扩展阅读4.2
致灾因子因素

3. 制订工作与人员计划

当对危机管理风险有一定的了解时，应急规划编制小组将化解风险的举措，进行任务的拆解与细化，将总任务逐步分解为多个子任务，明确子任务的具体要求，制订详细的工作计划描述清单。由各部门认领各项子任务，要做到完成总任务这一点，各部门之间有必要形成协调联动的态势，这就要求明确相关主体责任与角色。工作与人员计划明确后，评估既有的人力、物力、资金等资源状况，进一步确定还需要哪些资源与服务。

4. 编写应急规划文件

应急规划编制小组根据既定宗旨与目标，在对危机管理风险充分调研基础上，编写应急规划文件，编制小组进行讨论，邀请有关专家评估论证，完善应急规划的内容。编写应急规划内容时，既要尊重事实，又要大胆创新，不可照抄已有的内容。

5. 应急规划评审与审批

编写完成的应急规划文件要符合实际情况，确保其科学性、合理性和可行性，应组织开展应急规划的评审工作，分为专家评审与管理评审两大类。经过评审之后，经由政府管理审批流程，以政府文件的形式颁布实施。

扩展阅读4.3

澳大利亚社区卫生应急规划内容

4.2 应急预案编制与演练

应急预案是应急规划的输出和结果。作为应急规划的输出产品，应急预案是开展危机管理实践活动的"行动指南"。一个缺乏实用性和针对性的应急预案，会对危机管理者产生误导，误以为已做好充分的应急准备，不利于辨识潜在危险、降低危机损失。应急预案的编制和演练有助于增强应急准备能力，促进应急及救援行动的迅速、有序开展。

4.2.1 应急预案编制

应急预案有多种不同表述，比如应急救援预案、应急准备预案等，是政府为了提高保障公共安全和处置危机事件的能力，依据《中华人民共和国宪法》（简称为《宪法》）及有关法律、法规，制定的危机事件应对的原则性方案。它提供危机事件应对的标准化反应程序，是危机事件处置的基本规则和应急响应的操作指南。

应急预案的一项最基本功能就在于保证危机事件发生后，政府能够根据事先制定的方案采取各项紧急措施，将损害降低到最小，而不至于在危机事件发生后无所适从，或者再临阵磨枪、仓促上阵。如果没有应急预案，则很难保证政府行为的科学性、合理性和高效性。

需要明确的是，在危机情境下，决策者往往会面对高度复杂、模糊及不确定的决策问题。在独特的情境条件下，决策者试图以一套预先设计的方案来解决危机应对中的各种问题，这往往是徒劳的。因此，使用应急预案的过程并不是一个按图索骥的过程。决策者需要结合危机情景，对应急预案提供的一套标准化运行程序进行客观分析，富有灵活性和创造性地做出判断。具体来说，在编制和应用应急预案的过程中，需要遵循以下原则。

一是依法原则。依法原则是指应急预案的编制需要以《宪法》《突发事件应对法》

及有关法律法规为依据,关于应急职责、应急程序、保障措施的相关定不得与以上法律法规相违背。

二是全面原则。全面原则体现在预案在横向上要涵盖自然灾害、事故灾难、突发公共卫生事件、社会安全事件等不同类型危机事件,在纵向上要涵盖国家总体应急预案、国家专项应急预案、国家部门应急预案、地方应急预案、企事业单位应急预案、重大活动应急预案等不同层次,同时还应覆盖危机管理事前准备、事中救援、事后重建的全周期。

三是灵活性原则。灵活性原则是指在预案适用情景和危机情境难以完全契合的情形下,决策者要具有应变能力和临机决断能力。同时要加强对预案的动态管理,增强应急预案的实效性。

四是实践演练原则。如果不对应急预案进行演练与培训或缺少必要的资源支持,应急预案的作用是十分有限的。通过实践演练,可以检验应急预案的科学性、有效性和可操作性,并在此基础上促进应急预案的不断完善。

应急预案的编制需要遵循一定的程序。经过该流程,可以明确应急预案编制的目的,界定相关主体的角色与责任,形成危机处置和应对的操作规范。具体来说,应急预案的编制有以下步骤。

第一步,成立应急预案编制工作组。成立应急预案编制工作组是预案编制工作中的重要环节。应急预案编制工作组是各个危机管理部门相互协调与交流的重要渠道。结合本部门(单位)职能分工,根据危机事件的性质、特点和具体情况,选择相关部门和人员,尽量囊括危机处置的直接利益相关者,一般包括:危机管理部门行政首长或单位主要负责人;消防、公安、环保局、医院等专业救援人员;法律顾问、技术专家等。明确规定预案编制工作组成员的分工、任务及职责,指定负责人领导应急预案编制的一系列工作。

第二步,风险分析与评估。具体包括:通过描述危险源的性质与范畴来识别风险,分析社会及环境的脆弱性,依据脆弱性大小将风险进行排序,评估可能发生危机事件的类型和后果。制定应急预案时应当针对具体的风险场景,在评价与潜在危险相适应的应急资源和能力的基础上,选择最现实、最有效的应对策略。[①]

第三步,编制应急预案。编制工作组在风险分析与评估的基础上,听取各方面专家的意见,参考现有应急资源的现状,遵循相关法律法规的要求,初步拟定应急预案草案,主要内容包括:预案的适用范围及原则、危机事件管理组织结构、危机事件应对流程、有关表单、预案管理政策。

第四步,审核发布应急预案。应急预案草案编制完成后,需要进行审核,经审核通过,方能发布。审核一般包括外部评审和内部评审。外部评审主要是由外部机构或专家来进行审核;内部评审指的是预案编制工作组内部实施的评审。审核通过后,由

---

① 钟开斌.中国应急预案体系建设的四个基本问题[J].政治学研究,2012(6).

相关政府部门印发公布，并正式实施。

我国各级应急预案编制主体如表 4-1 所示。

表4-1 我国各级应急预案编制的责任主体[①]

预案级别	起　草	审　批	印　刷	备　案
各行政区总体应急预案	各级应急管理局	市委、市政府	政府名义	报国务院备案
专项应急预案和应急保障预案	主责部门	分管领导或省（直辖市、自治区）委、政府主要领导	省（直辖市、自治区）应急委名义	报国务院相关部门备案
省（直辖市、自治区）部门应急预案	主责部门	部门主要负责同志或省（直辖市、自治区）分管领导	部门名义	报国务院相关部门、市应急委备案
区（县）总体应急预案	区（县）应急管理局	区（县）委、区（县）政府	区（县）政府名义	报市应急委备案

近年来，我国在"一案三制"的危机管理框架下，不断加强应急预案的编制工作，形成了由不同层级、不同类型预案组成的、相互联系的、全方位的、多层次的预案体系。据统计，截至 2019 年 9 月，全国共制定了 5 万余件应急预案。[②] 如图 4-3 所示，我国预案应急体系基本框架包括：国家总体应急预案、国家专项应急预案、部门应急预案、地方应急预案、企事业单位根据有关法律法规和单位实际情况制定的应急预案。此外，主办单位举办大型会展和文化体育等重大活动，也需要制定专项应急预案。

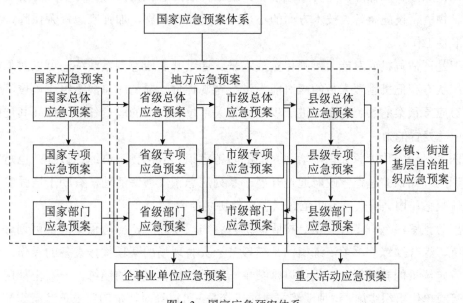

图4-3 国家应急预案体系

---

① 王宝明，刘皓，王重高. 政府应急管理[M]. 北京：国家行政学院出版社，2017：133.
② 蔡岩红. 我国基本形成中国特色应急管理体系[N]. 法制日报，2019-09-19.

《国家突发公共事件总体应急预案》于 2006 年 1 月 8 日发布,该预案是我国应急预案体系的总纲,是国务院应对突发公共事件的重要规范性文件。《突发事件应急预案管理办法》第八条规定:"总体应急预案主要规定突发事件应对的基本原则、组织体系、运行机制,以及应急保障的总体安排等,明确相关各方面的职责和任务。"在国家总体应急预案的基础上,我国一方面积极推进地方各级应急预案的编制工作,同时相继编制和发布了自然灾害、事故灾难、突发公共卫生事件、社会安全事件等不同类型危机事件的专项应急预案,形成了"纵向到底,横向到边"的预案体系,为减少危机事件的不确定性后果,增强危机处置的有效性打下坚实的基础。

4.2.2 应急预案演练

应急预案演练是检验应急预案的实用性和有效性、测评危机管理人员危机应对能力、发现预案中可能存在的问题并持续改进的重要手段。危机事件并非常态,不会一直发生,但应急演练可以持续进行。在特定时间和地域范围内,按照应急预案所规定的职责分工和流程设计,模拟应急响应和危机应对,有助于熟练掌握危机处置的各项操作,并提高应急响应的效率。具体来说,应急预案演练的作用有以下几点。

一是检验应急预案的有效性。通过开展应急预案演练,可以找出应急预案中存在的问题和需要改进的地方,检查应急预案的内容能否有效实施,确保危机管理人员能够切实履行相应职责。

二是加强资源保障,完善应急准备。通过开展应急预案演练,可以及时发现应急人员、物资、设施装备、技术方面的不足,通过及时调整,加强应急资源保障,完善应急准备工作。

三是评估危机应对能力,强化实战水平。通过开展应急预案演练,可以对危机管理组织状态和危机管理人员的应对能力进行客观评价,提高应急演练组织单位、参与人员对应急预案的熟悉程度,进一步明确相关单位和人员的职责任务,提高其危机意识和应急处置能力。

四是科普宣传应急知识,增强人们的防范意识。应急预案演练的过程,也是宣传和培训应急知识的过程。政府通过开展一系列应急预案演练活动,有助于增强参与群众的体验感,增强群众风险防范意识和自救协防能力。

应急预案演练有多种类型。按照演练内容与尺度划分,应急预案演练可划分为单项演练、综合演练。单项演练指的是模拟某一灾害现场的某项救援设备的操作,或者针对特定场景的救援行动,也可以是某单一事故的处置过程的演练,一般由部门、行业主管或单位组织实施。这种演练方式的优点是:可以针对特定的要求迅速组织演练,针对某一项设备的操作或同一类型事故的处置的能力迅速得到提高,演练成本低。缺点是:整体演练的过程不能得到体现,无法发现每个合作环节存在的问题。综合演练指的是跨部门、跨行业，需要多种应急力量参与演练，一般针对的是重大危机事件的演练，一般由政府指定部门牵头组织。这种演练方式的优点是：可以针对重大危机事件提前模拟应急反应的全过程，可有效地针对该类型的危机事件进行准备，降低该类型危机事件发生时的影响。缺点是：实际演练过程中，涉及的部门和人员太多，人员沟通和交流需要消耗精力和时间，而且演练成本极高。

按照演练形式划分，应急预案演练可划分为桌面演练、功能演练、全面演练。桌面演练是以桌面练习和讨论的形式对应急过程进行场景模拟和演练，这种演练方式为相关人员深入探讨问题提供了一个平台，一般在室内举行。这种演练方式的优点是：一般仅限于有限的应急响应和内部协调活动，大多在会议室内举行，调动资源较少，成本较低，主要目的是锻炼演练人员解决问题的能力和应急联动部门间相互协作、职责划分。① 缺点是：仅在室内就完成探索，缺乏真实性，不能真正检验应急预案的科学性和操作性，更无法验证应急管理系统的能力。

功能演练指的是在危机事件发生后，有关人员按照既定的职责划分，履行自己的工作职能，特别适用于检验应急响应功能，比如应急程序与决策技能、评估指挥中心、应急救援队伍及其他指挥中心的互动性。功能性演练一般只是尽可能真实地模仿紧急情况，而不需要实际调动人员及装备到现场。其目的是检验危机发生时一项或多项应急功能的运行情况。在美国，联邦应急管理署确定的、需要检验的13项应急功能为：公众预警、沟通、协调与控制、应急公共信息、损失评估、卫生与医疗、个人或家庭救助、公众安全、公共工程、运输、资源管理、政府运转的持续性。② 这种演练方式的优点是：是一种互动性演练，可以培养演练人员的协同性，能全面检验不同政府部门在应急状态下的反应，检验部门联动、资源整合的能力。同时，成本较低，可规避安全风险。缺点是：准备与管理消耗的时间和精力较多，比较复杂，需要仔细撰写脚本、认真规划。

全面演练能最为真实地反映应急预案中大部分应急响应功能运行的情况，属于实地演练，模拟危机现场中人员与装备的部署，可以评估应急预案的科学性与真实性。这种演练方式的优点是：演练时间长，大部分采用交互方式进行，现场真实感较强，能有效地评估现场人员的能力、组织间的联动与协调能力，是实践操作中最能客观反映问题的演练方式。缺点是：成本相对较高，组织协调人员相对复杂。

扩展阅读4.4

"5·12"抗震奇迹，安县桑枣中学无人伤亡

为了确保演练活动的顺利实施，并达成预期效果，需要对应急预案的演练活动进行周密安排，应急预案演练的过程可以分为三个阶段。

---

① 董幼鸿. 应急管理[M]. 上海：上海人民出版社，2014：61.
② 王宏伟. 公共危机管理[M]. 北京：北京人民大学出版社，2012：110-111.

第一阶段，准备阶段。确定应急预案演练目的，明确相关部门单位的需求，相关人员根据既定目的和需求，分析应急预案演练的类型与规模，确定演练的场所、时间、人员、费用、演练方式等，形成正式文件，传达给相关部门。

第二阶段，实施阶段。在相关组织单位和工作人员了解应急预案演练计划的前提下，开始实施演练计划，相关人员各司其职，履行自己的职责。负责人在演练期间，要密切关注现场，根据演练的实际情况，结合应急预案，可以调整相应的进程，确保演练的顺利进行。

武汉天河机场应急预案演练

第三阶段，总结阶段。应急预案演练结束后，相关人员集中讨论演练过程中存在哪些问题，查找差距，提出解决方案。负责人收集汇总有关信息，反馈相关部门，采取相应的措施，修正应急预案，使之符合实际情况，并在下一次的演练中检验效果。

4.2.3 应急预案编制与演练的完善

1. 转变应急预案理念，树立主动预防意识

随着全球危机的扩大，社会风险的日益加剧，灾害从单一种类向多种灾害转变，世界各国人民已经成为共同抵御危机的共同体。2003年"非典"之后，中国开始发展同时面向自然灾害、事故灾难、公共卫生事件、社会安全事件的综合应急管理体系。2018年应急管理部成立之后，综合应急管理出现广义与狭义之分：前者涵盖了由卫生部门牵头负责的公共卫生事件应急管理、由公安部门牵头负责的社会安全事件应急管理、由环保部门牵头负责的生态环境类突发事件应急管理；后者仅指由应急管理部统筹负责的自然灾害和事故灾难管理。由此，"一案三制"综合应急管理体系至少"一分为四"。[①]

在中国的制度情境中，传统的"兵来将挡水来土掩"的"灭火"式的应急预案难以应对目前层出不穷的灾难事件，仅依靠政府的力量来管理危机已经不合时宜，应急预案必须走向以公共安全为目标的广义危机管理，由被动应对灾害到主动防范预防灾害。我国高度重视以安全为目标的治理，在应急管理之外，既有社会安全管理的长期传统，又有十八大之后推行"总体国家安全观"的最新实践，形成以公共安全为目标、以政府为核心、社会组织为依托、人民群众广泛参与的多元化危机科学管理预案，以实现危机管理整体功效的最大化。

目前，我国的应急预案主要强调危机事件现场应急救援处置，将预案视为现场救援的行动方案，对应急管理的认识仍然处于被动响应而非主动准备。[②] 中国应急管理实践亟待解决的问题是如何实现全过程的均衡，这包括应急准备内容的全过程，应急

---

① 张海波. 应急管理的全过程均衡：一个新议题[J]. 中国行政管理, 2020（3）：123-130.
② 庞宇. 我国应急预案管理的问题及对策[J]. 科技管理研究, 2013, 33（11）：201-203, 208.

预案需要对应急预案体系、风险调查与评估、应急管理培训、应急救援队伍、应急知识宣教、应急人力资源保障、应急物资储备、应急设施保障、应急通信保障、应急资金保障、应急科研等方面，相关部门及工作人员如何转变应急预案理念、树立主动预防意识。

2. 加强应急预案动态管理和对典型危机事件的情景模拟

应急预案编制是我国应急管理体系建设的起点。2003年上半年取得抗击"非典"疫情斗争胜利后，我国启动以"一案三制"为核心内容的应急管理体系建设。2006年1月《国家突发公共事件总体应急预案》发布与实施，不同层级、不同类型的应急预案编制工作大力推进。

应急预案体系先后经历过两轮大规模的编制或修订：第一轮是在2003年"非典"之后，按照"立法滞后、预案先行"和"横向到边、纵向到底"的原则，全国迅速制定了135万件预案①，但诸多应急预案存在针对性不强、操作性不足等问题，地震、台风、危化品事故应急预案在多次实践应用后逐步得到改进；第二轮开始于2018年应急管理部成立之后，北京、广东、江苏、浙江等地应急预案建设率先延伸至基层单位和部门。应急预案编制工作是上级单位对下级单位考核的要求之一，编制者往往满足于形成一套文字形式的预案，上报备案后就算完成了任务，之后就束之高阁，而与之相应的应急演练也往往流于形式，缺乏一个完整的应急预案持续改进机制。②

在现实中，应急预案的动态管理是相对滞后的，一些部门及人员认为应急预案的发布就是危机管理工作的终点，没有充分认识到应急预案的重要作用，使预案成为"编而不用"的文本文件。相关人员有必要经常开展以发现问题为导向，场景更具逼真性，任务更具挑战性的演练活动。通过对应急预案的演练，对应急组织机构、人员进行评估，发现应急预案在危机情境中适用的问题，并在此基础上对应急预案进行修正、补充，从而实现对应急预案的动态管理。

另外，针对一些典型的、特殊危机事件的应急预案编制，尤其不能简单地套用预案编制的"模板"，要结合具体的危机情境，充分听取一线人员的意见和建议，总结其应对处置的实践经验和教训，这对于提高应急预案的实用性、可操作性具有重要的参考价值。这种基于特定危机情景和充分结合当地实际情况的典型危机事件应急预案，包含一系列关于应急响应所需要的各种信息的假设，有助于提升具有高度复杂性和交叉性的危机事件所需要的协调能力、应变能力。

3. 强化应急演练，提升应急预案实效性

在危机管理中一个好的危机反应方式（100%），训练占50%，演习占30%，计划占20%。③可见应急预案的演练在应急管理工作中的重要作用。目前，有些部门把

---

① 国务院应急管理办公室.2006年我国突发公共事件应对情况[J].中国应急管理，2007（7）.
② 弓顺芳.公共安全与应急管理理论与实践研究[M].北京：团结出版社，2017：84.
③ 胡平.中小学心理危机预警、干预及管理[M].北京：清华大学出版社，2010：43.

应急预案作为应急准备工作的全部，只是将应急预案停留在理论上，而没有对应急预案进行演练，给别人造成充分准备的假象，这种情况被称为"应急预案综合征"。在这种情况下，当危机事件真正来临时，工作人员、应急物资等资源无法在第一时间内得到调度并发挥作用。

未经演练的预案等于没有预案，只有明确规定所有的预案必须经过演练和评估，才能从根本上杜绝预案抄袭重复、空泛敷衍、脱离实际、无法操作等弊端。有关部门应主动探索开展难度较大的实战性演练，以演练代替平时的训练，模拟真实的危机场景，通过演练把文本的知识和措施变成领导干部及相关人员的工作意识和能力，[①] 突出指挥程序、响应流程、多部门联动处置等关键环节。应急演练要在应急预案的指导下进行，反作用于应急预案的更新修订，检验应急预案的科学性，只有将应急预案编制与应急预案演练相结合，才能有助于提高危机管理能力。

4.3 应急资源保障

4.3.1 应急资源的概念

应急资源是应对危机事件的重要物质基础，危机管理活动需要大量的资源，如人力、资金、信息、设施、技术等来保障和实现。应急资源是指为了应对各类危机事件（自然灾害、事故灾难、突发公共卫生事件、社会安全事件）所需的各种资源的总称。应急资源的目的是保障危机管理活动的顺利进行。

需要指出的是，应急资源这一概念与应急物资有一定的区别。应急资源是保障危机管理体系正常运转的人力、资金、物资、设施、技术和特殊保障资源等各类资源的综合，是有效开展一系列危机活动的重要基础，在城市危机监测、预警、响应、决策、恢复与评估各阶段中发挥重要作用。而应急物资只是应急资源"硬件"的一部分，是危机管理活动中所使用到的生活及救援方面的物资和装备。

根据《突发事件应对法》对危机管理活动的要求，应急资源应当包括各种保护居民免受灾害与风险危害的防护工程、风险监测与预警信息生成、应急救灾装备与技术的提供。为灾害状态下灾民基本生活需要的满足、灾后重建等提供必要的物质条件支撑。[②] 而应急物资是应急资源的一种，是在影响人们正常生活或威胁人们安全的情形下，

---

① 龚维斌. 科学编制和演练应急预案是有效应对突发事件的关键[J]. 中国党政干部论坛，2017（5）：20-23.

② 佘廉，郑华卿. 基于国家应急能力建设的应急资源分类探讨[J]. 中国应急管理，2010，4（4）：20-24.

人们所需要保障的基本生活物资。在危机管理中，使用应急资源这一概念更能全面涵盖所需要的物质内容及物质支持的条件。

4.3.2 应急资源保障的内容

对应急资源的调度和配置是危机管理能力的重要体现，充足的应急资源储备和科学的应急资源管理能够有效应对危机事件，降低危机事件所造成的损失，并且使社会在遭受危机事件冲击后尽快恢复到常态。可以说，危机管理的过程就是对应急资源配置和应用的过程。作为应急准备工作的重要组成部分，应急资源保障是针对应对特定危机事件所需要的各种资源，而开展的计划、协调、储备、控制等活动。根据需求配置应急资源，并保证资源有效利用、合理配置是应急资源保障的目标。

危机管理需要大量资源来保障和实现。美国将应急资源分为两大类，一种是应对各种突发事件的响应资源，包括队伍、装备和设施及单元三种形式。另一种是对应响应资源能力的人力资源，以支撑响应资源的核心能力。[①] 我国《国家突发公共事件总体应急预案》中将应急资源保障划分为七个部分，如图 4-4 所示。

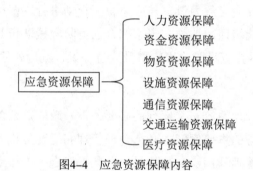

图4-4 应急资源保障内容

1. 人力资源保障

应急人力资源保障的构成包括应急管理队伍、应急管理的专家队伍、应急处置的专业队伍及应急人力队伍。人力资源作为危机管理活动的主体，为危机管理系统提供了智力支持和组织保证，人力资源的充裕程度、职业素养的高低等对危机管理起着举足轻重的作用。

应急管理队伍是指相关政府部门、应急管理机构及相关行业的主管领导和工作人员。针对应急管理队伍进行有针对性的培训，有助于提高应急处置中的领导和管理能力。

应急管理的专家队伍是指相关专家或其他咨询人员。要进一步完善危机管理专家

---

① 马丽斯文，陈虹，王巍，等. 美国应急资源分类分级及应急人力资源管理对我国应急管理的启示[J]. 灾害学，2020，35（4）：192-196，201.

工作机制，充分发挥专家在应对各类危机事件中的作用，健全科学决策机制，针对危机管理中风险评估、监测预警、决策指挥等环节深入开展研究，提升危机事件决策支持水平。

应急处置的专业队伍是指急救、消防、公安、医疗等专业队伍。《国家突发公共事件总体应急预案》提出：公安（消防）、医疗卫生、地震救援、海上搜救、矿山救护、森林消防、防洪抢险、核与辐射、环境监控、危险化学品事故救援、铁路事故、民航事故、基础信息网络和重要信息系统事故处置，以及水、电、油、气等工程抢险救援队伍是应急救援的专业队伍和骨干力量，应当随着经济社会的发展不断加强，充实现有专业应急救援队伍。骨干力量主要包括公安消防、特警及武警、解放军、预备役和民兵等，这是应急救援力量体系中的主力军。2018年应急管理部成立后，公安消防和武警森林部队两支队伍近20万名消防队员，集体转制到应急管理部，与安全生产等应急救援队伍整合到一起，组建成国家综合性消防救援队伍。

应急人力队伍是指参与自救和互助救援工作的社会力量，包括专业社会组织和志愿者等。《"十四五"国家应急体系规划》提出加快构建以国家综合性消防救援队伍为主力、专业救援队伍为协同、军队应急力量为突击、社会力量为辅助的中国特色应急救援力量体系。对社会应急力量参与应急救援行动进行规范引导，开展社会应急力量应急理论和救援技能培训，加强与国家综合性消防救援队伍等联合演练，鼓励社会应急力量深入基层社区排查风险隐患、普及应急知识、就近就便参与应急处置等。[1]

2. 资金资源保障

应急资金是危机管理系统正常运行的必要条件。政府财政部门承担着调控配置社会公共物品和公共服务的重要职能，必须合理管理和运营危机管理的财政收支，保证应急管理部门的日常管理开销，及时拨付应急救援资金，安排专项资金支持危机恢复重建工作等。

应急资金资源保障主要包括两大部分：紧急费用保障和应急管理费用保障。紧急费用保障主要包括应急救援队伍建设费用、应急指挥部门协调运作费用、应急物资的采买及储存管理费用、救援和赔偿费用等。应急管理费用保障主要指应急计划、预案的编制审定等，这一类受经费预算约束，须提前做好预算编制。

应急资金的筹措主要通过公共财政资金、金融保险资金和社会捐赠等渠道。根据应急资金的不同来源，采取相应的措施，加大资金的筹措力度。其中，公共财政资金是最主要的应急资金来源，可以通过建立应急预算制度、完善预备费制度、运用和调整税收政策等措施加大公共财政的投入。[2]

金融保险资金在我国城市危机管理中发挥着越来越重要的作用，保险可以为被保

---

[1] 中华人民共和国中央人民政府.国务院关于印发"十四五"国家应急体系规划的通知[EB/OL]. （2022-02-14）[2022-09-01]. http://www.gov.cn/zhengce/content/2022/02/14/content_5673424.htm.

[2] 曹杰，朱莉.现代应急管理[M].北京：科学出版社，2011：148.

单位提供风险解决方案，帮助企事业单位和个人恢复生产和生活秩序，最大限度减少危机事件带来的损失，提升整个社会抵御风险的能力。政府层面需要大力完善社会保险机制，提升风险防范能力。

在国家发生重大自然灾害、公共卫生、社会安全等危机事件后，社会捐赠往往可以有效缓解当地政府人力、物力、资金方面紧张的状况。政府需要鼓励企业和个人承担社会责任，正确认识捐赠行为对优化我国应急资金资源保障体系的作用。

3. 物资资源保障

应急物资资源保障工作主要涉及三个方面：一是建立应急物资分类目录，拆解危机管理全过程的物资需求，整理形成应急物资数据库，以便指导应急过程中的购买、存储、运输和使用。二是建立应急物资标准，应急物资所需种类繁多，需要建立国家标准管理体制，保障应急物资资源的及时供应。三是加强应急物资储备，按照"先主后次、保障急需"的原则，对应急物资进行调拨使用。

新冠疫情暴发初期，湖北省各大医院普遍面临口罩、防护服等医疗物资不足的窘境，并四处求援。国内其他地方的医疗物资供应也是频频告急，我国应急物资供给的短板在这次疫情中充分暴露出来。习近平总书记在中央全面深化改革委员会第十二次会议上强调，要健全统一的应急物资保障体系，把应急物资保障作为国家应急管理体系建设的重要内容。他进一步强调，要健全国家储备体系，科学调整储备的品类、规模、结构，提升储备效能。要建立国家统一的应急物资采购供应体系，对应急救援物资实行集中管理、统一调拨、统一配送，推动应急物资供应保障网更加高效安全可控。

4. 设施资源保障

应急设施资源保障主要包括应急避难场所、道路桥梁、临时房屋等。应急避难场所是应对危机事件时安置救助受难人群的场所，平时是服务于群众的公共建筑，在发生紧急情况时立刻转变为应急避难场所。新冠疫情中，许多体育馆、展览中心、大礼堂、学校等大型的公共建筑改造成方舱医院，起到了隔离传染源、控制疫情传播的作用。城市道路规划建设需要考虑危机事件发生后，道路紧急通行的需要，一般设计紧急行车带、缓冲带、给排水设施等。临时房屋具有快速安顿人员、减轻损失、保障人民基本生命安全的功能。各级政府要确保应急公共设施的建设、维护和修复工作，提升关键基础设施灾害设防标准，提升应急设施的抗损毁和快速恢复保障的能力。

扩展阅读4.5

《上海市应急避难场所建设规划（2013—2020）》

5. 通信资源保障

在危机管理过程中，应急决策、指挥调度、协同联动都需要以强大的通信系统做保障。危机管理的过程，也是一个信息交互的过程。通过采集信息，可以把握危机事件发展态势，做出相应的应急决策，根据事件发展做出指令，进行应急资源调配，确保各项应急措施落实到位。因此，加强通信系统建设，强化信息支撑保障就显得非常必要。《"十四五"国家应急体系规划》指出，要广泛吸引各方力量共同参与应急管理信息化建设，推动跨部门、跨层级、跨区域的互联互通、信息共享和业务协同。强化数字技术在灾害事故应对中的运用，全面提升监测预警和应急处置能力。系统推进"智慧应急"建设，建立符合大数据发展规律的应急数据治理体系，完善监督管理、监测预警、指挥救援、灾情管理、统计分析、信息发布、灾后评估和社会动员等功能。①

6. 交通运输资源保障

危机事件发生后，交通安全管理部门和建设部门需要共同拟订交通运输资源保障计划，依托现有航空、公路、铁路、水路等运输能力，确保抢险救灾物资和人员能够及时、安全送达。各级部门要在紧急情况下，开设应急救援"绿色通道"，保证应急交通工具的优先安排、优先调度、优先放行，确保应急物资运输的安全畅通。

7. 医疗资源保障

医疗资源保障工作直接影响重大突发公共卫生事件应对的大局，是最大限度地减少危机事件对公众健康造成的危害，保障公众身心健康与生命安全的重要举措。突发公共卫生事件中的关键医疗资源包括：医疗防护物资，如口罩、防护服等；医疗药品；医疗救治器械，如呼吸机等。在发生重大突发公共卫生事件时，医疗物资需求量往往会爆发式增长，不可避免地会出现物资短缺的现象。医疗资源储备、转扩产与社会捐赠是政府主导下医疗物资供应的主要方式。精准的医疗资源需求预测是做好医疗物资供应工作的基础。通过转产扩产支持政策，实现医疗物资生产产能扩大，从而增加医疗物资的供给，是政府应对重大突发公共卫生事件最有效的措施。而社会捐赠是医疗资源保障物资供应的重要补充，特别是在重大突发公共卫生时间爆发初期，能快速缓解医疗资源需求的紧迫性。

4.3.3　应急资源保障的运作与实施

应急资源保障体系的运作与实施，是危机管理体系运转的物质保障条件，事关危机管理活动的顺利开展。应急资源保障体系为整个系统的正常运行提供资源状态信息，实现系统资源的合理布局和动态调配。

1. 应急资源储备

应急资源储备是提高应急综合能力的关键，对应急资源保障体系的运作与实施有

---

① 中华人民共和国中央人民政府.国务院关于印发"十四五"国家应急体系规划的通知[EB/OL].（2022-02-14）[2022-09-01]. http://www.gov.cn/zhengce/content/2022/02/14/content_5673424.htm.

直接影响。我国早在1998年就开始设立8个中央级救灾物资储备仓库，建立救灾物资储备制度。2007年颁布的《突发事件应对法》第三十二条明文规定："国家建立健全应急物资储备保障制度，完善重要应急物资的监管、生产、储备、调拨和紧急配送体系。设区的市级以上人民政府和突发事件易发、多发地区的县级人民政府应当建立应急救援物资、生活必需品和应急处置装备的储备制度。"

据民政部官方网站公布，截止到2017年，全国建设了中央救灾物资储备库19个，包括北京、天津、沈阳、哈尔滨、合肥、福州、郑州、武汉、长沙、南宁、成都、昆明、拉萨、渭南、兰州、西宁、格尔木、乌鲁木齐、喀什等。我国救灾物资储备体系建设取得较大成效，中央-省-市-县四级救灾物资储备体系已基本建立。①

《"十四五"国家应急体系规划》进一步指出：完善中央、省、市、县、乡五级物资储备布局，建立健全包括重要民生商品在内的应急物资储备目录清单，合理确定储备品类、规模和结构并动态调整。建立完善应急物资更新轮换机制。扩大人口密集区域、灾害事故高风险区域和交通不便区域的应急物资储备规模，丰富储备物资品种、完善储备仓库布局，重点满足流域大洪水、超强台风以及特别重大山洪灾害应急的物资需要。支持政企共建或委托企业代建应急物资储备库。②

为进一步做好应急资源储备与管理工作，保质保量供应应急资源，做好物资的购置、入库、保管、出库、维护等方面的管理工作，按照"分类管理、科学管理、进出规范"的原则，引入现代管理手段，把应急资源管好管实。需要做到以下三点：一是要建立应急储备物资管理制度；二是严格制定应急资源储备仓库建设和管理标准；三是规范应急储备资源的入库、出库、存放管理的要求。③

2. 应急资源调配

应急资源调配是指在既定的目标下，使资源能够在满足需求的要求下从资源供应点到达资源需求点。应急资源调度是危机管理活动中的一个重要的环节，调配方案的优劣直接决定着危机管理活动的效果。由于需求资源种类多、数量大，单个应急资源点往往不能满足应急救援需求，需多个应急资源点组合优化调度来完成应急救援任务。④

应急资源调配在危机管理实施过程中，主要包括三个阶段。一是需求启动阶段，这一阶段危机事件刚刚爆发，应急资源需求激增，通过多样化信息渠道收集资源需求，这里的资源需求包括物质资源、社会资源和人力资源需求等。二是需求受理阶段，将

---

① 中华人民共和国民政部. 党的十八大以来防灾减灾救灾工作取得辉煌成就[EB/OL]. （2017-10-09）[2022-09-02]. http://www.gov.cn/zhengce/content/2022-02/14/content_5673424.htm.
② 中华人民共和国中央人民政府. 国务院关于印发"十四五"国家应急体系规划的通知[EB/OL]. （2022-02-14）[2022-09-01]. http://www.gov.cn/zhengce/content/2022-02/14/content_5673424.htm.
③ 侯世科, 樊毫军. 中国灾难医学高级教程[M]. 武汉：华中科技大学出版社, 2019：77.
④ 容志, 王晓楠. 城市应急管理：流程、机制和方法[M]. 上海：复旦大学出版社, 2019：191.

危机事件中所需的各种应急资源信息向受理中心提交,由受理中心统一进行信息处理,根据需求信息的类型划分,将任务分解下达责任部门。三是任务执行阶段,针对已收集的资源需求信息,责任部门综合应急资源管理系统所拥有的各种应急资源,结合运输能力情况,对应急资源进行优化调度和追踪管理,将各种资源在限定时间内运送到资源需求点。

3. 应急资源征用

应急资源征用,是指县级以上人民政府为应对突发事件应急需要,依法征用公民、法人和其他组织财产,因财产被征用或者征用后毁损、灭失,按照评估或者参照征用时价值依法给予的补偿。[①]

我国已经逐步建立了一套依法制定的应急资源征用制度,《突发事件应对法》《中华人民共和国传染病防治法》等应急法规都明确了应急征用制度被授权主体,对征用主体、对象、条件及返还、补偿都做了较为详细的规定。此外,不少地方对应急资源征用做出相对具体的规定。《北京市突发事件应急指挥与处置管理办法》第三十九条指出:进一步完善突发事件应急准备和应急处置经费保障,将所需经费纳入政府预算。建立应急资源征用补偿机制,必要时,按照"先征用,后补偿"的办法,满足专用装备、应急物资的急需。事件处置结束后,由属地政府、市属行业主管部门,按照有关规定给予被征用方经济补偿。《广东省突发事件应急条例》明确规定依法征用的前提,"情况紧迫且无替代方式时,才可以强制征用",并且县级以上人民政府实施应急征用时,应当向被征用的单位或者个人签发应急处置征用令并做好登记造册工作。征用令包括征用单位名称、地址、联系办法、执行人员姓名、征用用途、征用时间及征用财产的名称、数量、型号等内容。[②]

这些政策法规的制定,既明确了应急资源征用的强制性,又保障了被征用主体的权益,为规范应急资源征用提供了制度保障。

4. 应急资源监督

应急资源监督是落实应急资源运作与实施必不可少的一个环节,应急资源监督机制发挥作用,才能促使应急资源保障体系愈加完善。

应急资源监督有三种途径:内部控制、第三方评估、社会和舆论监督。这三方面是相辅相成的,只有把这三方面的力量结合起来并使之制度化、法治化,才能形成有效的监督机制。针对内部控制而言,主要的任务是将危机管理中相应的政府预算分配和划拨体系、人事管理、组织运行与设施维护计划、危机管理项目评估、成本与管理的审计、对各种物资供应商的支付、现金管理体制等制度性的过程整合起来,统一运

---

① 容志,王晓楠. 城市应急管理 流程、机制和方法[M]. 上海:复旦大学出版社,2019:192.
② 广东省应急管理厅. 广东省突发事件应对条例[EB/OL]. (2010-06-02) [2022-09-05]. http://yjgl.gd.gov.cn/gk/flfgbz/fg/content/post_2982651.html.

行。内部控制属于自上而下的控制，容易出现"欺上瞒下"的现象，因此只有与外部监督结合才能更好地发挥其作用。从国际经验来看，第三方评估往往是由社会上有一定声誉的政策研究机构或人员来进行的，可以减少下级部门虚报、瞒报危机而骗取救灾款等行为。① 社会和舆论监督是借助公众的力量，运用传播媒介对应急资源的调配、征用过程进行监督，在一定程度上可以减少应急资源管理程序方面的不规范。

本章小结

通过学习城市危机应急准备的相关知识，了解应急规划的作用、原则、基本要素，分析应急规划的过程。了解应急预案的编制过程，把握国家应急预案体系，学习掌握应急预案演练的类型与阶段。在此基础上，进一步探究完善应急预案的编制与演练，对目前中国的应急预案编制与演练现状有所了解。了解应急资源保障的内涵，区分与应急物资的概念；理解应急资源保障的内容，掌握我国应急资源保障的运作与实施，以便更加深入地理解城市危机应急准备工作。

关键词

应急准备（emergency preparedness）；应急规划（emergency planning）；应急预案（emergency plan）；应急演练（emergency drill）；应急资源保障（emergency resource support）

思考题

1. 简述应急规划与应急预案的关系。
2. 应急预案的编制步骤包括哪些？
3. 应急预案演练的类型有哪些？
4. 应急资源保障包括哪几部分内容？

思考题参考答案

即测即练题

---

① 容志，王晓楠. 城市应急管理：流程、机制和方法[M]. 上海：复旦大学出版社，2019：193.

案例分析

甘肃白银山地马拉松越野赛悲剧

2021年5月22日，由甘肃省白银市主办的黄河石林山地马拉松百公里越野赛遭遇极端天气。应急救援行动已于5月23日全部结束，172名参赛选手中21人遇难。5月23日，黄河石林山地马拉松百公里越野赛失联救援指挥部召开新闻发布会。发布会指出，该事件是一起因局部地区天气突变发生的公共安全事件。甘肃省委省政府已成立事件调查组。白银市市长在发布会上鞠躬致歉。一场马拉松赛，超20名选手丧生，实属罕见，令人震惊。此次事件，被称为"中国越野赛史上的至暗时刻"。这场惨剧到底是天灾还是人祸，不断引发社会的关注和追问。

事件发生后，甘肃省委、省政府成立联合调查组，并邀请了相关专家参与调查。6月11日16时30分，调查组召开新闻发布会，通报了最新调查结果。

据调查组组长、甘肃省应急管理厅厅长黄泽元介绍，调查认定，这是一起由于极限运动项目百公里越野赛在强度难度最高赛段遭遇大风、降水、降温的高影响天气，赛事组织管理不规范、运营执行不专业，导致重大人员伤亡的公共安全责任事件。

黄泽元表示，造成这起事件的天气方面的直接原因是：百公里越野赛参赛选手在强度、难度最高赛段，遭遇当日最大风力、降水、降温及由此造成的最低体感温度，导致部分参赛选手因急性失温死亡。

他还表示，事件发生还有以下几方面的间接原因。

一是赛事组织管理不规范。白银市、景泰县对此次重大活动，未进行专题研究决策，未认真安排部署，仓促下发工作方案，致使相关部门单位准备不足，未能针对赛事活动采取有效安全措施。赛事执行单位、运营单位未制订专项安保方案和应急预案，赛事具体运行机构专业人员力量和专业能力严重不足。赛事举办机构风险防范意识不强，赛前收到气象部门气象信息专报和大风蓝色预警后，未采取有效应对措施，未按照高海拔赛事要求将防风保暖装备列入强制装备清单。

二是安全监管措施不落实。白银市、景泰县体育赛事管理部门未认真落实行业安全监管责任，未严格落实事中事后监管措施。市县两级相关职能部门未按照大型群众性活动要求，对赛事执行运营单位制定的安保方案、采取的安保措施等实施有效监管。

三是救援力量准备不到位。赛事承办单位和执行运营单位组织、管理、运营水平低，未按照规定标准制定针对赛事的专项应急预案和安全保障措施，应急救援力量准备严重不足。赛事相关单位在工作方案和相关预案中，没有做出应急救援力量部署，应急救援人员、物资装备准备不足。

关于应急资源保障不充分主要体现在，百公里越野赛赛道补给点设置不合理，在最难、最险的高海拔赛段（2230m）未设置医疗救助和补给点赛事相关单位未落实通讯保障措施。未采取加强和改善通信条件的措施，导致最危险时刻通讯联络不畅。在赛事区域内无线通信信号覆盖不全的情况下，未在3号打卡点架设对讲机中级信号站，造成事发初期救援指挥通信不畅，影响救援效率。2号打卡点至4号打卡点区域内的医疗、安保力量明显不足。在收到请求救援、大范围退赛信息后，前期救援统筹不够、组织不力，应急救援力量准备严重不足。

此外，调查还认定，甘肃晟景体育文化发展有限公司对事件的发生负有直接责任，公司负责人张小燕等5人已被正式批准逮捕，由司法机关依法追究其刑事责任。赛事主办方、承办方、协办方、执行运营方16家单位及其27名相关人员对事件的发生负有责任，应依法依纪追究责任。

资料来源：整合中国甘肃政府网站、中国应急管理网站、网易新闻、央视网等资料。

思考题

甘肃白银山地马拉松越野赛悲剧在应急准备上有哪些教训？如果你是马拉松赛事活动负责人，你会如何进行应急准备？

第4章 案例分析参考答案

拓展阅读

[1] 李尧远. 应急管理丛书：应急预案管理 [M]. 北京：北京大学出版社，2013.

[2] 孙建平. 城市安全风险防控概论 [M]. 上海：同济大学出版社，2018.

[3] 杨月巧. 应急管理概论 [M]. 北京：清华大学出版社，2016.

[4] 王宝明，刘皓，王重高. 政府应急管理 [M]. 北京：国家行政学院出版社，2017.

[5] 佘廉，郑华卿. 基于国家应急能力建设的应急资源分类探讨 [J]. 中国应急管理，2010，4（4）：20-24.

[6] 郝甜甜，张小兵. 应急演练准备设计基本要求及实现 [J]. 中国安全生产科学技术，2019，15（10）：114-119.

[7] 张海波. 中国应急预案体系：结构与功能 [J]. 公共管理学报，2013（2）：1-13，137.

第5章
城市危机监测与预警

学　　习　　目　　标

通过本章的学习，理解城市危机管理中监测预警的含义；把握监测预警系统子系统的构成及运作，了解传统的监测预警方法，以及以无人机技术、大数据技术、物联网技术为主的新型监测预警方法；明确我国监测预警机制的现状与完善措施。

监测预警是危机管理中非常重要的一个环节,对于危机事件的处置起着关键性作用。有效的监测预警通过对危机风险源、危机征兆进行实时监测,及时察觉危机,在危机来临第一时间向组织或个人发出警报,提醒组织或个人对危机采取行动,从而以较少的代价解决危机。

5.1　监测预警的含义与基本环节

5.1.1　监测预警的含义和功能

1. 监测预警的含义

谈到监测预警,人们可能会想到环境监测、空气污染监测、水质监测预警等。但其实在城市危机管理中,上述的监测预警相关名词都只是它其中的一小部分。容志、王晓楠[①]认为危机管理中的"监测",是指在突发事件发生前对各种致灾因子及其相关的各种指标特征进行实时、持续、动态的监视和测量,收集相关的数据和信息,并通过风险分析与风险评估来研判突发事件发生的可能性。闪淳昌[②]认为监测的作用主要体现在两个方面,一方面是监测社会潜在风险,及时进行预警,另一方面是对危机事件进行实时监测,为及时有效应对提供依据。

通过对重要的致灾因子异常表现及其相关信息的监测,可以使有关部门在危机发生之前得到危机的相关信息,而这些信息发挥作用的过程就涉及了危机预警。危机管理中的"预警(early warning)",warning 的词根 warn,来自古英语 warnian"通知即将发生的危险",意为"注意",更进一步地追溯到原始日耳曼语 *warōnan,是指在危机发生之前,对危机事件进行预先警告,将危机发生的可能信息预先告知潜在的受影响者,使相关组织个人提前做好准备,减少因危机事件、灾害等造成的个人生命健康、组织和社会的损害。

从危机事件的发展演进过程来看,对城市危机的监测与预警往往是紧密连接在一起、前后依次发生的,监测一般先于预警实践。岳清春[③](2016)提出监测和预警二者是相辅相成的,一方面监测是预警的前提和基础,监测研判的结果可以为预警提供科学的依据;另一方面,预警是监测的目的和结果,通过预警,可以将危机监测的结果传递给危机管理主体。这两者的结合形成了监测预警机制,对于危机事件的处置起

[①] 容志,王晓楠.城市应急管理:流程、机制和方法[M].上海:复旦大学出版社,2019:65.
[②] 闪淳昌,薛澜.应急管理概论:理论与实践[M].上海:高等教育出版社,2020:30-400.
[③] 岳清春.协同应急视阈下的监测预警机制研究[J].消防科学与技术,2016,35(1):126-129.

着重要的作用。有效的监测预警通过对危机风险源、危机征兆进行实时监测和分析，及时察觉危机，在危机来临前及时向组织或个人发出警报，提醒组织或个人对危机采取行动，从而以较少的代价解决危机。综合来看，我们认为监测预警是指组织在面对可能到来的危机事件时，收集与危机事件相关的信息并对其进行风险研判，将危机信息研判结果提前告知潜在相关者，使其提前做好应对措施，减少危机可能造成的影响。

2. 监测预警的功能

城市危机监测预警具有以下功能。

第一，预见功能。无论是自然领域还是社会领域的突发事件，都有着自身的规律。基于对这种规律的把握，可以使人们在一定程度上预测自然、社会领域中危机事件的变化趋势。在危机孕育的潜伏时期，与危机事件相关的各种因素相互作用，它们之间的矛盾、冲突不断形成、分解、重组。监测预警的预见性，就是通过对特定危机事件中某些关键性要素的研究，从中找出某些敏感性指标的异常变化并提前预测出危机发生的先兆。

第二，监测功能。管理部门通过运用相应模型和方法，对采集到的风险信息进行具体描述和分析，进而对危机的发展状况和危害程度进行预测与评估。需要注意的是，对于危机事件的监测并不一定要面面俱到，相反，倒可以选择一些敏感且得当的指标，以便能够及时反映危机事件的基本现状。

第三，评判与警报功能。城市危机监测预警过程中会产生大量的数据，对这些数据进行处理时，首先需要识别和判断采集到的数据信息是否属于相应危机的先兆，然后将信息与设置的评判标准进行对比，根据危机等级、种类的不同发出相应的警报，提醒政府及相应部门采取相应的危机应对措施。

第四，防范功能。监测预警的目的是防范危机，在危机爆发及持续演进时期，预警的防范作用可以最大化地帮助减少危机带来的伤害。随着科技的发展进步，通过构建科学化的监测预警机制，政府可以在一定程度上预测到社会有机体在哪个领域最可能、最先出现哪些问题。据此，政府预先制定具有预防性、可行性、可操作化的对策，从而尽可能地消除某些危机，至少是减轻某些危机事件的危害程度。

5.1.2　监测预警的基本环节

城市危机监测预警主要包括危机信息的收集、危机隐患的动态监测及信息的初级整理，分析处理信息并形成评估结论，审核汇总后及时发布等基本环节。

1. 信息收集

信息是影响突发事件应对的控制性因素之一，广泛采集和不断积累大量的突发事件原始信息，进行加工、传递、储存、利用和反馈，及时获取具备决策价值的信息，从而对引发危机的因素进行防范、控制和疏导，将危机控制或消灭在萌芽状态。信息收集既要重视对监控对象信息的直接收集，也要善于通过各种间接方式获取危机信息，既要来源于主渠道，即危机管理组织体系建立的上下协调、左右衔接的信息系统，又要来源其他非主流渠道，包括社会层面收集的信息，以及各种媒体披露的信息等。只有建立多元化的信息收集渠道，才能使服务于危机决策的信息更真实、更完整，以便组织做出正确反应。

2. 信息处理

在多元化信息渠道背景下，要发现和利用有价值的信息，就应发挥专家和专业技术人员的作用，剥离多余的、虚假的信息，获取有价值的信息。通过与预先设定的指标体系进行对比，判断致灾因子的规模、等级、影响等要素，识别关键因素。对于临近风险阈值的指标进行密切关注，确定指标体系的精度并以此来判断危机监测预警的安全区间与危险区间。在获取这类信息以后，进行整理加工，发现问题及问题背后的根本原因。

3. 预警发布

政府及其危机管理机构根据城市危机管理权限、危害性和紧急程度，及时向社会发布危机预警信息，对可能受到危机危害的目标人群发出警告或者劝告，宣传应急知识与防止、减轻危害的常识。发布城市危机预警以后，宣布进入低级别预警期，事发地政府应当根据即将发生的城市危机的特点和可能造成的危害，采取一系列措施。这些措施总体上旨在强化日常工作，做好预防、应急准备工作和其他有关的基础工作。当进入高级别预警期后，事发地政府采取法律、法规、规章规定的必要的防范性、保护性措施，将更有利于城市危机的应急救援与处置工作的开展。

5.2 监测预警系统

监测预警是一项系统性很强的工作。为了有效地进行监测预警，我们必须建立监测预警系统。一方面利用先进的科学技术监测致灾因子并发出警报信息；另一方面，基于警报信息，帮助公众采取正确的避灾或减灾行动。

5.2.1 监测预警系统的构成

监测预警系统由信息收集子系统、数据管理子系统、决策子系统和警报子系统四个子系统共同组成，如图5-1所示。这套系统起始于相关部门对日常信息的收集与整理，然后将收集到的信息进行处理，下一步流入数据管理子系统进行信息的加工与分析，除去冗余信息和误差信息后,将正确的信息纳入决策中枢,由决策子系统做出反应,决定是否拉响警报并确定相应的预警级别。警报子系统根据法律规定,对不同类型的危机事件进行预警。

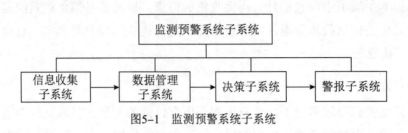

图5-1 监测预警系统子系统

1. 信息收集子系统

危机预警机制的顺利运行离不开高效的危机预警信息收集系统。在此系统中,各级应急管理部门、相关政府部门负责危机事件的信息收集工作,采集与危机事件有关的各类信息,并对信息进行统计、辨伪和更新。应急管理部门领导和专家组成危机信息处理中心,通过对致灾因子相关信息的分析,找出关键性信息。

2. 数据管理子系统

数据管理子系统是借助计算机技术发展而来的子系统,主要负责收集各类突发性事件的监测预警数据,将数据录入、分类、储存和更新,利用丰富的数据搭建起数据管理数据库。在分析阶段利用数据处理技术对于各个变量进行筛选、计算权重、评价变量和预测变量变化等部分,代替人脑负责数据处理工作。此外,数据管理系统内存储录入指标体系,对明确界定突发性危机事件的范围、种类,以及致灾因子等敏感指标进行监测对比,对于达到相应指标的数据进行重点分析,持续监测对比并利用科学方法预测其变化范围。除了包括对敏感指标进行检测对比,通过监测预警研究和实践的深入,数据管理子系统也会对原有指标体系的数量、内容及权重等进行不断修正,建立能起够适应指标体系的专门信息采集渠道,以保证信息采集的畅通性和可靠性。①

3. 决策子系统

决策子系统根据危机信息收集、加工、分析的结果决定是否发出危机警报及危机警报的级别,并向警报子系统发出命令。②根据突发公共危机事件的紧急程度、发展态势、危机事件类别和可能造成的影响分为对应的等级,然后将这些等级按照从高到低制定不同的对应措施。③此外,决策子系统中除了政府机构的相关人员,还有一个

---

① 岳清春.协同应急视阈下的监测预警机制研究[J].消防科学与技术,2016,35(1):126-129.
② 唐钧.公共危机管理:理论与务实[M].北京:中国人民大学出版社,2009:135-136.
③ 张霄艳,孙枫华.完善突发公共卫生事件预警机制的思考[J].天水行政学院学报,2021,22(2):39-43.

重要的组成部分——预警指标所涉及的知识领域中的资深研究人员和富于实践工作经验的工作人员，他们的参与可以在两个方面促进监测预警系统的完善。一是监测评估，在收集较为全面的信息后，对危机事件的发生概率、发生时间、持续状况、风险后果、风险程度等做出评估；二是趋势预测，根据发生突发性事件的各种因素和表象进行监测，从而预测危机事件的演变趋势，为应急管理主体科学防控城市危机事件提供决策的依据。

4. 警报子系统

警报子系统是各级政府根据危机管理机构提出的建议，向危机管理小组成员和危机潜在受害者发出明确无误的警报，提醒他们采取正确的防护措施。《突发事件应对法》明确规定，国家突发事件应急管理体制是在国务院统一领导下，各地方、各部门按照分级管理、分级响应的原则，建立健全应急管理机构，明确各级应急管理机构的工作职责。我国将预警的自然灾害、事故灾难、公共卫生事件、社会安全事件的预警级别，按照危机事件发生的紧急程度、发展势态和可能造成的危险程度分为一级、二级、三级和四级，分别用红色、橙色、黄色、蓝色预警。危机事件即将发生或者发生的可能性增大时，县级及以上地方人民政府应当发布相应级别的警报，并宣布有关地区进入预警期。

5.2.2 传统监测预警方法

危机事件种类繁多，影响因素复杂，监测预警方法也有一定差异。但总体表现为顺应危机事件的内在机理，提取关键信息，分析实际的影响及未来的发展变化，拉响相应的警报，以便及时开展应急准备。对危机事件的传统监测预警方法主要有现场巡视、模型分析、技术辅助三类。

1. 以现场巡视为主的传统监测预警办法

现场巡视是监测预警中的一项经常性、基础性的做法，具体形式是在现场，安排专人定期进行巡回检查，以便了解现场情况，发现致灾因子和不利影响因素，及时采取措施加以排除，并在现场巡视检查后定期记录，撰写巡视报告。

现场巡视是城市危机监测预警的重要手段，往往能更迅速发现问题和采取措施，对现场状况做出及时迅速的评估。现场巡视多采用观察、拍照、现况描述和测量、摄像等方法，重点对各监测对象进行现场安全质量状况的巡视观察。当发现监测对象出现异常状况时，监测人员立即在异常处设置观测装置或人工重点观测，记录并汇报观测点变化状况，通过观测异常区域的变化过程和变化规律来分析监测预警对象的变形和破坏趋势，进而分析是否进行相应的预警或者预警的层级。[1]

---

[1] 徐耀德，金淮，吴锋波. 城市轨道交通工程监测预警研究[J]. 城市轨道交通研究，2012，15（2）：19-25.

2. 以模型分析为主的传统监测预警办法

模型分析，又称仿真模拟，被广泛应用于监测预警领域。以模型分析为主的传统监测预警工作的核心，是准确掌握城市危机的发展变化规律，预测预报城市危机发生大规模活动破坏的时空节点，对危机预防给予可靠的技术支持。模型分析方法依照是否进行计量分析可以将其划分为计量模型监测预警和非计量模型监测预警，这两种类型的具体操作运用方法都非常多。计量模型监测预警利用各种计量模型来计算风险要素值，然后将计算所得到的值转化为相应的风险等级，具体包括突变模型、ARMA 模型、ARCH 模型、VAR 模型、LOGISTIC 模型、TRA 模型、STV 横截面回归模型、MCS 模型、贡献分析法、主成分分析法、相关性分析法、判别分析法模型等；[1] 非计量模型监测预警则是在分析前加入事前假定，包括人工神经网络模型、KLR 信号分析法、概率模式识别模型、灰色预测模型等。[2] 以最基本的地质灾害为例，地质灾害监测预警模型主要有四种，最常用的就是基于人工神经网络模型的 BP 网络模型、基于算法的灰色系统分析模型和基于统计法的时间序列分析模型及基于滤波技术的 Kalman 模型。其中时间序列分析模型是一种基于统计法的地质灾害监测模型，这种模型主要是对地质灾害现场采集的动态数据进行特定的处理和统计；灰色系统分析模型将一般的理论的观点和方法用到了现实社会、经济及生活等抽象系统中，这些理论主要包括系统论、信息论及控制论。[3]

3. 以技术辅助为主的传统监测预警办法

技术辅助类的监测预警方法，主要体现在卫星图像技术、遥感技术的运用等方面。我国卫星图像技术的广泛使用要得益于北斗卫星导航系统（Beidou navigation statellite system，BDS）的广泛使用。它在交通运输、农林渔业、水文监测、气象测报、通信授时、电力调度、救灾减灾、公共安全等的监测预警中都得到广泛应用，已经融入了国家核心基础设施建设的使用。北斗高精度测量系统，测量精度达到厘米级甚至毫米级，它通过对原始卫星监测数据进行特征分析，去除数字噪声进行精度提升，模拟监测数据的三维效果并进行动态展示，依据研究对象的时间属性、空间属性及不同监测点的变动规律，对其进行较好的预警。[4] 遥感技术指的是与观测目标在非真实接触的情况下使用各种仪器设备和传感器等对观测对象进行各种信息的获取，包括对象的形状、特征、光谱信息、空间物理属性等。[5] 在监测预警中常用于进行环境遥感，

---

[1] 王耀中，侯俊军，刘志忠．经济预警模型述评[J]．湖南大学学报（社会科学版），2004（2）：27-31．
[2] 陈秋玲．完善社会预警机制[M]．背景：经济管理出版社，2013：45．
[3] 李超．地质灾害监测系统的研究与实现[D]．西安工业大学，2017．
[4] 刘亚臣，黄雪莹．卫星监测时空大数据蠕变特征提取及预警算法[J]．计算机科学，2021，48（S2）：258-264．
[5] 梅安新，彭望琭，秦其明，等．遥感导论[M]．北京：高等教育出版社，2001：1-3．

具有多时象、周期短的特点，可以迅速为环境评价和预报提供可靠依据。[1] 目前遥感灾害技术已经比较成熟地应用在干旱、洪涝、冻害洪涝、冻害、寒害等农业气象灾害的监测中。以洪灾为例，"第八个五年计划"和"第九个五年计划"期间，中国开始应用遥感和地理信息系统等高新技术对洪涝灾害进行监测研究并采用资源卫星和气象卫星资料建立了七大江河地区洪涝灾害易发区警戒水域遥感数据库。[2]

5.2.3　新型监测预警方法

伴随着科技发展带来的社会进步，一些新的技术与方法也运用到危机监测预警中，比如无人机技术、物联网技术、智慧交通系统、智慧物流系统，以及由此而发展出来的实时人群监测技术和传感器监测技术，新型监测预警技术是在传统技术的基础上融合新技术改进而出现的，一定程度上对传统监测预警方法的发展进行了升级。

1. 以无人机技术为主的新型监测预警办法

国外在使用无人机进行危机监测预警方面起步较早，经过长期应用与研究，取得了很好的效果。我国近些年无人机技术发展突飞猛进，在监测预警中的应用比重逐渐增大。无人机自身因其具有质量轻、成本低、机动性强等特征在我国的军事和民用技术两方面都发挥着重要作用。

无人机监测预警技术的应用主要集中在两个方面，包括无人机检测异常人群行为和无人机遥感技术。无人机监测人群异常行为是计算机视觉领域的一个热点，它以红外图像的差异监测人群异常行为，预警突发性群体活动，配置嵌入式图像处理器，实时对监控区域进行异常行为监测及预警，以便安防人员能够及时有效采取应对措施。无人机遥感技术包括无人机遥感传感器技术、影像拼接技术和数据实时传输存储技术，其中传感器技术在环境监测领域的运用成果显著，它不仅包括航拍图像传感器的发展使用，更进一步地对

视频5.1

环保部大气督查行动 无人机监测 污染企业"尽收眼底"

机载环境进行监测，向环境监测设备的小型化、轻型化建设方向发展。影像拼接技术是采用低空无人机遥感平台快速获取研究区域的影像。但是，单张影像的视域范围较小，所以必须实现若干影像的匹配拼接。无人机遥感图像往往具有旋转变形大，幅度宽，数量多，重叠图不规则，地面控制点难以获取等特点，所以说在精度与效率方面还有待进一步的提升。无人机监测技术的实时传输是无人机遥感系统的重要组成部分，它连通着无人机地面控制站和无人机，在两者间进行数据传输，同时还具备遥控、遥

---

① 上海技术物理研究所. 遥感技术介绍. [EB/OL]. （2011-05-25）[2022-01-19]. https://www.cas.cn/kxcb/kpwz/201105/t20110525_3142146.shtml.

② 王春乙，王石立，霍治国，等. 近10年来中国主要农业气象灾害监测预警与评估技术研究进展[J]. 气象学报，2005（5）：659-671.

测、跟踪定位等功能。① 目前主流的数据通信传输信道为"三合一"和"四合一"综合信道体制,"三合一"综合信道体制是跟踪定位、遥测、遥控的统一载波体制,而"四合一"综合信道体制是指遥感监测信息传输与跟踪定位、遥测、遥控的统一载波体制。结合无人机技术在如滑坡、泥石流等地质灾害中的具体应用,可以得出结论:无人机摄影测量技术为重大地质灾害应急调查提供了更加科学高效的现场影像采集和遥感成果处理及应用方案,为应急救灾工作的顺利实施及分析研判提供了重要数据支撑,科学有效地保证了现场施工救援人员的安全。②

2. 以大数据技术为主的新型监测预警办法

人工智能、云计算、物联网和区块链等技术在危机监测预警中发挥着越来越重要的作用。以传染病监测预警为例,2020年10月,海南省人民医院发热门诊在医院信息系统中构建了一个新的信息采集模块,模块中设计嵌入患者个人信息、诊疗信息等内容,并根据发热门诊就诊患者特点,设计出相应症状体征、流行病学史、采样送检及治疗等选项。它的信息采集模块与已有的检验(LIS)系统、放射(PACS)系统有机融合,实现数据互联互通。信息技术人员根据实际工作需要进行设置,对系统内各类数据实时提取,自动生成电子病历及各项登记表和监测报表。此外,大数据技术还用在整合和追溯个人电子健康档案、患者就医检查和体检信息及呼吸道传染病诊疗等信息,动态监测疾病周期,对疾病的发生、发展进行全方位的监测与研究等方面。重新整合重要呼吸道传染病相关的多元大数据,构建重要呼吸道传染病智慧化监测预警大数据池。③

对大数据技术在监测预警方法中的使用,总的来说可以归纳到三个方面,大数据收集、大数据交换、大数据传输。在大数据收集阶段,数据收集的精确性克服监测信息失准,精确识别重点监测部分与整体预警趋势。大数据交换,运用整体性治理思想解决各部门数据林立、信息碎片化现象,避免单独建设信息数据中心造成数据流失,从而减少信息失真。大数据传输通过即时发布数据、实时动态监测,缩小评估主客体间信息时差和数字鸿沟差距,为政策评估提供全时段的评估信息。在大数据技术的加持下,可以提高预警的及时性、灵敏性和准确性,实现智慧化、自动化、可视化、全方位的预警模式。④

扩展阅读5.1

青岛气象局优秀大数据应用案例

---

① 谢涛,刘锐,胡秋红,等.基于无人机遥感技术的环境监测研究进展[J].环境科技,2013,26(4):55-60,64.
② 孙建平.城市安全风险防控概论[M].上海:同济大学出版社,2018:95-96.
③ 陈媛,丘美娇,陈宝,等.综合医院发热门诊信息化建设对传染病监测预警及登记报告的影响[J].海南医学,2021,32(17):2293-2297.
④ 李瑞昌,侯晓菁."智调应急"替代还是补充了"议调应急":技术治理中协调创新[J].中国行政管理,2021(3):123-130.

3. 以物联网技术为主的新型监测预警办法

物联网技术起源于传媒领域，是信息科技产业的第三次革命。在城市危机管理中，物联网监测预警被广泛应用于塔吊安全监测系统、城市供水系统漏损控制、设备健康状况监测与路网数字化服务等多个领域。例如，城市供水系统漏损的主要原因是供水管网压力过大，管道材料老化，结合物联网技术的管网控制监测系统克服了旧有系统数据检测和处理能力的不足，为供水管网漏损监控的科学决策管理提供有益的技术支撑。[①] 将物联网技术、大数据技术和机器学习技术运用于工业设备的健康状况管理，既有利于对工业设备健康状况进行快速方便的检测和预测，又符合国家提出的智慧制造战略。除了这些方面，物联网技术也被广泛运用于路网控制中。华为云就提出将物联网运用到路网管理中，利用物联网技术助力路网安全管理，通过人、车、路、云端的全方位协同，形成协作式的智慧交通，使得路网使用者可以作业更安全、更高效、更便捷，使道路安全管理者对于全路段感知、全天候通行、全过程管控更加便捷高效。

5.3 监测预警机制

5.3.1 监测预警机制的构建原则

建立危机监测预警机制，预防和减少自然灾害、事故灾难、公共卫生和社会安全事件及其造成的损失，是防范危机事件升级演化的必然需要。我们在构建监测预警机制时，应遵循以下三个原则。

1. 依法监测，依制预警

首先，要根据相关的法律、法规、规章开展监测工作。例如，《国家突发公共事件总体应急预案》规定：各地区、各部门要针对各种可能发生的突发公共事件，完善预测预警机制，建立预测预警系统，开展风险分析，做到早发现、早报告、早处置。[②] 包括提高统计数据真实性，深化统计管理体制改革，防范和惩治统计造假，依法开展统计监测，把握监测精度。

其次，对于预警信息的发布和传播要遵循分等级预警的要求，规范预警信息的发布和传播方式，根据《突发事件应对法》《中华人民共和国政府信息公开条例》及地方突发事件预警信息发布管理办法等法律法规，规范信息发布和传播渠道，减少信息

---

① 张一凡. 基于物联网的城市供水系统漏损控制技术研究[D]. 太原理工大学, 2018.
② 中华人民共和国国务院. 国家突发公共事件总体应急预案[EB/OL]. （2006-01-08）[2022-01-19]. http://www.customs.gov.cn/hangzhou_customs/575609/1708095/3421908/3430018/index.html.

传播过程失误而产生的问题，最大限度预防和减少突发事件发生及其造成的危害，保障公众生命财产安全，维护公共安全和社会稳定。

2. 客观公正，及时准确

监测是预警工作的一个先决条件，在监测过程中不断完善监测标准，客观地记录风险隐患情况，进行比较分析，真实反映出危机事件的发展趋势。根据监测分析结果，对可能发生的危机事件进行预警。预警机制功能实现的前提是：在危机事件发生之前，识别存在的各种潜在威胁。在此基础上，采取适当的措施发出警报，敦促社会公众采取行动，避免危机事件的发生或者最大限度地减轻危机事件的影响。预警机制如果不能及时发现潜在的风险并传递相关的警报信息，就不能为提前采取相应措施赢得宝贵的时间，其存在也就失去了意义和价值。危机预警必须从客观实际出发，分析危机事件相关因素之间的内在联系及危机事件的演化机理，进而准确地做出预警。警报一旦发出，公众采取应对措施，就会产生一定的成本。如果预警不准，付出的代价就不会带来预期的收益。长此以往，社会公众对预警的信任度就会降低，进而导致人们对预警信息熟视无睹，预警机制就会名存实亡。

3. 重点监测，全面梳理

依据《突发事件应对法》及各地方政府出台的《危险化学品安全管理办法》《气象灾害防御办法》《公共卫生应急管理条例》等政府文件，对于危险化学品、公共卫生、自然气象变化等领域进行重点专项监测，全面梳理相关风险因素。

全面性要求预警信息涵盖所有的利益相关者。在危机事件中，损失的降低程度通常与获得警报的人数成正比。为此，在预警信息的传播中，我们要采用多样化的信息传递渠道，不仅要运用传统的预警方式，如高音喇叭、鸣锣敲鼓、奔走相告等，而且要兼顾现代化的信息手段，如电视、广播、互联网、手机等。同时，传播预警信息要特别关注弱势群体。能否落实危机事件预警机制构建的三个原则，直接影响着预警的效果。我们可以用这样一个公式来表述，即：预测预警的效果＝及时性×准确性×全面性。换言之，预警的效果与其及时性、准确性和全面性成正比关系。预警越及时、越准确、越全面，预警的效果就越好。

5.3.2 监测预警机制的现状

根据监测预警的基本原则，构建起科学合理的监测预警机制，这对于有效防控城市危机事件，具有重要的价值。早在2005年7月，时任国务院总理的温家宝同志在全国应急管理工作会议上指出：建立健全预警体系，加强应急管理工作。各地方政府，积极开展监测预警的组织设计和系统开发，提升监测预警能力。

1. 城市监测预警机制的组织设计

以上海为例，上海监测预警机制的组织设计主要是由上海市政府统一指挥，建立监测预警信息平台，下设各个部门主要负责各个不同类型城市危机事件的监测预警，上海市应急管理局负责事故灾难类与自然灾害类城市危机事件的监测预警，上海市卫生健康委员会（以下简称卫健委）负责公共卫生类城市危机事件的监测预警，上海市公安局负责公共安全类城市危机事件的监测预警，如图5-2所示。

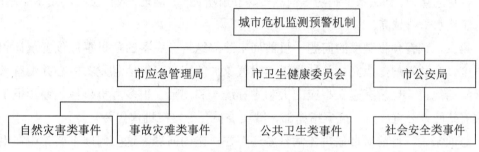

图5-2　上海市监测预警机制的组织设计

上海市应急管理局的监测预警工作主要由风险监测和综合减灾处负责，应急指挥中心、教育培训处、救援协调和预案管理处、自然灾害应对和物资保障处等部门相互协作。主要工作包括：建立安全生产、自然灾害、公共卫生风险监测预警和评估论证机制，组织开展自然灾害综合风险与减灾能力调查评估，统一发布预警和灾情信息等。上海市应急管理局会同上海市规划和自然资源局、上海市水务局、上海市气象局、上海市地震局、上海市绿化和市容管理局（上海市林业局）等部门建立统一的应急管理信息平台，建立监测预警和灾情报告制度，健全自然灾害信息资源获取和共享机制，依法统一发布灾情。具体地质灾害、水旱灾害、防台防汛、气象灾害、森林火灾等监测预警具体工作，由相应规划资源、水务、绿化市容等部门承担。上海市应急管理局协调开展多灾种和灾害间综合监测预警，指导开展自然灾害综合风险评估。

2. 城市危机监测预警机制存在的问题

由于现代社会系统的开放性与复杂性，各个要素之间存在着"牵一发而动全身"的现象，城市危机监测预警机制难以应对城市复杂风险综合体的挑战，存在一定的问题。

第一，监测预警组织体制存在问题。一方面我国危机事件的预警重心太高，基层社会单元预警的动力不足，现行预案体系均高度重视应急处置与救援，准备与预防、监测预警投入严重不足。气象、卫生、地震、环保等部门根据各自任务进行划分，缺少必要的沟通和协调，影响了监测预警的协同性。另一方面，监测预警各个环节衔接不足。各监测部门主要侧重于监测危险因素，全面风险管理的能力比较低，不能使监测预警机制与其他机制有效结合。对广泛存在的风险进行综合评估与处置，还需要跨越部门界限、打破专业藩篱,打通从技术标准到体制机制的层层限制,才能发挥好应急管理部门在综合风险评估、综合监测预警方面的作用。

第二,监测预警技术层面存在问题。一方面是硬件上,技术基础设施架构要完善。技术基础设施布设越完善,信息采集越全面,平台感知、触达越敏捷,传递越高效,事发前信息收集、事发现场反馈、中场和指挥后场的连接将更顺畅。另一方面是软件上,技术集成度要提高。软件设施不但涉及新数据的采集,也包括对数据进行分析和挖掘,技术本身的算力、算法水平制约着信息传递和解析能力;同理,数据资源利用水平越高,技术赋能水平就越高。

第三,预警预报制度的问题。目前尚未建立综合、完备的危机事件预警统计和发布制度。应急管理部成立之前挂靠于中国气象局的国家预警信息发布中心并没有与之相匹配的地位,也没有建立相应的机制进行统一和规范。很多危机事件预警预报工作由政府新闻办公室、防汛抗旱指挥部、减灾委员会等发布机构代替。

总的来说,目前城市危机监测预警还存在一定的问题,这些问题主要集中在组织机制、技术嵌入,以及制度完善等层面,在未来的一段时间内,这些问题还需要通过一系列技术、方法、制度建设进行明确与完善,以实现有效预防城市危机事件的目标。

5.3.3 我国监测预警机制的完善

虽然我国在城市危机应对过程中,积累了一定的经验和教训,初步构建了城市危机监测预警机制,但还需要进一步加以完善。

1. 进一步发挥科学技术在监测预警工作中的重要作用

我国政府在构建危机监测预警机制时,充分意识到科学技术的支撑作用,将卫星雷达遥感技术、图像识别技术、地理信息系统、移动监控指挥技术和通信技术等运用到城市危机的监测与预警活动中。随着非传统危机形式的出现,危机的监测预警工作需要不断深化对监测预警技术研究,积极引入5G、大数据、云计算、人工智能等技术,探索建立人工监测与技术监测相结合的监测工作体系和积极有效的预警响应机制,不断提升危机监测预警的科学化水平。

2. 完善城市危机预警预报制度

预警信息,是指发生或可能发生,造成或可能造成严重社会危害,可以预警的自然灾害、事故灾难、公共卫生事件及社会安全事件信息。预警信息包括突发事件的类别、预警级别、起始时间、可能影响范围、警示事项、应采取的措施和发布单位等。预警信息发布要遵循"分类管理、分级预警、平台共享、规范发布"的原则。预警管理部门应当根据突发事件发生发展态势,按照预警级别划分标准,制作相应级别的预警信息。需要时,可建立内部预通报和会商制度。向社会发布的预警信息,按照"谁审批、谁负责"的原则，应当经预警管理部门领导或其授权的人员审核。经审批后，由预警管理部门通过设在本部门的预警发布终端向城市预警发布中心推送。城市预警发布中心应当整合广播、电视、报刊、网站、政务微信和微博、手机短信、智能终端、电子显示屏等信息发布渠道，实现预警信息发布的畅通和广覆盖。预警发布工作中，预警管理部门还应当加强对预警信息传播的监督管理，杜绝错发、误发预警信息等情况发生。

3. 引导社会组织人员参与危机预警

社会组织在预警预防体系中主要起到缓冲的作用，他们是联结民众和政府部门的纽带。引导社会组织人员参与城市危机预警，有利于提高对危机信息的准确识别或判断，提高城市政府预警的反应速度，减少城市危机可能造成的损失。具体而言，以下社会组织都应积极参与危机预警工作。

一是企事业单位。我国当前一部分城市危机，就发生在企事业单位里，尤其是一些城市事故灾难中，企业是生产事故的高发区。在监测预警管理中，政府应该与企事业单位做好沟通交流工作，最大程度防止事故灾难发生。我国的企事业单位能够为预警系统提供资金、设备等方面的支持，也可以利用自身在某些领域所积累的专业知识和技术协助政府有关单位做好城市危机的预警工作。

二是专业机构。城市危机的监测预警工作不仅仅依靠政府职能部门，还必须借助于专业机构的力量，形成不同角色之间的良性互动关系，特别是要发挥科研机构的专业优势，形成决策者与专家之间一定程度的分工与协作关系。

三是社区组织。现代人的生活逐渐脱离单位组织，而趋向于所生活居住的社区组织。良好的社区教育对社会整体危机意识的提高和危机信息的快速传递具有直接的促进作用。社区组织可以广泛利用社区广播、宣传海报、社区会议等加大对危机监测预警知识、危机应对技能等宣传教育；可以利用自身在社区里的特殊地位和资源有组织地开展危机信息收集和传递工作；可以有针对性地对社区居民进行危机监测预警培训等。通过这些工作，使社区居民对危机保持足够的警觉性，及早发现危机，同时提高社区居民在危机中的自我保护意识和能力。

四是大众传媒。政府部门是危机预警信息的发布者，而大众媒体则是预警信息的传播者。在面对重大危机事件时，政府应及时将预警信息和处置措施通过媒体告知公众，以消除社会恐慌，坚定人们应对危机的信心。同时，媒体也有义务将公众关于危机事件的疑惑传递给政府，促进政府与公众的积极沟通。

▍本章小结

危机监测预警是指通过对危机风险源、危机征兆进行不断的监测和分析，及时察觉危机，在危机来临前及时向组织或个人发出警报，提醒组织或个人对危机采取行动，从而以较少的代价解决危机。监测预警的功能主要表现为预见功能、监测功能、评判与警报功能、防范功能。监测预警的基本环节包括：信息收集、信息处理和预警发布。

监测预警系统分为四个子系统，包括信息收集子系统、数据管理子系统、决策子系统、警报子系统。监测预警的方法包括传统监测预警办法和新型监测预警办法。监测预警机制构建过程中需要遵循三项原则：依法监测，依制预警；客观公正，及时准确；重点监测，全面梳理。我国城市危机监测预警机制存在组织层面、技术层面和制度层面的问题，应进一步发挥科学技术在监测预警工作的重要作用，完善城市危机预警预报制度，引导社会组织人员参与危机预警。

关键词

危机监测预警（crisis monitoring and early warning）；监测预警系统（monitoring and early warning system）；监测预警机制（monitoring and early warning mechanism）

思考题

1. 简述监测预警的功能与基本环节。
2. 监测与预警方法主要有哪些？
3. 监测预警机制的构建原则是什么？
4. 监测预警系统如何运作？

思考题参考答案

即测即练题

案例分析

超强台风"利奇马"的一生

1. 案例介绍

2019年8月4日，"利奇马"台风诞生于西北太平洋洋面上，经过3天的海上"流浪"，成长为超强台风并加速了靠近我国的步伐。

10日凌晨，"利奇马"以超强台风姿态登陆浙江，中心附近最大风力16级（52m/s），一举成为1949年以来登陆我国大陆地区第五强、登陆浙江第三强登陆我国最强的台风。在浙江停滞20h后，穿过江苏移入黄海，成为滞留浙江时间最长的超强台风。

11 日夜间，再次登陆山东，中心附近最大风力 9 级（23m/s，热带风暴级），迅速穿过山东半岛后进入渤海，继续它的海上流浪。自登陆以来，它共在陆地停留 44h，是相当长寿的台风。

13 日早晨，"利奇马"减弱为热带低压，14 时，中央气象台对其停止编号。①

2. 利奇马的监测与预警

早在此次"利奇马"台风登陆之前的 8 月 8 日，在首次长三角台风天气会商会议上，上海中心气象台、宁波气象台、江苏省气象台共同剖析台风"利奇马"。这不是在台风袭来时采取的临时举措。2019 年 5 月，三地气象部门就联合签发了《2019 年一体化工作方案》，建立了一体化信息平台，实现三地气象基础数据互联互通。这也意味着长三角地区针对跨区域灾害天气过程的联合会商机制已进入常态化运行，避免了因早期行政区划导致的监测信息、预警信息不能良好共享的问题。要知道，长三角整个天气系统的影响是相互的，共享信息监测预警也能使三地实现主动沟通，发挥各自优势。以下对长三角地区监测预警系统进行分析。

在台风信息收集方面，随着长三角一体化的发展，台风研究人员在浙江温州的平阳、台州的大陈、上海的宝山，联合福建的宁德，搭建起了一条综合性的台风海陆观测链，从而提升对登陆台风的观测能力，为台风科学研究提供基础资料条件支撑。这不仅是提高当地防灾能力，也是对提升长三角核心区域防御台风灾害能力的"反哺"。②这样一来，各省台风气象观测汇总数据的汇总从过去的滞碍变得平滑了起来，结合正在搭建的长三角一体化智慧气象保障服务平台，使用云计算、物联网、移动互联、大数据、智能等新技术，建设长三角气象观测"一张网"，包括都市圈精细化雷达观测网，港口、航道、海岛、海岸线自动气象站网和激光测雾雷达网，生态和旅游气象观测网，长三角交通气象观测网③等的一体化融合，发展智能观测和社会化观测，分析相关气象信号，及早提出台风警示，真正做到"天气无省界"。

在数据管理方面，智慧气象的建设成为长三角地区一体化气象建设的重头戏，这其中既包括气象信息资源共享的"一朵云"，又包括九大气象服务中心（在建）。气象信息资源共享的"一朵云"包括了建设长三角基础气象数据云平台，实现长三角基础气象数据一体化采集、共享。九大气象服务中心则包括：上海的长三角环境气象服务分中心和长三角航空航运气象服务分中心，江苏的长三角公路交通气象服务分中心

---

① 中央气象台. 超强台风"利奇马"的一生[EB/OL]. http://www.cma.gov.cn/2011xwzx/2011xqxxw/2011xzytq/201908/t20190814_533010.html, 2019-08-14.

② 新民晚报. 气象参谋精确预知风云[EB/OL]. https://paper.Xinmin.cn/html/xmwb/2021-04-06/11/101048.html，2021-04-06.

③ 中国气象报社. 探索"+气象"模式 破题事业高质量发展[EB/OL]. http://www.cma.gov.cn/2011xzt/2020zt/qmt/20200412/2020042002/202004/t20200420_551698.html，2020-04-20.

和长三角能源气象服务分中心,浙江的长三角海洋资源气象服务分中心和长三角生态气象服务分中心,安徽的长三角人工影响天气气象服务分中心、长三角旅游气象服务分中心与长三角现代农业气象服务分中心。[①]通过这"一朵云"和九大中心形成合力,智慧气象对原有的数据不断进行修正与提升,带动提升区域发展一体化气象服务能力。

在决策方面,长三角气象保障一体化将构建起长三角一体化和智能化的气象预报、服务和创新的"三平台",建设长三角气象服务数据云平台,融入长三角大数据中心建设,建立互联、开放的气象大数据服务机制,将"气象公共云"的数据和产品与社会各行业相关数据深度相融,进一步提升气象数据和产品的应用效率和贡献率。

在警报方面,除了正式气象机构发出的气象预警信息以外,长三角新媒体平台间的协作也可以让民众在自己的手机新闻客户端上看到更加全面的新闻进展,了解到新技术给监测预警办法带来的进步,给预警信息传播带来的发展。在上面可以看到,中国气象局上海台风研究所野外观测团队是如何冒着狂风暴雨成功施放了1600g的大球臭氧探空;你也可以看到,温岭村干部和辅警是怎样不畏艰险,把瘫痪病人转移到安置点;你还可以看到各大媒体的记者,一边在风中凌乱,一边传递着一线的最新信息。

除此之外,长三角一体化过程中还建立了长三角一体化气象宣传联盟与长三角气象科普联盟等机构,通过加强组织建设和机制建设,有效聚合长三角气象资源,共办气象科普活动、共推气象研究成果、共用共培气象科普队伍,助力气象科技协同创新,服务长三角一体化发展,同时也为全国气象工作创新发展积累经验、提供示范。

思考题

面对来势汹汹的"利奇马",你认为应如何收集台风灾害信息并进行预警发布?

第5章 案例分析参考答案

拓展阅读

[1] 王宏伟. 公共危机管理 [M]. 北京:中国人民大学出版社,2019.

---

① 澎湃新闻. 长三角一体化气象保障又有新进展,沪苏浙皖将建九大分中心[EB/OL]. https://www.thepaper.cn/newsDetail_forward_11936990,2021-03-29.

[2] 容志，王晓楠. 城市应急管理：流程、机制和方法 [M]. 上海：复旦大学出版社，2019.

[3] 孙建平. 城市安全风险防控概论 [M]. 上海：同济大学出版社，2018.

[4] 闪淳昌，薛澜. 应急管理概论：理论与实践 [M]. 上海：高等教育出版社，2020.

[5] 许强，董秀军，李为乐. 基于天 - 空 - 地一体化的重大地质灾害隐患早期识别与监测预警 [J]. 武汉大学学报（信息科学版），2019，44（7）：957-966.

[6] 贾滨洋，袁一斌，王雅潞，等. 特大型城市资源环境承载力监测预警指标体系的构建：以成都市为例 [J]. 环境保护，2018，46（12）：54-57.

第6章
城市危机应急响应与决策

学 习 目 标

通过本章的学习，了解城市危机应急响应原则与流程、应急响应的分类及措施，把握应急决策的内涵、特征，着重掌握应急决策的模式，重点理解我国城市危机应急决策的关键问题。

在各类城市危机事件面前，科学有效的应急响应与决策可以迅速控制事态，尽可能地降低危机事件造成的损失。危机事件发生时，城市应急管理者应当遵循应急响应的原则，按照应急响应流程，做出合理的应急决策。

6.1 应急响应的原则与流程

为了有效控制和降低城市危机事件所带来的危害，保障市民人身安全，维护城市公共安全和社会秩序，参与处理城市危机事件的工作人员应当按照城市应急响应的原则与流程，完善应急管理响应程序，进一步推进应急管理全过程标准化，全面提升城市危机事件应急响应能力。

6.1.1 应急响应的原则

1. 以人为本，科学决策

"以人为本，科学决策"是指将以人为本的理念贯穿在应对城市危机事件的过程中，把"人"置于应对危机事件的核心地位，把保障公民安全作为首要任务。

根据《国家突发公共事件总体预案》的规定，发挥政府公共服务职能，把保障人民群众的生命安全、最大限度地减少事故灾难造成的损失放在首位。运用先进技术，充分发挥专家作用，实行科学民主决策。在国家突发事件应对中，坚持以人为本的原则，通过科学决策将维护公民的基本权利作为根本出发点，是科学决策在应急响应过程中的正当体现。[①]

本着"人民城市人民建，人民城市为人民"的工作意识，在2021年新冠疫情的应急响应过程中，上海市松江区的有庐公寓由于出现新冠病例，一度被列为中风险地区，为了避免疫情的扩散、更大限度地保护全市市民的人身安全和身体健康，上海市防控办对有庐公寓施行了科学有效的"封闭式"管理。与此同时，为了满足市民的日常需求与个性化要求，社区管理者组织医务人员和社区志愿者来到有庐公寓，在严格执行疫情防控闭环管理的基础上，为市民提供医护帮助与生活便利，充分体现了疫情之下"以人为本，科学决策"的温情。

2. 统一指挥，分级负责

应急响应理应遵循统一领导、综合协调、分类管理、分级负责、属地管理为主的原则。在市政府的统一领导下，应急管理各部门按照城市应急专项预案的要求，结合

---

① 容志.王晓楠.城市应急管理：流程、机制和方法[M].复旦大学出版社，2019：87-92.

部门的职能与权限，负责城市危机事件的应急响应及其应急处置工作。同时注重条块结合、属地为主。根据不同城市危机事件类型及应急响应的级别，实行不同级别的负责制，各部门与政府密切配合，充分发挥指挥和协调作用。

3. 依法响应，规范管理

"依法规范，加强管理"的响应原则是指当城市危机事件发生后，履行统一领导职责或者组织处置危机事件的人民政府应当针对其性质、特点和危害程度，立即组织有关部门，调动应急救援队伍和社会力量，依照相关规定和有关法律、法规、规章的规定采取应急处置措施，同时加强相应的应急响应管理，将有关条例、法规落到实处。①

4. 快速反应，协同响应

所谓"快速响应"是指在危机事件面前，危机管理者能迅速开展应急响应行动，包括调配救援队伍的响应速度、调配应急物资的响应速度、启动应急资金的响应速度等。所谓"协同响应"是指当危机事件发生时，应急管理者应遵循联动协调制度，充分动员和发挥乡镇、社区、企事业单位、社会团体和志愿者队伍的作用，依靠公众力量，形成统一指挥、反应灵敏、功能齐全、协调有序、运转高效的应急响应机制。②

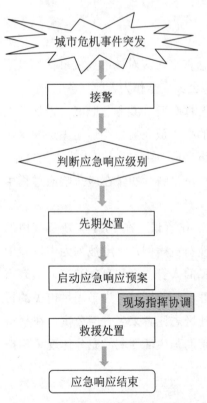

图6-1 城市危机事件应急响应流程

6.1.2 应急响应的流程

当城市危机事件发生后，应急管理部门要在时间和资源有限的情况下，根据危机事件的性质、特点和危害程度，采取有效的应急响应措施。城市危机应急响应的主要流程如图6-1所示。

1. 接报研判

城市危机管理或职能部门接到危机事件报警后，要详细记录，包括报告单位或个人、时间、地点、事件类别和规模、危害程度、可能演变的方向等，值守人员要对以上信息进行分析研判，及时报告领导和上级机关，决策者要有敏感意识和审时度

---

① 中国政府网. 中华人民共和国突发事件应对法[EB/OL]．（2007-08-30）[2021-07-10]. http://www.gov.cn/flfg/2007-08/30/content_732593.htm.
② 中国政府网. 国家总体应急预案[EB/OL]．（2005-08-07）[2021-08-12]. http://www.gov.cn/yjgl/2006-01/08/content_21048.htm.

势能力,及时决断。特别是在敏感人群、敏感地带、敏感时间发生的事件及发生初期情况不明的事件,要给予高度关注,认真研判。

2. 先期处置

我国应急管理体制的特点之一是以属地为主。不论是哪一级的危机事件,事发地人民政府在迅速上报的同时,应派员迅速赶往危机事件现场,核实、观察危机事件的情况和发展态势,并就近组织应急资源进行先期处置,防止危机事件扩大升级。与此同时,现场工作人员边处置、边汇报,不断将危机事件的最新信息传递给应急管理部门。

在先期处置的过程中,应急管理人员应该先避险、再抢险,组织事发现场周围的社会公众进行有效的应急疏散。在确保危机事件不会对周围社会公众造成新的损害后,现场应急管理人员再开展抢险救援。在遇险群众危在旦夕的情况下,应急管理人员也可同时进行周边公众疏散和抢先救援。

如果危机事件性质比较特殊,则需要灵活应对。例如,发生核辐射事故,就需要专业救援人员进行专业处置。现场应急管理人员应着力做好周边公众的转移,维护现场秩序,进行力所能及的处置,等待专业救援队伍的到来,切不可冲动蛮干。当专业应急救援队伍到来后,现场应急管理人员应做好道路引领、秩序维护和后勤保障等工作。

3. 启动预案

城市危机应急响应要求处置者在有限的时间、人力、物力、技术约束条件下,迅速对事件类别级别、严重性、紧迫性和变化趋势做出快速决策,拉响应急响应,向有关对象发出预警。在确定事件级别以后,启动相应预案,必要时向社会预警,调动应急资源及时开展处置,各种力量立即投入应急状态。如果事件级别升级,事发地人民政府应该及时向上级人民政府报告。

4. 现场指挥与协调

现场指挥中心承担应急值守、政务值班等工作,拟订事故灾难和自然灾害分级应对制度,发布预警和灾情信息,衔接解放军和武警部队参与应急救援工作。现场指挥中心应由有关部门、市政府管理人员、专家学者联合组成。指挥中心选址应遵循安全、就近的原则,根据城市危机事件的现状和趋势,科学、合理、果断地确定应急救援方案。

现场指挥中心一经确定,就必须被赋予现场救援的完全管辖权。各级政府管理人员可对现场指挥提出建议。对于性质特殊的城市危机事件,专家应发挥辅助决策的作用,并向现场指挥中心提议。

5. 救援处置

在应急救援的过程中,各相关部门应各司其职、密切协作,有关队伍服从指挥、相互配合。公安部门应封锁现场,设立警戒区域,进行交通管制,维护现场秩序,确保道路交通的畅通；医疗卫生部门应派出医护人员赶赴现场，救治、转运伤员；环保部门应对事故现场进行环境监测；专业救援队伍应携带专业救援装备赶赴现场救援。必要时，中国人民解放军、武警部队和民兵预备役也可投入应急救援之中。需要强调的是，抢险救援必须对现场的危险源进行监测，保护受困人员和救援人员的安全，防止次生、衍生灾害事故的发生。

事发地人民政府在迅速上报信息的同时，要迅速赶到现场实施救援，先期处置，防止事态扩大，要迅速控制危险源，封锁现场，实行交通管制。危机管理处置措施是事发地政府的一种行政权力，带有强制性和规范性，既要保证在事件发生以后快速高效处置，减少损失和危害，又要不因滥用权力损害公民权利和利益。①

6.1.3 应急响应的分类及措施

面对不同的城市危机，需要采取不同的应急响应措施。常见的城市危机主要分为城市自然灾害、城市事故灾难、城市公共卫生事件、城市社会安全事件，分别对应的应急响应措施如下。

1. 城市自然灾害的应急响应措施

为了确保突发性自然灾害得到有效处置，各级政府应对事件的关键环节和主要措施应包括以下两个方面。

首先，城市自然灾害的先期处置主要包括：事发地应急管理部门紧急召集属地专业救援队伍，开展前期抢险救灾工作，第一时间内组织群众转移，减轻灾害损失；密切监视、监测和分析自然灾害事件的变化发展，及时上报灾情，为上级决策提供科学依据；动员基层力量，实施"第一响应者"行动，全面、有序地开展自救、自助活动。

其次，城市自然灾害的现场紧急处置主要分为以下几个步骤：①收集并及时上报信息，包括自然灾害损失情况统计、人员伤亡统计和预测信息、灾民自救互救成果、救援行动部署及进展情况等。②组织处置与救援工作，主要分为：分配救援任务、划分责任区域，协调各级各类救援队伍的行动；组织查明次生灾害危害或威胁，组织力量消除次生灾害后果；组织采取防御措施，疏散和安置灾民；组织协调抢修通信、交通、供水、供电等生命线设施；估计救灾需求的构成与数量规模，组织援助物资的接收与分配；组织灾害损失的预测和评估工作。

2. 城市事故灾难的应急响应措施

城市事故灾难主要包括工矿商贸等企业的各类安全事故、交通运输事故、公共设

---

① 王宏伟. 新时代应急管理通论[M]. 应急管理出版社. 2019：194-196.

施和设备事故,以及环境污染和生态破坏事件等。为了确保事故灾难得到有效处置,突发安全生产事故应急处置的关键环节和主要措施应包括以下几个方面。

首先,城市事故灾难的先期处置主要包括:①施救人员安全进场。事发地的相关政府领导、主管部门负责人、相关企业负责人及专业救援人员第一时间安全进入事发现场,开展前期救援、协调工作。②信息收集与上报。相关部门积极收集、整理、归纳、分析事故灾难资料信息,按照国家有关规定,客观准确地持续上报。③救援物资设备调度。按照部门职能划分,调度处置事故灾难的交通、救援、通信、检查监测等设备,为安全进场划分救援处置区域等。④保护现场。公安交通部门根据事故灾难规模、危害程度,在救援现场和相关道路设点、设卡,以保证交通、救援秩序;同时,做好事故后期调查取证的人证、物证保护工作。

其次,现场事故分析、研判主要包括以下几个方面:①咨询、侦测、检测险情。事故灾难主管部门组织专业救援力量、设备,对事故灾难的周边环境、事发地地理气候信息、事故内部诱因等通过人员咨询、设备仪器检测等手段,进一步了解事故险情,为后期救援提供客观依据。②事故分析。了解事故灾难发展现状、人员伤亡信息,初步判断事故灾难诱发的直接原因,为科学救援提供决策依据。③研判、预测。根据事故现场检测、调查、分析结果,组织专家积极会商、研判、预测事故灾难发展态势,科学制定救援措施;组织、协调并调配救援力量、设备设施等。

最后,根据事故灾难的危害程度、规模、性质,城市事故灾难的紧急处置主要包括:①划分救援责任区域。按照部门职责,进一步明确警戒、隔离、疏散、医护等救援处置区域,并组织安排人员积极应对。②紧急救援。指挥部协调各级各类救援队伍的行动,按职责分工,安全有序地处理事故灾难工作;同时,做好重点部门、重点区域及上级督查、指导部门和领导的安全防护与保卫工作;根据预案,开辟和启用各类专用通道,保证救援处置的顺畅等。③支持保障和防范。应急指挥中心统一协调指挥事故灾难救援处置的通信、交通、供水、供电等生命线设施,以及医疗卫生气象等的支持保障工作;同时,根据事故类别及性质,做好警戒标志工作,积极防范可能诱发的事故灾难。

3.城市公共卫生事件的应急响应 措施

城市公共卫生事件主要包括造成或者可能造成社会公众身心健康严重损害的重大传染病、群体性不明原因疾病、重大食物和职业中毒及其他严重影响公众健康的事件。

为了确保公共卫生事件得到有效处置,各级人民政府应急处置突发卫生事件的关键环节和主要措施应包括以下几个方面。

首先,城市突发公共卫生事件的先期处置主要包括:积极组织医疗机构、疾病预防控制机构和卫生监督机构开展突发公共卫生事件的处置救援与调查分析、研判工作;依法做好突发公共卫生事件的信息收集、分析与上报;事发地做好前期伤亡、疾病人员的转运、隔离及卫生防护工作。

其次,在应对城市突发公共卫生事件的过程中,应根据突发公共卫生事件的类型、级别、污染扩散和职业危害因素,依法划定控制区域或采取必要的防止传染、扩散的措施。

最后,当城市突发公共卫生事件后,城市应急管理者应对潜在受影响者进行管理。开展响应工作,落实控制措施,对传染病病人、疑似病人采取就地隔离、就地观察、就地治疗的措施,对密切接触者根据情况采取集中或居家医学观察。

4. 城市社会安全事件的应急响应措施

突发社会安全事件主要包括群体性事件、恐怖袭击事件、涉外危机事件、经济安全事件、社会治安和重大刑事案件等。社会安全事件响应关键环节和应急响应措施如下。

首先,城市社会安全事件的先期处置可以采取以下措施:①强制隔离使用器械相互对抗或者以暴力行为参与冲突的当事人,妥善解决现场纠纷和争端,控制事态发展。②对特定区域内的建筑物、交通工具、设备、设施及燃料、燃气、电力、水的供应进行控制。③封锁有关场所、道路,查验现场人员的身份证件,限制有关公共场所内的活动。④加强对易受冲击的核心机关和单位的警卫,在国家机关、军事机关、通讯社、广播电台、电视台、外事部门(外资企业)、宗教场所等单位附近设置临时警戒线。

其次,对于城市社会安全事件进行研判。Ⅳ级和Ⅲ级社会安全事件,由县级人民政府组织有关单位进行处置,省级社会安全事件应急指挥中心予以指导。事件发生后,县级人民政府、党委要立即组织群众转移,开展自救互救,对事发现场实施封闭,并立即将有关情况报告上级党委、政府和社会安全事件应急管理部门。按照省级社会安全事件应急指挥中心的指导意见,立即组织有关机构开展紧急处置行动,及时控制事态的发展和蔓延。Ⅱ级和Ⅰ级社会安全事件,由省级社会安全事件应急指挥中心负责指挥处置。事件发生后,事发地县级人民政府、党委和有关部门在先期开展处置工作的同时,立即将情况上报省委、省政府或国务院有关部门和省级社会安全事件应急管理办公室,以便开展省级社会安全事件应急响应工作。①

6.2 应急决策的内涵与特征

面对城市危机事件,应急响应是应对危机事件的关键,应急处置措施正确与否直

---

① 王宝明,刘皓,王重高. 政府应急管理教程[M]. 国家行政学院出版社,2013:135-144.

接影响危机事件的演变，而应急响应决策决定着应急响应的实施。只有把握应急决策的内涵与特征，才能够更好地理解不同决策行为的决策效果。

6.2.1　应急决策的内涵

国内外学者从多个角度对应急决策进行阐释，其中比较有代表性的定义有以下几方面。

从应急决策的性质方面，清华大学的薛澜等[1]认为应急管理的实质是非程序化决策问题，决策者必须在有限的信息、资源和时间的条件下寻求"满意"的处理方案。东北大学的樊治平等提出在危机事件刚刚发生或出现某些征兆时，如何从多个备选应急方案或应急预案中选择最优方案对危机事件进行响应，以最大限度地减少危机事件所造成的损失，是一个具有实际意义的重要研究课题。

从应急决策过程方面，沃勒（Walle）和图罗夫（Turoff）[2]曾指出，应急决策指的是为控制危机事件的事态发展而进行的一系列决策活动，在危机事件爆发后及时掌握灾情信息，剖析危机事件存在的风险点，规划响应策略，选择最优的应急方案并执行，把握灾情发展状况，对响应决策进行动态调整纠偏，直至完全解决问题的一个动态过程。华中科技大学的曾伟等[3]提出应急决策是指在灾难事故突然发生或出现征兆时通过搜集处理相关信息明确应急救援目标，应用决策理论和计算机辅助工具从多种可行方案中选择满意方案的动态决策过程。

从应急决策的方法和特征方面，利维（Levy）等[4]指出群决策是应急规划和管理的典型特征，应急决策是在不完全信息下的多人多方案的选择问题。应急管理专家华莱士（Wallace）等[5]指出应急管理者必须要有应急决策支持系统或计算机来辅助决策，这些决策支持包括救援程序设计、数据分析与推演等。

综上所述，本书认为城市危机管理的应急决策是指政府相关部门在城市危机事件发生或即将发生时，为有效减缓、控制城市危机所造成的重大社会损失，及时有效地进行信息搜集与处理、明确问题与目标，并选择最优的应急方案来响应城市危机事件的动态决策过程。

---

[1] 薛澜，张强，钟开斌. 危机管理：转型期中国面临的挑战[J]. 中国软科学，2003（4）：7-13.
[2] WALLE B V, TUROFF M. Decision support for emergency situations[J]. Information System and e-Business Management, 2008: 295-316.
[3] 曾伟，周剑岚，王红卫. 应急决策的理论与方法探讨[J]. 中国安全科学学报，2009（3）：172-176.
[4] LEVY J K, TAJI K. Group decision support for hazards planning and emergency management: A Group Analytic Network Process (GANP) approach[J]. Mathematical & Computer Modelling, 2007, 46(7-8): 906-917.
[5] WALLACE W A, DEBALOGH F. Decision support systems for disaster management [J]. Public Administration Review, 1985, 45: 134-146.

6.2.2 应急决策的特征

1. 应急决策的时效性

城市危机事件的紧迫性要求应急决策者提高应急决策的科学性和时效性。由于危机事件具有突发性，难以在短时间内掌握所有信息，因此应急决策者，需要不断跟踪收集有效信息，避免"信息孤岛""信息烟囱"现象的发生，避免影响危机认知和目标确定。针对随时可能引起灾害事故的危机事件，必须在尽可能短的时间内做出决策，准确研判危机事件的规模、性质、程度并提出合理的决策应对措施，提供科学的思路和方法，有效预防危机事件的发生或减轻危机事件的危害程度。

2. 应急决策的协同性

应急决策需要多部门协同合作，往往需要组织来自不同领域的应急决策者参与决策，包括政府工作人员、专家、智库人员等，涉及应急管理多个领域。应急决策的协同性具有多主体、多领域、多环节的特征，要求应急决策者在短时间内了解各部门之间的信息，实现信息的多主体、多渠道、多方向的直接传递和公开共享，及时报告危机发生原因及现状，判断危机事件的危害程度，确定妥善处理的方式，形成处理危机事件的整体合力，满足应急管理工作快速反应的要求。相关负责人需将各部门信息资源整合起来，提高政府的快速反应能力。[①]

3. 应急决策的复杂性

应急决策过程充满着不确定性，体现在应急方案实施效果、资源分配、应急信息获取等方面的不确定性。[②] 城市危机事件的处理涉及因素较多，且事发突然，危害强度大，必须快速、及时、有效地处理，否则将造成严重的生命财产损失。此外，应急决策成员由复杂的多元主体组成，决策群体规模比较庞大，决策问题的解决往往需要兼顾各方面，导致很难达成完全一致和认可的决策结果。[③]

6.2.3 应急决策的模式

应急决策模式是一种在特殊情境下的决策模式，它既有一般决策模式的内涵，又有受特殊情境条件制约而形成的特点和要求。为了深入探求城市危机应急决策的规律与模式，需要从应急决策模式的基本概念入手，分析危机现场应急决策模式的特点、

---

① 程荃. 突发公共事件中我国部际协调机制的比较研究——以新冠疫情为例[J]. 中共石家庄市委党校学报，2021，23（2）：18-22，37.
② 程铁军. 突发事件应急决策方法研究[M]. 南京东南大学出版社，2018.12：154.
③ 徐选华，杜志娇，陈晓红，等. 保护少数意见的冲突型大群体应急决策方法[J]. 管理科学学报，2017，20（11）：10-23.

构成要素及决策流程。本书将应急决策模式主要分为"经验驱动型"传统应急决策模式和"数据驱动型"科学决策模式两类。前者虽然在信息搜集和处理方面不及后者，但在内隐性知识应用、人文价值判断和决策感知力方面优于后者，而后者通过对大数据技术的应用，能够提高决策的效率、准确性，降低决策成本。

1. "经验驱动型"传统应急决策模式

"经验驱动型"应急决策模式是指当城市危机事件爆发后，城市危机管理人员根据先前危机事件处理的经验，在时间、资源、人力等约束条件下，结合危机事件的规模大小、影响程度，采用适当的决策方案，组织实施决策措施，在最短时间内遏制危机的蔓延。在行动中保持不间断的情况侦查和险情变化的监控，及时调整，将危机事件造成的损失控制在最小范围。"经验驱动型"应急决策模式包括以下两类：第一，危机现场的分级决策模式，即在城市危机事件处置中各级指挥员甚至一线救援人员应有制定和实施相应决策的职责。为保证危机现场应急决策的集中统一性，且充分发挥一线指挥员和救援人员的主观能动性，现场应急指挥的分级决策应根据各级指挥和应急决策的层次，赋予相应决策的职责和内容。第二，分步决策模式，即根据确定的总体行动目标，确定即时可行的分步处置方案，迅速组织实施，及时对现行方案实施进行效果评估，发现方案中存在问题或不足，立即进行修改或调整，并组织实施下一步工作。分步决策模式由即时可行的方案开始，通过边实施边调整的方式，最终使方案由可行变为合理有效。

传统城市危机应急决策包含若干要素，具体可以归纳为：决策的主体要素、决策的信息要素、决策的辅助手段要素。城市应急管理者通过及时有效地了解和掌握各种应急处置行动所需的信息，准确分析判断危机态势，结合现场的救援力量和客观环境条件，制定行动决策，实行决策方案。整个应急决策过程始终围绕制定决策和实现决策而展开。

第一，决策的主体要素。决策是由人做出的，人是决策的主体。在城市危机的决策分析过程中，决策主体包括决策者与决策辅助人员。在城市危机的应急决策中，作为决策者的是现场各级指挥员，而现场指挥部则起着指导辅助人员的作用。因此，现场指挥员及其指挥部共同组成为决策主体，是展开应急指挥决策活动必不可少的基本要素。

现场指挥部是危机现场实施应急指挥决策和发布行动命令的中心，是现场应急救援行动的最高指挥机构。在救援任务重、调集的救援力量多的危机现场通常设置现场指挥机构，大规模的应急救援现场一般设置总指挥部和前沿指挥部。总指挥部的人员组成，视危机事件的种类和现场情况，由负责组建指挥部的上级领导确定。

第二，决策的信息要素。在整个城市危机决策及执行过程中，做决策的人需要针对问题进行情报的收集活动，运用已有的知识和经验对所要解决的问题，做出事实判断和价值判断，拟定行为目标和行动方案，并加以实施。根据预期目标与实际状态之间存在差距的反馈情况，对决策方案做出调整或修改，使执行效果符合决策目标，使决策达到应有的实际效果。因此，决策活动离不开与所需解决问题相关的情报、知识、经验、情况等信息。

对于城市危机现场应急决策而言，信息是应急决策全部工作的对象和落脚点。从实际应急决策活动的角度来看，决策活动就是指挥决策系统根据主观目的（任务）信息和客观情况（条件）信息，生产出指导应急救援行动的指令信息的广义信息处理过程。应急决策作为整个城市危机管理活动的一个核心部分，通过当前的危机态势信息和来自上级的任务信息，对救援力量及其应急行动实施有目的的规划，并通过本级产出的指令信息对救援力量及其应急行动实施控制。因此，应急决策过程也可以归结为对于信息的获取、传递、处理和使用的过程。

第三，决策的辅助手段要素。决策辅助手段是为提高指挥决策效能服务的决策工具，这些决策工具在接收信息、处理信息、加工信息、生成信息、表达信息的过程中发挥出越来越重要的作用，已经成为进行城市应急决策活动的另一个必不可少的基本要素。

例如，城市灾害事故应急联动指挥系统是将政府、财政、公安、消防、急救、交警、公共事业、卫生、民防、武警、军队等部门和相关资源纳入一个统一的指挥调度系统，为政府进行应急对策、应急指挥提供相关信息获取、应对措施查询、决策支持的信息应用系统。该系统能够有效地加强各警种与联动单位之间的配合与协调，对各种突发公共事件做出有序、快速而高效的反应。

综上所述，城市危机现场应急指挥决策的基本要素有三：一是决策主体，二是决策信息，三是决策辅助手段。这三个要素在决策活动中既发挥各自的独特作用，又相互联系形成一个整体。从整体角度看，应急指挥决策是决策主体利用决策辅助手段对决策信息进行获取、处理、传递和应用的活动过程。三者不可或缺，并且紧密联系构成一个完整的决策。[1]

城市危机的应急决策流程模型（图6-2）针对事件发生各阶段的特点，为应急决策提供了基本的思路。模型将整个危机事件应急管理分为三个大阶段：危机事件爆发、应急响应和善后处理阶段，模型重点要解释的是应急响应阶段的决策工作。危机事件发生后决策组结合危机事件相关信息、应急预案应急物资救援队伍等情况制定综合救援方案。首先是将涉险人员疏散到安全地带，同时展开危机事件的控制工作。在人员解救和危机事件控防过程中要做到随时汇报现场实际情况，以确保决策组能够在信息充足的情况下做最佳的决策。[2]

---

[1] 李建华.灾害现场应急指挥决策[M].北京：中国人民公安大学出版社，2015：10-12，27-31.
[2] 王雷，赵秋红，王欣著.应急管理技术与方法[M].北京：北京航空航天大学出版社.2016：108-109.

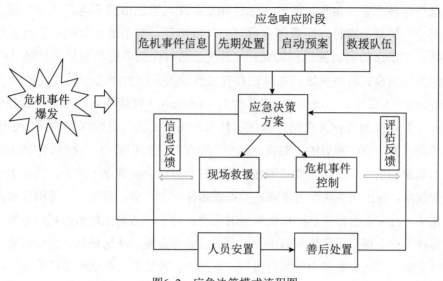

图6-2 应急决策模式流程图

2. "数据驱动型"的科学应急决策模式

近年来,"数据分析""数据挖掘"为特征的大数据革命席卷全球,城市管理迎来了"用数据说话、用数据决策、用数据管理、用数据创新"的新时代。需要通过掌握城市运行的数据及其外部环境的信息,做出及时响应和科学决策。

在大数据时代,人工智能、区块链、云计算、大数据等新一代信息技术融合发展,深刻地改变了城市危机管理的决策方式,并逐渐形成了一种融合数据驱动和模型驱动的新型决策模式。该模式是一种以大数据系统为支撑,经人工智能、机器学习、大数据建模、大数据分析等实现自动决策和人机协同决策的一种模式。城市应急决策者可借助于新一代信息技术。例如,对多源异构的大数据资源的全样本采集、动态感知、关联分析、即时呈现等。运用智能图像/视频分析技术追踪救灾资源的分布与流向设计更加精准地帮助决策者做出救援方案。

基于"数据驱动型"的应急决策具有如下特点与趋势:应急数据的分析更加注重集成与挖掘;应急信息的流向愈发趋向于交互与共享;应急知识的管理日益侧重于关联与融合。大数据赋能的应急决策,通过揭示数据之间蕴含的信息、知识和智慧,能够优化决策流程和决策体系,辅助决策者更好地预测危机事件发展趋势,从而较大程度提高城市应急决策者的风险全面感知、危机精准研判、决策实施和即时应变能力,提升城市危机事件的科学决策能力,增强应急管理的决策与响应。

扩展阅读6.2
"数据驱动型"应急决策典型案例

数据驱动型决策模式与传统决策模式有一定的区别。首先,与"经验驱动型"传统应急决策模式相比,"数据驱动型"的科学应急决策模式运用大数据技术,极大地增加了危机事件应急决策数据源的多元性和复杂性,信息传递不再是"自上而下"或"自下而上"的单一路径,而是多点散发的传播路径。整个城市危机应急决策过程也向多主体、多层级的动态性过程演化。① 其次,面对庞杂多样的数据,传统"经验驱动型"应急决策模式的科学性、及时性和有效性受到了巨大冲击;而大数据的"4V"特性 [volume（大量性）, variety（多样性）, velocity（高速性）, value（价值性）],以及由此孕育而生的各种大数据分析挖掘技术为相关决策信息的深度挖掘和定量分析提供了手段,为向及时高效的"数据驱动型"科学决策转型提供了重要的战略机遇。②

"数据驱动型"应急决策模式给传统城市应急管理决策带来了冲击。受制于传统的数据处理技术,城市应急决策者掌握的数据规模往往比较小,真实性、准确性和及时性都难以保证,且注重的大多是结构化数据的应用,对于非结构化数据的利用近乎空白,因此应急决策中不得不更多地依赖于决策者的经验与直觉。从认识到"大数据能产生价值",到实现了"从大数据中找到价值",再到"有效使用大数据产生的价值",需要时间和过程。如果大数据选择不当,或者发生方向性错误,数据也会发生碎片化、孤立化、片断化。又因为单一渠道、单一截面、单个流程的数据本身难以解决城市危机事件的本质问题,可能导致大数据分析挖掘得出的决策结果有可能偏离实际轨道。城市危机管理者要实现有效决策,首先要做好大数据的有效归集,实现不同渠道、不同类型数据集的有机集成。因此,如何掌握更多的数据,挖掘其背后隐藏的价值,从以"经验"为依据的直观决策范式转向用"数据"来说话的科学决策范式,是当前城市危机管理面临的挑战之一。③

6.3 应急决策的关键问题

6.3.1 应急决策的背景问题

背景因素是城市危机的应急决策者必须考量的问题。不同的背景决定了每个危机都有其自身的特点,因此掌握他们的背景特点对于做出正确的应急决策是至关重要的。

第一,人们对于城市危机的熟悉程度会影响决策者的危机应对方式。人们最不熟悉的危机,如"9·11"恐怖袭击,其特点是发生突然、破坏性巨大,政治领导者或危

---

① 钟开斌. 信息与应急决策：一个解释框架. [J]. 中国行政管理. 2013（8）：106-111.
② 杨旎,刘奕,张辉. 大数据背景下应急决策模式创新路径：基于应急决策系统的分析视角[J]. 行政与法,2015（12）：1-7.
③ 周芳检,何振. 大数据时代城市公共安全应急管理面临的挑战与应对[J]. 云南民族大学学报（哲学社会科学版）,2018,35（1）：117-123.

机管理者可能茫然不知所措。危机管理者试图削减危机的不确定性，分析危机的原因与结果。一般来说，这类危机对临机决断的要求较高，会偏离应急计划。但是，有些危机却是经常发生的，如火灾。人们可以从以前的处置过程中汲取经验，并能够按照计划进行响应。

第二，城市危机的复杂性与耦合性也是应急决策需要考虑的背景因素之一。首先，不同的危机的复杂程度不同。有的危机会产生多方面的不可预测的结果，而有的危机则产生了简单、可预测的线性结果。其中，复杂性的危机更难应对，因为它以不可预测的方式产生了新的威胁，有着错综复杂的因果关系。其次，有些危机具有耦合性，它们与系统内的其他子系统相互重叠、互动，渗透于不同的政策部门、地区、政治系统层次之间，使危机不断放大，整个情势混乱、复杂令响应者无从下手。相反，有些危机则没有渗透性，可以被局限于有限的几个部门之内。

综上所述，应急决策者必须了解危机的不同背景及其危机的不同特点，做到审时度势、对症下药。唯有如此，应急决策者才能做出有效的应急决策。

6.3.2　应急决策与预案的关系

关于危机响应与日常应急程序的关系，学者们有两个针锋相对的观点：一种观点认为，良好的危机响应只是良好的常规、日常紧急程序的延伸；另一种观点则认为，危机与常规、日常的紧急事件不同，两者的应对方法也未必完全相同。[①] 我们认为，应对城市危机制定相应的应急预案无疑会有助于危机管理者的决策应对，但是，我们也必须重视危机响应的特殊需求：一方面，我们要做好危机预案，为可能到来的危机做好准备；另一方面，我们要针对危机势态的特点，培养公共危机管理者的应急决策能力。这两者相辅相成，不容偏废。

第一，城市应急决策者通常需要考虑应急救援的时间紧迫性及资源约束性来选择合适的应急预案。城市危机事件一旦发生，通常会在短时间内造成人员伤亡和财产损失，因此，需要考虑应急救援的时间紧迫性，在尽可能短的时间内实施有效的应急预案，最大限度地降低危机事件造成的损失。此外，由于危机事件往往具有事发突然、影响范围较大、造成损失严重等特点，危机事件应急响应中需要调动大量的应急资源，应急预案的选择需要考虑资源约束等问题。

第二，在应急决策的过程中，需要考虑城市危机事件的发展演变及其在未来可能出现的多种情景，对原先的应急预案进行选择性执行。城市危机事件通常具有复杂的发生机理，其发展演变过程也具有高度的不确定性，这使危机事件可能出现多种不同

---

① HEIDE E. Disaster Response: Principles of Preparation & Coordination[J]. Public Productivity & Management Review, 1989, 15(3): 52.

的情况,并且随着危机事件情景的发展演变,应急预案选择的决策信息也将随时间发生动态变化。由于所采取的应急预案可能对城市事件的情景演变产生影响,对应急决策带来新的挑战。在危机事件发生初期所实施的应急预案,将对危机事件的进一步恶化和扩大产生干预与控制作用,进而对危机事件各情景的发展路径和出现概率产生影响。因此,应急管理者在做出决策时,需要考虑危机事件的情景演变特征及决策信息的动态特性,以保证应急预案的实施能够取得预期的效果。

第三,城市应急决策者在不确定环境下的行为因素会影响应急预案的选择与执行。在城市危机事件的应急响应中,由于危机事件发展演变的不确定性,危机事件的势态也较为多变,因此,危机事件应急与预案选择的决策问题通常是一类风险决策问题。在危机事件应急预案选择的风险决策过程中,应考虑危机事件可能造成的巨大损失,以及危机事件发展演变的复杂特性导致决策者将面临巨大的心理压力。决策者的风险规避、参照依赖、损失规避、概率判断扭曲、后悔规避等心理行为特征将对应急预案选择的决策结果产生重要影响。因此,在城市危机事件应急预案选择的决策过程中,需要考虑决策者的行为因素,使所执行的应急预案更容易被决策者接受。[①]

当危机发生时,我们可以激活危机预案,让应急响应者按照角色期待采取行动,也可以根据对情境背景的判断进行危机响应。在面对新威胁时,我们需要判断是按照常规程序处理,还是激活危机预案。人们对复杂模糊的信号进行准确的解读并判明其是否为危机并非轻而易举的事。因此,应急决策的专家必须善于在危机预案与临机决断之间"走钢丝"。决策者需要权衡情境评估与决策战略之间的关系。

6.3.3 科学决策的信息支撑

突发状况往往需要应对主体现场做出科学决策,但信息不对称导致决策的科学性得不到支撑。在危机状态下,主体所获得的信息往往不全面、不精确,不足以支撑危机公关决策。主体在应急管理时的信息不对称,直接导致决定来回变动、说法前后矛盾等一系列本能反应问题。在应对危机时,要尽可能掌握精确、全面的信息,同时打通与民众的信息沟通渠道。具体可以从以下两个方面完善应急管理的信息工作,以提高决策的科学性。

1. 风险数据集成

建立风险管控系统和应急资源信息化平台,连接整合专家、装备、知识等应急政府资源和社会资源。出现紧急状况和灾害时,应将所有信息进行汇总,为决策和处置提供较为全面的信息。各省(自治区)、市、县(区)等各级地方政府要及时提供警

[①] 樊治平,姜艳萍,刘洋,等. 突发事件应急方案选择的决策方法研究[M]. 北京:科学出版社. 2016:9-10.

报服务，将所有信息迅速反映给应急管理指挥中心，实现业务协同、信息共享，打造风险感知、应急调度一体化的城市安全风险信息管理平台，为应急决策提供信息支持。[①]

2. 信息公开与渠道畅通

城市危机决策能否顺利实施不仅仅靠危机管理单方面做出决策，也需要市民在危机事件中的配合，因此保证信息的公开透明、传播渠道的畅通尤为重要。政府应尽可能地确保传播渠道畅通，掌握舆论主导权，消除群众的恐慌心理。例如，日本核泄漏危机产生后，在信息公开上应做好四个方面：①公布环境监测数据。通过媒体、官方网站、手机短信等传播载体，主动向群众发布辐射水平监测的最新情况，告知群众境内辐射环境的监测情况和相关海域人工放射性元素的检测情况，以打消群众对核辐射的担忧。②公开物资存贮量信息，使群众了解物资储存状况。③开通宣传热线，对群众的咨询及时发出回应。④组织权威专家与记者信息沟通会，通过权威的声音告知群众科学准确的信息。[②]

6.3.4　应急指挥决策平台建设

当前城市危机管理的重点之一是打造应急决策指挥的全新作战平台。进一步提高城市应急智慧决策平台技术体系的数字化、智能化、一体化水平，增强对城市危机事件的响应能力。尤其要提高基于新一代信息技术的城市危机事件数据获取与快速分析能力，构建各层级应急平台对危机事件的快速响应能力，完善国家应急平台体系的决策与指挥水平。

1. 突出应急指挥功能

要切实利用应急平台虚拟仿真技术和信息集成优势，在真实的危机场景中组织应急救援行动预案演练，不断提高信息化条件下的应急救援指挥能力。要注重把应急平台信息优势转化为应急指挥决策优势，综合运用应急平台所提供的视频会议、异地会商、现场侦测、资源管理、辅助决策等功能，快速预警研判、科学组织实施、有效跟踪管理，实现指挥协调与信息管理、救援力量与救援行动的有机衔接，最大限度地减少人员伤亡和财产损失。

2. 加强应急决策人才队伍建设

要着眼于应急平台体系建设长远发展，加强对应急决策人才的培养，注重选拔政

---

① 胡敏，董谦，朱灿松. 安全发展示范城市创建的信息化解决方案及探索[J]. 工业安全与环保，2021，47（9）：76-78，103.

② 唐钧. 应急管理与危机公关：突发事件处置、媒体舆情应对和信任危机管理[M]. 中国人民大学出版社，2012：40-41.

治意识强、信息化知识丰富、专业基础扎实、组织协调能力较强、志愿从事应急管理的中青年干部。要注意为应急决策人才队伍搭建锻炼与成长的平台，进一步优化队伍结构、完善激励机制，全面提升人才队伍的专业素质。

3. 强化应急决策组织协调

各地区、各单位要把应急决策平台体系建设作为一项紧迫的任务摆上重要议事日程，成立领导机构，落实建设责任，抓紧研究解决重点难点问题，打破常规、创新方法、强力推进，确保按时圆满完成各项建设任务。要注意用试点工作推动建设，为全面铺开应急决策平台建设提供示范借鉴。要加强督导检查，做好应急决策平台的安全测评、系统验收、运行管理等工作。①

本章小结

城市危机的应急响应与决策是指政府相关部门在城市危机事件发生或即将发生时，及时有效地进行信息搜集与处理、明确问题与目标，选择最优的应急方案来响应城市危机事件的动态决策过程。城市危机管理的应急响应原则包括以人为本，科学决策；统一指挥，分级负责；依法规范，加强管理；快速反应，协同响应。城市应急响应的流程主要包括：接报研判、启动预案、救援处置等。城市应急决策的特征有时效性、协同性、复杂性等。本书中应急决策的模式主要分为"经验驱动型"传统应急决策模式和"数据驱动型"的科学应急决策模式。应急决策的关键问题主要有：应急决策的背景问题、应急决策与预案的关系、应急决策的信息支撑，以及应急指挥决策平台建设。

关键词

应急响应（emergency response）；应急决策（emergency decision-making）；应急决策模式（emergency decision-making mode）；数据驱动型应急决策（data-driven emergency decision-making）

思考题

1. 简述城市危机应急响应的原则与流程。
2. 试列举城市危机应急响应的分类及举措。
3. 城市危机应急决策的特征有哪些？

---

① 中国应急管理部. 国家安全监管总局关于进一步加强安全生产应急平台体系建设的意见[EB/OL].（2012-09-10）[2021-08-18]. https://www.mem.gov.cn/gk/gwgg/agwzlfl/gfxwj/2012/201209/t20120910_243011.shtml.

4. 城市危机应急决策需要关注哪些背景问题？

案例分析

"12·31"上海外滩踩踏事件

1. 案例背景

2011年起，黄浦区政府、上海市旅游局和上海广播电视台连续三年在外滩风景区举办新年倒计时活动。鉴于在安全等方面存在一定的不可控因素，黄浦区政府经与上海市旅游局、上海广播电视台协商后，于2014年11月13日向市政府请示，新年倒计时活动暂停在外滩风景区举行，将另择地点举行，活动现场观众将控制在3000人左右。[①] 2014年12月31日20时起，外滩风景区人员进多出少，大量市民游客涌向外滩观景平台，呈现人员逐步聚集态势。

据综合监测显示事发当晚外滩风景区的人员流量，20时至21时约12万人，21时至22时约16万人，22时至23时约24万人，23时至事件发生时约31万人。

2. 事件过程

2014年12月31日23时30分，警方从监控探头中发现陈毅广场上下江堤的一个通道上，发生人员滞留的情况，立即调集值班警力赶赴现场，民警遭超大规模拥挤人流的阻隔，采取了强行切入的方式，进入所用时间比正常时间多5~8min。

22时37分，外滩陈毅广场东南角北侧人行通道阶梯处的单向通行警戒带被冲破以后，现场执勤民警竭力维持秩序，仍有大量市民游客逆行涌上观景平台。

23时23分至33分，上下人流不断对冲后在阶梯中间形成僵持，继而形成"浪涌"。

23时35分，僵持人流向下的压力陡增，造成阶梯底部有人失衡跌倒，继而引发多人摔倒、叠压，致使拥挤踩踏事件发生。有处于高处的民众意识到了危险，挥舞手臂让其他人后退。楼梯上的人和赶到救援的警察开始呼喊让台阶上的人群后退，但声音太小并没有起到多大作用。于是更多的人被层层涌来的人浪压倒，情势开始失控。

---

① 人民网. 上海外滩拥挤踩踏事件调查报告全文[EB/OL].（2015-01-21）[2021-08-20]. http://politics.people.com.cn/n/2015/0121/c1001-26424342.html.

23点40分，眼见下面的人处于危险，站在墙头的几个年轻人就开始号召大家一起呼喊，"后退！后退！"楼梯上端的人群察觉到了下面的危险，人流涌动的趋势开始减慢并停止。10分钟后人群有了后退的趋势，然而压在下面的人已经渐渐体力不支，当人群终于散开时，楼梯上已经有几十人无力地瘫倒在那里，救援人员立即进行呼喊和心肺复苏。

2014年12月31日23点55分，所有倒地没有受伤的人们都站了起来。现场的哭喊与尖叫声和呼叫救护车的声音混成一团，赶来的医务人员和附近的热心市民对每一个倒地的人进行呼喊和心肺复苏，试图进行抢救。有一些人已经死亡。[①]

3. 应急响应，处置救援

2014年12月31日23时35分，拥挤踩踏事件发生后，在现场维持秩序的民警试图与市民游客一起将临近的摔倒人员拉出，但因跌倒人员仍被上方的人流挤压，多次尝试均未成功。此后，阶梯处多位市民游客在他人帮助下翻越扶手，阶梯上方人流在民警和热心的市民游客指挥下开始后退，上方人员密度逐步减小，民警和市民游客开始将被拥挤踩踏的人员移至平地进行抢救。许多市民游客自发用身体围成人墙，开辟出一条宽约3米的救护通道。现场市民游客中的医生、护士都自发加入了抢救工作，对有生命体征的受伤人员进行紧急抢救。

23时41分22秒起，上海市"120"医疗急救中心陆续接到急救电话。

23时49分起，先后有19辆救护车抵达陈毅广场，第一时间开展现场救治和伤员转运。上海市公安局及黄浦公安分局迅速开辟应急通道，调集警用、公交及其他社会车辆，将受伤市民游客就近送至瑞金医院、上海市第一人民医院、长征医院及黄浦区中心医院接受救治。同时，组织力量收集伤亡人员信息，及时联系伤亡人员所在单位和家属。

2015年1月1日凌晨，事发地点的秩序基本恢复正常。

对于此次事件，中央领导层面也给予了批示。中共中央总书记、国家主席、中央军委主席习近平就上海市外滩踩踏事件做出重要指示，要求上海市全力以赴救治伤员，做好各项善后工作，抓紧调查事件原因，深刻汲取教训。中共中央政治局常委、国务院总理李克强也就伤员救治和加强安全管理做出批示。[②]中共中央政治局委员、上海市委书记韩正，中共上海市委副书记、上海市市长杨雄要求全力做好伤员抢救和善后处置等工作。

[①] 新华网. 上海外滩踩踏事件调查：国际化大都市因何发生重大惨剧[EB/OL]. （2015-01-01）[2021-08-20]. http://www.xinhuanet.com//politics/2015-01/01/c_1113850706.htm.

[②] 新华网. 习近平对上海外滩踩踏事件作出重要指示 [EB/OL]. （2015-01-01）[2021-08-20]. http://www.xinhuanet.com/politics/2015-01/01/c_1113848158.htm.

思考题

在"12·31"上海外滩踩踏事件中,是哪些原因导致政府部门未能及时采取有效的应急响应措施?应从哪些方面进行改进?

案例分析参考答案

拓展阅读

[1] 蒋宗彩. 城市群公共危机管理应急决策理论与应对机制研究 [M]. 北京:经济管理出版社,2015.

[2] 任国友. 应急决策理论与方法 [M]. 北京:北京大学出版社,2020.

[3] 田硕,李春好,丁丽霞. 应急决策模式:基于 SROP 的分析框架 [J]. 中国行政管理,2017(11):135-140.

[4] 王宏伟. 美国国家应急响应体系的三个里程碑 [N]. 中国应急管理报,2019-06-13(7).

[5] 张志霞,朱姣宇. 非常规突发事件应急响应组织网络演化研究 [J]. 软科学,2021,35(2):129-136.

第 7 章
城市危机恢复与调查评估

学 习 目 标

通过本章的学习,理解城市危机恢复的概念和分类,掌握危机恢复计划的制订与实施,了解调查评估的原则与方法,掌握调查评估的运行机制。

在危机事态得到有效控制后,城市危机管理从响应阶段过渡到恢复阶段。危机的恢复与调查评估是城市危机管理的最后一环,政府及社会力量致力于将社会财产、基础设施、社会秩序和社会心理恢复到正常状态。

7.1 危机恢复的概念与原则

为了全面了解危机的恢复重建,我们首先必须明确"恢复"一词的含义,特别是要清晰地界定危机管理中恢复的概念。同时,恢复活动所遵循的原则也是城市危机管理者在恢复阶段处理好一系列关系的基础。

7.1.1 危机恢复的概念

一般意义上,恢复是失而复得或恢复原状:一是使变成原来的样子,二是重新得到(所有权或原职位),三是伤病或疲劳之后身体复原等。在英语中,与"恢复(recovery)"一词同义使用的还有"复旧(restoration)""复兴(rehabilitation)""重建(reconstruction)""复原(restitution)"。但是,这些词汇都不足以完整地表示城市危机管理中恢复的含义,"复旧"主要是指恢复到灾前的水平;"复兴"则突出改进的含义,而我们所使用的"恢复"一词既关注了法律责任与义务,也包含了社会道义的约束。危机恢复的几层含义有以下几方面。

从主体上看,危机恢复是在政府主导下加强多元主体的协调与协作,所包括的主体有各级政府、国际人道主义组织等,对资源进行整合,广泛借助社会和国际的力量,正如中国人说的"一方有难,八方支援",以在危机后推动恢复工作的深入开展。

从目的上看,危机的恢复不仅要重新构建被危机事件破坏的社会秩序和状态,推动政府和社会正常运转,还需要通过灾后评估、危机学习等行动降低受害地区的脆弱性,提高应对危机事件的整体韧性,以防范类似的事件再次发生,从而达到有效保护人们生命财产安全的目的。危机的恢复强调减少危机事件对社会整体的破坏与损害,保障人民的正常生产生活和社会的平稳运行。

因此,城市的危机恢复不仅仅意味着单纯恢复到危机事件前的状态,也是未来一段时间内经济与社会发展重新规划的机遇。换句话说,恢复重建要尽量减轻灾害的影响,使社会、生产、生活复原,并以此为契机推动社会的进一步发展。

7.1.2 危机恢复的原则

危机管理活动的效果往往受到主观与客观等多重因素的影响,危机的客观存在是社会秩序出现混乱的既定背景,但人类主观对抗危机的方式则会对危机管理过程产生一定的影响,所以在城市危机恢复过程中必须坚持以下原则。

1. 分类推进

分类推进是指对于城市内部基本的恢复项目要长远考虑,分类管理,循序渐进。对于城市内基本的保障,必须迅速予以恢复。城市危机善后与恢复工作需要各级政府的政策支持和保障,与恢复重建过程相对应的相关政策也应体现出"急缓相宜"的特点。"急"主要体现在灾后恢复重建工作对政策需求的紧迫性。对于部分灾区群众正面临的生存困难问题,需要打破常规,特事特办,尽快出台相关政策。"缓"主要体现在由于灾区情况多样复杂,有必要稍缓出台政策,以待基础信息汇集更完备,避免过于急迫出台的恢复重建政策与基层实际情况脱节,造成基层执行困难或者违背灾区群众的实际需求。

2. 效益追求

时效性和成本效益的结合是城市危机恢复工作的最高追求,也是城市管理和服务职能的内在要求。传统的城市危机恢复往往会忽视成本效益的问题,在重大危机恢复中容易造成严重的赤字和公共资源的浪费。时效性与成本效益相结合的原则是在坚持以人为本的基础上,充分考虑恢复工作的特点,加快施救的效率,并且科学规划、对公共资源进行有效利用,加强恢复绩效评估等,最终促进社会的早日恢复和可持续发展。

3. 多元互助

政府救助、社会救助和公民自助相结合是城市危机恢复的客观需要。在城市危机恢复中,也常常遇到由于受损程度、时间、人力、后勤保障等条件的限制,在短时间内出现恢复困难甚至难以恢复的情况,这都需要在发挥公民自助的基础上,结合当地的社会、经济、环境等实际情况,鼓励民间积极参与配合,以促进恢复工作的开展。[①]

7.2 危机恢复的分类与计划

7.2.1 危机恢复的分类

1. 分类一:短期恢复与长期恢复

短期恢复在危机发生后短时间内以较快速度展开,常常与响应危机事件重合,时

---

① 游志斌. 公共安全危机的恢复管理研究[J]. 中国公共安全(学术版),2008(1):79-84.

间持续数周。它提供基本公共卫生及安全服务，恢复受损的设施及其他基本服务，重新开通交通线路，为流离失所的灾民提供食物和庇护场所等。短期恢复的主要工作如表 7-1 所示。

表7-1　短期恢复的主要工作

恢复项目	具体做法
灾害影响区安全	在确保居民安全的情况下，允许人们返回受灾害影响的区域
临时避难所/住房	为受灾害影响的社会公众提供最基本的生活条件
关键基础设施恢复	对管道、电线、街道、桥梁、路标、路灯进行检查与维修，修复医院、警察局、消防站等关键设施，污水处理厂，公交运输候车亭，公共工程装备停车场，政府办公室的运转，帮助电站、电视和广播台设施、电话交换设施重新正常运作
废墟管理	废墟管理应指定临时场所，分类处理回收物与不可回收物，并将不可回收物转运到永久性处理场所
应急拆除	对严重损害、可能倒塌的建筑进行评估，决定是否对其进行加固、重建或拆除
维修许可	恢复计划应该对其他地区参与重建的建筑承包商进行监督并登记
捐赠管理	对捐赠品接收、分类，做好运送、分发的准备
灾害援助	最大限度地解决灾民办事缓慢的问题，招募和培训足够的工作人员

资料来源：Michael K.Lindel，Carla Prater and Ronald W.Perry，Introduction to Emergency Management，John Wiley &Sons，Inc.，2007，pp.371—374.

长期恢复的时间可能会持续数月或数年，主要是为了使生活全面恢复到灾前状态或更高水平。长期恢复的项目往往是道路、桥梁、商店、住宅等设施，这就要求长期恢复要提高建筑标准、改变土地用途、改善交通设施。例如，美国"9·11"恐怖袭击后，纽约世贸大厦周围现场的清理恢复用了将近 9 个月时间，期间共清除废墟垃圾 164 万多吨。长期恢复的主要工作如表 7-2 所示。

表7-2　长期恢复的主要工作

恢复项目	具体做法
危险源控制与区域保护	在受灾害影响地区，改变土地利用和建筑规范，降低社会脆弱性
公共卫生/精神健康恢复	确保生理、心理健康不受危机影响
经济发展	制订灾区经济复兴计划，促进灾区的经济增长
基础设施的弹性	减少基础设施的脆弱性，增强基础设施的抗灾能力
历史遗迹保护	保护历史性建筑
环境修复	消除危机给环境造成的影响
灾害纪念	纪念遇难者，安抚社会公众，培养社会认同感

资料来源：Michael K.Lindel，Carla Prater and Ronald W.Perry，Introduction to Emergency Management[M]，John Wiley 8Sons，Inc.，2007，pp.375—378.

2. 分类二：危机恢复的四个方面

从总体上看，危机的影响主要可分为四类：社会影响、环境影响、经济影响和心理影响。由于恢复重建的使命主要在于消除危机的影响，所以城市危机恢复也包含社会、环境、经济和心理四个方面。

（1）社会影响与恢复。对于城市危机社会影响的恢复需要对社会机制进行调整，主要是对社会秩序的恢复和重建。近年来，由于社会原因造成的冲突，会导致社会和经济的紊乱，使得社会结构与功能出现不同程度的失调，甚至导致社会秩序混乱。这种紧张、失序的状态可能在危机爆发后延续一定时间。因此恢复社会秩序的正常化是一切危机恢复工作的前提和基础。

（2）环境影响与恢复。危机爆发后，可能会对社会重要基础造成破坏，使日常的生产、生活受到影响。为了确保民众灾后正常工作和生活，对于受到破坏的道路、通信等基础设施，我们要进行恢复建设。例如，汶川地震后危机恢复工作首先是确保受灾民众的正常生活及加强卫生防疫工作；其次重建因灾倒塌的房屋和校舍；最后尽快恢复各项生产，确保受灾群体恢复正常的工作生活。环境影响可分为两类：人工环境影响和自然环境影响，恢复重建既要对人工环境进行恢复，也要对自然环境进行恢复。

（3）经济影响与恢复。城市危机的发生会对经济发展产生影响，需要在危机发生后及时采取措施来减少对经济的直接影响和间接影响。例如，"9·11"事件使美国作为世界投资"安全岛"的形象大打折扣。在国内公民消费信心指数下降的情况下，如果国外投资者纷纷撤资，那么美国经济将发生"雪崩"。同时，由于恐怖袭击，美国的民航、保险、旅游、餐饮等行业受到了致命的打击。再如，严重的旱灾可能会导致采石场、矿山或其他工业用水的紧张，生产停顿，进而引发灾区经济下滑，就业岗位缩减。

（4）心理影响与恢复。危机往往会给社会公众造成负面的心理影响，甚至造成严重的心理创伤。对此，有关部门在恢复重建的过程中，要为公众提供心理咨询服务，开展心理危机干预，进行心理辅导。如果缺少必要的心理干预，一些受危机影响的公众就会患上"后危机综合征"，在生理、认知、情感等方面出现问题，产生人际交往困难，产生与他人的冲突，甚至出现反社会的非理性行为。美国心理学家海德认为，"后危机综合征"的患病率与公共危机的规模及严重性成正比，因自然灾害、工业事故、恶劣天气、交通事故、造成多人死伤的枪击案、飞机失事、爆炸所造成的"后危机综合征"患病率分别为4%~5%、6%、7%、14%、28%、29%和34%。[①] 可见，在重大公共危机事件的恢复期，有必要对相关公众强化心理干预。这是城市危机管理"以人为本"原则在危机善后恢复阶段的具体体现，带有鲜明的人文关怀色彩。当然，心理干预的对象不仅包括灾民，也包括志愿者及应急救援人员。

---

① 史安斌. 危机传播与新闻发布[M]. 广州：南方日报出版社，2004：23.

7.2.2 危机恢复计划的制订

1. 恢复计划的概念

危机恢复计划是政府用于指导城市危机恢复的一系列方案和措施。政府在对损失情况、重建能力及可利用资源进行评估后,根据损失评估报告、受影响地区的实际情况与需要,应该尽快制订并实施恢复重建计划。受危机事件影响地区的政府应当及时组织和协调公安、交通、铁路、民航、邮电、建设等有关部门恢复社会秩序,尽快修复被损坏的交通、通信、供水、排水、供电、供气、供热等公共设施。在制订恢复重建计划时,要综合考虑受危机事件影响地区的经济、社会、地理、文化等方面的特点和实际情况。

2. 恢复计划制订的目的

城市危机的发生会对社会的正常运行造成干扰,影响社会有序运转,城市危机恢复的目的首先是要尽力减轻危机带来的损害和损失,将社会的各种活动恢复到危机发生之前的状态。概括来说主要目的包含两个方面:一是要促进人的恢复和公共秩序的恢复,这是城市危机恢复中的首要目标和基础,是衡量整个危机恢复工作成败的关键;二是把握危机恢复中蕴含的机会,彻底调查造成城市危机的原因,对相关责任人进行追责,吸取经验教训,消除致灾因子,排查危机隐患,增强抵御危机的能力。

3. 恢复计划的常规项目和具体内容

(1)危机恢复重建计划的常规项目。相关部门应结合具体危机类型、受损情况、有关公共设施所属机构的权责及公众愿望等因素制订恢复重建计划,要注意进行科学论证,增加其可行性和可操作性。①确定危机恢复目标,详细说明危机恢复所要达到的目标,以及确立危机恢复目标的原因,目标实现的可行性分析等。②分析危机恢复所面临的情势,既包括恢复中的有利条件,也包括不利条件。③确立危机恢复的指导思想和恢复思路。恢复思路常包括恢复的方式方法、阶段划分、步骤、进度等。④明确恢复的重点任务和政策措施。⑤制定实现恢复的保障措施。保障措施是为了便于恢复工作的开展,制定的相应措施常包括组织领导、信息安全、通信保障、资金、人力资源等内容。除此之外的其他内容包括恢复中的相关责任人的联络方式、计划的执行单位、阅读对象、监督等。[①]

(2)危机恢复重建计划的具体内容。主要用于指导危机恢复具体工作的开展,规定如何对各个危机恢复对象采取行动。应包括的内容有:①危机恢复对象总论。指明危机恢复对象有哪些及选择理由,危机恢复对象的重要性排序及排序的理由。②各危机恢复对象所配置的物质资源。每种危机恢复对象可以得到哪些资源,这些资源如何

---

① 游志斌. 公共安全危机的恢复管理研究[J]. 中国公共安全(学术版),2008(1):79-84.

储备、如何提供给危机管理人员，这些资源供应的时间表等。③各危机恢复对象的人员配置。每种危机恢复对象由哪些人负责，这些人中谁是主要负责人，负责人有什么样的权力和责任等。④补偿与激励。这是对参与危机恢复人员的补偿和激励，规定危机恢复人员因额外付出和努力可以得到什么样的补偿、进行怎样的激励等。⑤危机恢复重建的预算。各种危机恢复对象有什么样的预算约束，对整个危机恢复的预算，危机恢复分阶段的预算。⑥危机恢复个人与团队之间的协调和沟通政策。

7.2.3　危机恢复计划的实施

城市危机恢复的实施，是将城市危机恢复计划付诸行动的过程。任何计划和管理都要付诸实践才有可能实现目标。危机恢复实施过程因其计划重点、实施人员及政治环境等因素的不同而表现出不同的形式。由于国家体制的不同，危机恢复实施流程的侧重点也有所不同。

结合恢复重建的特点和主要内容等，美国建立了比较完善的工作流程，重点强调恢复重建的方案编制、评估、实施和总结四个过程，并对每个过程中的承担主体、参与人员、工作内容、工作程序等均做出了明确而细致的规定。① 在危机恢复和重建的过程中，美国联邦政府会提供大量的资金来保护公民的财产权。这些资金受到美国国会、审计署的严格监督，用于灾民的生活保障、基础设施、公共服务设施的恢复重建。

与美国灾后恢复重建流程不同，日本的灾后恢复重建采取重建（building）、恢复（back）、复兴（better）的"BBB"政策，要求灾后建造的房子要比过去更好，生活质量要比灾前高。② 日本在灾后重建的过程中非常注意总结抢险救灾过程中的经验和教训，这一点值得我国在恢复重建工作中学习和借鉴。按照我国《突发事件应对法》的相关规定，突发事件"事后恢复与重建"的内容与措施主要包括五个方面：停止应急处置措施；进行损失评估；制订恢复重建计划，支援恢复重建工作，恢复正常社会秩序和公共设施，制定优惠政策；开展救助、补偿、抚慰、抚恤、安置、心理干预等工作；进行事后调查与总结报告等。③

城市危机恢复计划的实施也应当按照我国《突发事件应对法》的要求，从多方面开展。城市危机恢复主要包括环境恢复、经济恢复和心理恢复。这些工作直接影响到大城市危机恢复工作的效果，因此需要重点关注。

（1）环境恢复。从人工环境的角度看，恢复重建要完成的任务包括：修复或重建居民住房，尽快使灾民安居乐业；修复或重建商业设施或工业生产设施，确保商业和

---

① 钟开斌.中外政府应急管理比较[M].北京：国家行政学院出版社，2012：295-333.
② 同上.
③ 中国政府网.中华人民共和国突发事件应对法[EB/OL].（2007-08-30）[2021-07-10]. http://www.gov.cn/flfg/2007-08/30/content_732593.htm.

工业生产运转的持续性，保持受灾地区的经济活力和发展的连续性；恢复或重建基础设施，保证生产的顺利进行；恢复或重建关键性的公共设施，特别是从功能及象征意义两个角度上特别重要的设施，如灾区的地标性建筑；恢复或重建"生命线"设施，使水、电、气、热、通信、交通等基础设施及服务支撑系统的问题优先得以解决。从自然环境的角度看，危机的影响主要包括：①生物多样性和生态系统受到严重的影响。灾难或灾害可能会使一些珍稀动物失去栖息地和赖以维持生命的食物，污染事件可能会损坏地方的生态系统，令某些物种濒临灭绝。②废物的处理及污染的管理，这是一个必须面对的挑战。特别是在恢复重建的初期，危机及其应对活动所产生的废物和污染问题必须妥善加以解决，严防大灾引发重大疫情。例如，在强烈地震等危机中，物体破坏严重，清理废墟垃圾的工作繁重。而且，废物处理设施和场所也有可能因灾受损。这时，垃圾堆放的场所及处理的方法必须经过环境保护部门的许可，避免留下新的隐患。

（2）经济恢复。危机的经济影响可以从个人、企业、政府三个层面加以审视。①个人在恢复重建中需要得到支持和帮助以维持生计，如确保就业安全等。同时，公众也可以通过购买行为，拉动地区消费来为灾区地方经济的增长做出贡献。②在恢复重建中，有关部门要帮助企业尽快恢复或重建生产设施，最大限度地保护企业的财产，也要为企业提供有关决策与规划的信息，还可以通过刺激消费的方式帮扶企业。③政府在恢复重建过程中要发挥宏观经济的调控作用，对灾区企业实施税收减免政策，为个体经营者提供小额贷款；同时，中央政府还可以为灾区企业积极拓展海外市场创造条件。

（3）心理恢复。由于危机事件会对受害者及其家属，以及救援者的心理造成极大的影响，引起焦虑、恐惧、抑郁、过度警觉等不良反应，危机管理部门应动员全社会的精神卫生资源，尤其是发挥心理咨询师、公益慈善组织的作用，对危机事件中心理受到较大冲击的受害者及其家属、救援者进行必要的心理干预。具体可以采取的措施包括：①给予心理受损者物质上和精神上的关爱，利用亲缘、事缘、地缘等关心进行疏导，以减轻心理压力和心理伤害；②成立心理救援队伍，利用专业人士的技能对心理受损者进行干预和治疗；③加强公共安全教育，持续提升公众的心理健康水平和遭遇重大突发事件的心理承受力。

扩展阅读7.1

大灾之后：六个国家的灾后重建经验

7.3　调查评估的方法与流程

危机调查评估是对危机的预防、监测预警、应对处置、事后恢复与重建等各项工作的总结，其目的是对危机发生的原因和过程进行调查，对危机管理的经验与教训进行总结，从整体上增强危机管理的效能。

7.3.1 调查评估的原则与方法

1. 调查评估的原则

（1）客观性原则。调查评估是一项严肃的工作，必须具备客观性，即通过调查获得的数据和通过评估得出的结论必须与事实相符合，从而使危机的起因、性质、影响等因素在调查评估的过程中得以真实再现，而不能有任何的篡改和歪曲。不符合客观性原则要求的调查评估不具有说服力和公信力。[①]

（2）规范性原则。规范性是指调查评估的程序指标、标准、内容、结果等应形成相对稳定的模式，且不能随意更改。其意义主要在于三个方面：①可以减少调查评估的成本；②可以保证调查评估的质量，避免出现避重就轻的现象；③可以增强横向和纵向的可比性，对共同的规范可以使不同区域、层级的政府对调查评估的结果进行比较。

（3）公众参与原则。在调查评估过程中，要采取多种措施，尽可能地吸纳社会公众作为调查评估的主体。其原因有三：①城市危机事件本身涉及广大社会公众的切身利益，他们有权利参与调查评估，了解事实真相；②社会公众的参与可为调查评估提供详实的资料；③社会公众的满意度本身就是调查评估的重要内容之一。

（4）目标导向原则。调查评估的目标是提高城市危机管理的效能，在危机管理调查评估过程中，要对责任进行调查与追责，从而达到提高城市危机管理效能的目标。

2. 调查评估的方法

调查评估的方法主要有定性法和定量法两大类。定性法与定量法是相互统一、相互补充的。因此，在应急调查评估的实际工作中，人们很少单独地使用定性法或定量法，而是将二者相结合。

（1）定性调查评估法。调查评估主体根据自己的直觉、经验，根据危机的影响及危机管理的信息资料，对分析对象的性质、特点、发展变化规律做出判断的一种方法。常用的方法主要包括：5W1H法、民意测验法、关键事件法等。

5W1H法。在调查评估的过程中，要求人们回答以下五个有关危机的基本问题："Why"（为什么）——危机发生的原因是什么？"What"（什么）——危机产生的影响是什么？"Who"（谁）——危机主要影响到哪些人群？"Where"（在哪里）——危机影响到哪些区域？"When"（什么时候）——危机影响会持续多长时间？"How"（怎样）——危机影响的程度有多大？

民意测验法。通过抽取样本，对公众舆论趋向进行社会调查。在城市危机管理调查评估中，民意测验可以表明公众对城市危机的反应、公众对危机管理的态度和观点。其特点是所提的问题少，内容集中，速度快，能直接获取大众化的民意反应。在运用

---

① 王宏伟. 公共危机管理[M]. 北京：中国人民大学出版社，2019（3）：181.

民测验方法时,要注意抽样调查所选取样本的代表性,要尽可能地为公众创造输出信息的平台,可采用访谈、座谈、问卷等形式,保证信息反馈的真实性。

关键事件法。通过分析、评价某人在工作中极成功或极失败的事件来考察其工作绩效。在城市危机管理中,我们可以找出城市危机管理工作流程中的关键事项,然后考察城市危机管理主体在这些关键事件中的表现,再经过综合分析,即可得出评估结论。从宏观角度看,城市危机管理流程中的关键事件主要有监测预警、信息报送、决策处置、信息发布、社会动员、恢复重建等。当然,在运用关键事件法时,我们还需要结合具体事件来选取关键事件。

(2)定量调查评估法。对城市危机管理过程中的一系列情况进行收集、整理,实行量化核算,依据统计数据,建立数学模型,计算出分析对象的各项指标及其数值,寻求危机管理工作中的成功经验和失败教训。具体而言,它主要包括4E评估法、层次分析法等。[①]

4E评估法。"4E",即指经济(economy)、效率(efficiency)、效果(effectiveness)和公平(equity)。4E评估法就是从这四个维度来设计指标体系,再根据这些指标来进行评估。其中,经济是以最低的应急成本维持既定的应急服务水平;效率是指应急投入与应急产出的比例;效果是指城市危机管理实现目标的程度;公平是指政府危机管理部门为行政相对人应该提供相同质量的应急服务。总体来说,经济、效率、效果和公平等指标仍然十分抽象。在实际操作过程中,我们需要制定更为详细的指标。

层次分析法(analytical hierarchy process)。将与决策相关的元素分解成目标、准则、方案等层次,在此基础之上进行定性和定量分析。它要求将城市危机管理的绩效评估对象分为若干个元素,确定各元素相对指标的影响权重。我们可以通过建立案例库,对多个同类事件的典型案例进行赋值检验,平均后得出合理的权重指数。这样,我们就能尽量避免权重设置的主观随意性,提高指标权重的精确度和科学性,进而提高评估的效度和信度。

7.3.2 调查评估的运行机制

城市危机管理评估与反思的价值追求是客观、公正和全面,这需要具备两个前提条件:①在技术上,要遵循科学原则,运用科学技术,还原灾害发生过程,找到风险演化过程中各要素的因果逻辑关系。②在主体上,要保证调查者与事故责任者之间没有利益共容性,不会受到责任者的干扰和影响,出现"避重就轻"的判断和结论。因此就必须通过机制建设确保危机事件调查的专业性和独立性,通过运行机制推动全社会的共同反思和改进,不断优化城市安全管理体系,提升城市安全水平。

---

① 王宏伟.公共危机管理[M].北京:中国人民大学出版社,2019(3):182-183.

1. 独立调查机制

调查主体的独立性，变自我评估为第三方评估，是保证独立视角和公正立场的前提和基础，也是保证参与调查的机构和人员都独立于被调查对象、确保调查过程不受被调查对象等各种干扰的基本做法。事实上，重大灾害事故的独立调查已经成为世界通行做法。[①] 各国在重特大事故灾害发生后，一般都会成立相对政府部门独立的第三方调查机构和组织，开展对事故原因的彻底调查，彻底还原事件真相，并提出改进措施和建议。一旦发生重特大事故，特大城市可启动特别调查程序，由人民代表大会成立特别调查小组，邀请有关人大代表、专家学者、政协委员、媒体代表等共同参与事故调查，并邀请事件当事人及其他社会各界人士有序参与或旁听调查、质询过程，一方面使公众能真正观察和体验调查过程的公平、公正、公开；另一方面也通过这一过程形成全社会的风险学习氛围，客观、理性地正视公共安全领域存在的各种问题，提高全社会的公共安全意识。人大启动的特别调查机制形成的报告具有权威性和约束性，成为追究相关责任和进行后期改进的基本依据。

2. 资源保障机制

调查评估需要专业、技能、知识等各方面的超强综合实力，主要涉及技术、管理、文化、设备、组织等各个方面。这就要求调查机构除了具有独立于利益相关方的权威性外，还必须具有足够的专业性，能够多学科、多领域地整合专家学者，形成强有力的合作团队共同应对危机，在资源、技术、时间上给予调查足够的支持。同时，调查过程可能需要大量的辅助力量，以及各种高精尖的设备、装备、设施，越是巨大而复杂的灾害，所需要的调查资源和资金就越多，如果缺乏这些支持，调查评估工作就很难顺利进行。1998年德国城际特快列车（ICE）发生脱轨事故，造成101人死亡，88人重伤。事故现场救援和搜寻工作整整持续了3天，而技术调查和法律审判则持续了5年。除了德国联邦铁路局成立独立调查组进行技术调查，检察院也对相关工程师展开公诉。检察院收集事故资料、技术报告等文件证据，到2000年，事故的文档已超过600个文件夹。因此，对于重特大事故的资源保障，还要克服急躁心理，秉持严肃、客观的态度，给予充分的时间和耐心用于事故调查和评估。

3. 反馈落实机制

城市一旦启动重特大事故特别调查机制，不仅要彻底查明原因，还原真相，还要就安全管理、规章条例、应急机制、人员培训等方面存在的问题提出解决、调整意见和建议，要求相关部门逐条落实、整改，向全社会公布，形成强烈关注和变革压力。通过调查评估找原因改善城市危机管理水平。例如，2005年美国参议院卡特里娜飓风

[①] 薛澜、沈华、王郅强. "723重大事故"的警示——中国安全事故调查机制的完善与改进[J]. 国家行政学院学报，2012（2）.

灾害 700 多页的特别调查报告，全面分析了美国应急体系面对卡特里娜飓风所存在的缺陷，提出在国土安全部内组建能准备和应对所有自然灾害和巨灾的新型综合应急机构等 7 项对整个美国应急体系战略调整的建议，以及包括加强应急协调、提高应急技术支持、提高应急准备等其他三方面 81 项具体建议。① 通过建立调查评估的反馈落实机制，才能更好地将危机恢复到常态化状态。在城市危机管理过程中，政府危机决策实施后，社会对这些管理活动产生的评价、意见或建议，反过来作用于城市危机管理活动，政府根据这些反馈信息再做出更好的决策，如此循环，以至城市危机得到妥善处理。②

扩展阅读7.2

汶川地震灾害评估及灾区重建分析报告

7.3.3 调查评估报告撰写

1. 调查评估报告的内容要素和写作要点

调查评估报告是反映评估行为和评估结果的书面材料。调查评估报告由标题、正文和落款几个部分组成。

（1）标题。评估报告的标题有两大类、四种写法。

一是公文式标题。有三种写法：①由被评估单位名称（或项目名称）、时限、事由和文种组成；②由被评估单位、事由和文种组成；③由事由和文种组成。

二是文章式标题。一般由正、副题两部分组成，正题揭示中心内容或做出评价，副题说明评估对象和文种。

（2）正文。调查评估报告的正文通常由导语（或称前言）、主体、落款几部分组成。

一是导语。调查评估报告的导语，主要写评估的目的，评估人员组成，评估的时间、方法、步骤及评估标准和评估结果。项目评估报告的导语，一般介绍项目的概况。末尾常用"现将评估情况报告如下"引起下文。导语要写得概括、简练。

二是主体。这是调查评估报告的核心部分，一般包括以下内容：被评估对象的基本情况；分项评估分析意见；总评估结论。这部分要用大量事例、数字具体反映事件真实情况，要写得有理有据、充实具体。

三是落款。写明调查评估组织名称或评估人员姓名，注明调查评估报告的完成时间，如有附件亦应注明。③

2. 评估报告写作的注意事项及要求

（1）撰稿者撰写调查评估报告，不仅要写评估结果，还应写评估的过程。因此，

---

① 张欢.应急管理评估[M].北京：中国劳动社会保障出版社，2010：281-282.
② 容志.王晓楠.城市应急管理：流程、机制和方法[M].上海：复旦大学出版社，2019：118-119.
③ 刘会芹，黄高才.评估报告的内容要素与写作要点[J].秘书之友，2011（3）：15-16.

只有撰稿者亲自参加评估，掌握第一手材料，才能写出好的评估报告。

（2）撰稿者应熟悉评估目标、标准和办法。调查评估目标是撰写调查评估报告的依据，调查评估标准是衡量被评估对象的标尺，调查评估办法是实施评估的手段，只有目标明确，标准适度，办法科学，并为撰稿者熟练掌握，写作起来才有的放矢。

（3）估量方法科学，评价客观、公正。评估报告必须真实地反映被评估对象的实际情况，这就要求估量方法科学，分析透彻，做出的结论才能客观、准确。

（4）评估报告以图表和文字相结合的方式呈现。评估报告的表达方式除文字，还可以包括图表等多样化的表现形式，较为合理的方式为图表和文字相结合，能够更加明晰地表达调查评估的情况，同时能够使得报告阅读者尽快获取有效信息，呈现效果比纯文字内容更加生动。

（5）评估报告的语言风格方面，应当采取平实的书面语作为固化的风格，方能符合严肃、客观的文体结构。①

本章小结

城市危机恢复重建是在危机事态被有效控制后，政府及社会力量将社会财产、基础设施、社会秩序和社会心理恢复到正常状态的过程。按照我国《突发事件应对法》的要求，恢复重建主要包括环境恢复、经济恢复、心理恢复。恢复重建工作的流程是成立恢复重建工作小组、确定恢复重建目标、恢复重建计划制订与实施。

危机调查评估是对危机的预防、监测预警、应对处置、事后恢复与重建等各项工作的总结，其目的是对危机发生的原因和过程进行调查，对危机管理的经验与教训进行总结，从整体上增强危机管理的效能。调查评估的原则包括客观性原则、规范性原则、公众参与原则、目标导向原则。调查评估的方法主要有定性法和定量法两大类。调查评估的运行机制主要包括独立调查机制、资源保障机制、反馈落实机制。

关键词

恢复与重建（recovery and reconstruction）；调查与评估（survey and assessment）

思考题

1. 危机恢复的内涵是什么？
2. 恢复重建应遵循哪些原则？
3. 危机恢复包含哪些具体内容？

---

① 刘会芹，黄高才. 评估报告的内容要素与写作要点[J]. 秘书之友，2011（3）：15-16.

4. 调查评估的运行机制有哪些？

思考题参考答案

即测即练题

案例讨论

汶川特大地震灾区的恢复重建发展

2008 年 5 月 12 日，四川省汶川县发生了 8.0 级特大地震，地震波及大半个中国及亚洲多个国家和地区，是 1949 年以来，唐山大地震之后破坏力最强、伤亡最严重的一次地震，创下了世界地震灾害的多项历史纪录，给灾区人民带来了巨大的生命和财产损失。地震发生后，党中央、国务院果断决策，制定了"以人为本、民生为先、科学重建"的基本原则和"三年基本恢复、五年发展振兴、十年全面小康"的重建目标，2008 年 6 月 8 日国务院印发《汶川特大地震灾后恢复重建总体规划》，这是汶川地震灾后重建正式启动的标志。从四川到甘肃、陕西的广大地震灾区陆续从震后排险救援阶段转入恢复重建阶段。

视频7.1

汶川地震灾后恢复重建情况

地震摧毁了灾区群众的家园，灾后恢复重建的首要任务就是尽早让灾区群众住进永久性住房，重新拥有一个温暖的家。四川省委、省政府在城乡住房重建、规范建设标准、基础设施建设、促进群众就业、落实银行贷款等方面采取了一系列政策措施，帮助灾区群众重建家园。在重建规划上，坚持高标准、高起点、高水平，覆盖了城乡区域、公共服务、产业生态等方方面面，既克服了盲目性和随意性，又充分厘清恢复与提升的关系，避免恢复重建成为复制原样。经过艰苦卓绝的努力，灾区的交通、通信、能源等基础设施功能全面恢复，一大批关系长远发展的重大项目相继建成，防灾减灾能力不断增强，生态逐步修复，公共资源与公共服务逐步实现全域覆盖、城乡均等，灾区产业重建与优化经济布局、转变发展方式紧密结合，工业经济优化升级，一批新兴产业集群兴起；农业生产设施和农业服务体系全面恢复，一批特色农产品生产基地建成，龙头企业带动作用初步显现；旅游业加快发展，集吃、住、行、游、购、娱为一体的旅游新业态初步形成，重建后的北川新县城已具"现代化的羌族文化城"雏形，汶川映秀镇成为自然风光秀丽、民族风情浓郁的旅游小镇。

灾后重建发展不仅要满足群众基本的生存条件和物质需求，让群众安居乐业，更要关注精神家园建设，抚平群众的心灵创伤，保护优秀传统文化，传承优良民风民俗。

如何抚慰灾区群众遭受重创的内心世界是灾后恢复重建中的持久"隐性工程"。震后第一时间，一大批心理医生到灾区开展心理治疗和服务，众多民间组织和社会工作者在教育、卫生、司法、就业服务、社会救助、社区建设等方面帮助灾区重建精神家园。许多在地震中失去亲人的家庭逐步融化了过去的悲伤，失去孩子的父母又重新燃起了新的希望。抢修维护羌寨碉楼，大力保护民族传统工艺，传承弘扬乡风民俗，建设文化馆、影剧院、图书馆、体育馆等公共文化设施，近千种农技书籍通过农家书屋广为传阅。家风、校风、民风、政风"文明四风"建设持续开展，各类群众性精神文明创建活动和技能培训蓬勃兴起，社会公德、职业道德、家庭美德、个人品德教育扎实推进。

经过前三年的艰苦奋战和科学重建，灾区经济加快发展，人民生活持续改善，城乡面貌发生巨大变化，基本实现"家家有房住、户户有就业、人人有保障、设施有提高、经济有发展、生态有改善"，为灾区经济社会全面发展振兴打下了坚实基础。十年来，灾区干部群众风雨兼程、不懈探索，寻求适合自身的特色发展之路。汶川提出"南林北果+绿色工业+全域旅游（康养）"的总体发展思路，以康养汶川转型发展为核心，着力构建充满活力的县城经济发展新格局；北川提出"品牌先导，绿鱼崛起，双创驱动，开放料合"的发展战略，着力打造文创发展引领区、精品农业示范区、通航经济创新区、应急产业先行区，加速建设"大美羌城、生态强县、小康北川"……灾区正朝着与全国同步实现全面小康的目标大步迈进。

灾后重建，不仅是在一片废墟上进行基础设施和公共服务设施等"硬件"建设，更重要的是当地社会的系统重建，需要持续投入大量人力、物力、财力和科技文化等诸多支撑。无论政府还是社会都难以独担此任，需要政府、市场、社会组织形成合力，有效解决项目推进难、资金筹措难、产业发展难、扩大就业难等问题。

在重建发展过程中，灾区坚持政府主导、社会参与，探索建立起政府、企业、社会组织和个人多方联动参与的协作共建机制。通过引入社会资本破解资金难题，源源不断为灾区发展注入新动力；社会组织与地方政府良性互动，及时了解灾区发展意愿与发展需求，积极发挥宣传动员、组织协调、慈善捐赠、专业特色、资源整合、凝心聚力等作用，有效解决灾区内部需求与外部资源的合理配置，降低重建成本，提高重建效率，确保灾区恢复重建效益最大化。

抗震救灾和灾后重建发展的伟大实践，进一步彰显了党的领导和社会主义制度优越性，合力铸成中国共产党团结带领人民实现中华民族伟大复兴中国梦的一座不朽精神丰碑。

资料来源：《灾后重建与发展振兴的四川答卷——汶川特大地震灾区10年重建发展的历程与启示》《四川日报》，2018年5月4日。

思考题

汶川地震发生后,政府开展了哪些灾后恢复重建工作?

案例分析参考答案

拓展阅读

[1] 王宏伟. 重大危机事件应急机制研究 [M]. 北京:中国人民大学出版社,2010.

[2] 容志,王晓楠. 城市应急管理:流程、机制和方法 [M]. 上海:复旦大学出版社,2019.

[3] 张小明. 公共危机事后恢复重建的内容与措施研究 [J]. 北京科技大学学报(社会科学版),2013,29(2):114-120.

[4] 张欢. 应急管理评估 [M]. 北京:中国劳动社会保障出版社,2010.

第 8 章
城市危机应急沟通

学 习 目 标

通过本章的学习，理解城市危机应急沟通的内涵、原则、功能。掌握城市危机信息报送和城市危机信息发布的主体、内容与流程。

城市危机应急沟通是城市危机管理的重要手段。良好的沟通和有效的信息交流，有助于整合和协调危机管理主体，使之采取积极的行动。

8.1 城市危机应急沟通概述

8.1.1 城市危机应急沟通的内涵

沟通，是人与人之间的思想和信息的交换，是将信息由一个人传达给另一个人的、逐渐广泛传播的过程。著名组织管理学家巴纳德（Barnard）认为"沟通是把一个组织中的成员联系在一起，以实现共同目标的手段"。在管理的计划、组织、指挥、协调、控制职能中，沟通是贯穿其中的一条主线。因此，可以说管理的实质和核心是沟通。在汉语中，沟通的意思是"使双方能通联"。沟通的双方指信源（信息传播者）和信宿（信息的接收者）。当然，成功的沟通还需要有传播的信息符号及传播渠道。沟通作为一个双向、互动的过程，表现为信息发送者与接受者之间的信息传递，如图8-1所示。如果沟通要素、沟通工具、沟通方式、沟通渠道等某一方面出现问题，则会使沟通过程不畅而造成沟通障碍，影响沟通的效果。

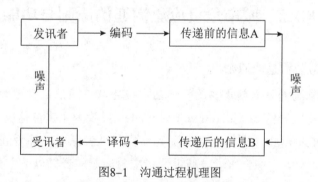

图8-1 沟通过程机理图

从发讯者发出的信息，首先经过编码成为传递前的信息 A，然后通过信息通道传递，成为传递后的信息 B，最后再经过译码器译码后复原成发讯者发出的原信息传到受讯者。由于在危机情境下，各种信号错综复杂，真假信息并存，因此在信息的传递过程中不可避免地存在着噪声的干扰，传到受讯者的信息实际上已经发生了变化，这种变化又经过信息传递过程中的逐级放大效应，当信息传到危机决策者时，已经发生了一定的偏差，这个偏差对于危机决策者的决策活动造成了极为严重的影响。为了使危机决策者能够获得准确可靠的信息并做出果断的决策，每一个发讯者都应当努力降低信息交换的噪声，最大限度地保证信息的准确性和真实性。

对于危机沟通，国外学术界进行了较为系统的研究。美国管理学家艾伦·杰伊·查伦巴（Alan Jay Zaremba）认为，危机沟通包括辨别内外部的沟通受众，发生危机时他们最需要获取各种信息。危机沟通需要构想、创建和传播信息给这些内外部受众，同时对他们的回答做出反馈。危机沟通存在于个人、企业及公共组织。

所谓城市危机应急沟通，就是政府或其他社会公共组织为了有效地管理危机所进行的信息、思想、情感及价值观等的传递与互动。危机沟通以解决危机为目的，以信息沟通为手段，是为此所进行的一系列化解危机和规避危机的活动和过程。① 城市危机应急沟通对于城市危机管理至关重要，它可以防止危机的进一步演化，有助于城市危机管理者做出并顺利实施应对风险的有效决策，能够增强危机管理者的公信力，树立良好的公共形象。

城市危机应急沟通贯穿在危机管理的每一个环节。无论是事前的危机监测与预警，事中的应对处置还是事后的恢复管理，都离不开沟通。在危机爆发前，通过沟通可以及时处置潜在风险，加强危机预防和应急准备。在危机爆发时，良好的沟通可以达成危机应对共识，促进利益相关者采取联合行动，有效遏制危机发展态势；在危机逐步消退后，沟通有助于全面开展事后调查评估，使公众了解危机发生原因，为防范同类事件奠定基础。

视频8.1

卡普曼三角

8.1.2　城市危机应急沟通的原则与功能

1. 城市危机应急沟通的原则

城市危机应急沟通是一门重要的管理艺术技巧。英国危机管理专家里杰斯特曾提出著名的危机沟通"三T"原则：Tell you own tale（以我为主提供情况）；Tell it fast（尽快提供情况）；Tell it all（提供全部情况）。我国学者王磊、韩爱红提出了政府危机沟通的"雄鹰"策略。② 综合来看，城市危机应急沟通应遵循以下主要原则。

（1）未雨绸缪原则。事先应制订好危机沟通计划，确定和培训危机沟通的专职人员。由于社会环境变得日益复杂，只有未雨绸缪才能有条不紊、自信沉着地应对无处不在、随时出现的危机。另一方面还要建立舆情监测机制，及时了解公众的所思、所想与所愿。同时，舆情并非真理。我们必须对舆情进行分析、比较、梳理。在此基础上，城市危机管理者需要对舆情进行必要的引导，形成有利于危机防范与应对的社会舆论氛围。

（2）第一时间原则。时间是最宝贵的，危机发生后，公众急需政府部门发出声音、

---

① 张小明. 公共部门危机管理[M]. 北京：中国人民大学出版社，2006：245-246.
② 王磊，韩爱红. 危机中怎样做雄鹰[J]. 中外管理，2001（2）.

了解事情的真相，政府部门应第一时间与媒体和公众进行沟通。这样才能展示政府良好的负责任的形象，同时也能够很好地避免小道消息、谣言的产生。多个案例表明谣言产生的原因是组织没有及时发出声音。

（3）真诚坦率原则。危机沟通要实事求是，强调实言相告，越是隐瞒真相越会引起更大的怀疑，反而制造不安定因素。政府部门为增强沟通的影响力和可信度，可以邀请专家和权威人士发表观点。沟通应注重友善，强调合作，不与任何利益相关者、媒体对抗。对抗只会使危机升级，使危机的影响面更大。同时，在应急沟通的过程中，社会公众是否愿意接受城市危机管理者发布的相关信息，这在很大程度上取决于信息的可信度。如果说社会公众认为信息不准确，他们就不会接受相关的信息，更不会按照相关的指令采取行动。因此提高信息的可信度是提高政府的公信力的重要举措。

（4）以人为本原则。以人为本就是坚持公众利益至上，尊重人的价值。政府部门应善于倾听、换位思考、尊重感受，危机沟通时刻要考虑人道主义的原则，在适当时期表达爱心和同情心，获得公众的理解与支持。

（5）主动沟通原则。按照人的一般认知与接受的规律，主动沟通是被信任的，而被动解释却是被怀疑的。因此，危机发生后，组织应该积极向社会公众提供更加广泛的信息来源和更加多样化的信息传递渠道。组织越主动发布信息，越能获得社会公众和舆论的认同，越被动发出信息，越不能让人信服。

（6）协调一致原则。危机发生后，无论是最高层领导还是其他危机管理活动参与者都要发出同样的声音。危机发生后，政府应指定新闻发言人与媒体、公众进行沟通，统一发布官方权威信息。

2. 城市危机应急沟通的功能

美国管理学家贝克认为，沟通是组织的生命线，传递组织的发展方向、期望、过程、产物和态度。危机沟通是危机管理的生命线，其基本功能有以下几点。

（1）危机预警功能。在危机的潜伏期，存在着大量的危机诱因，这些危机诱因是潜在的、隐蔽的。如果组织具有完善的沟通渠道、快速灵敏的沟通机制，决策中枢就可以及早发现危机诱因和潜在的危机，从而采取相应措施，及时化解，防微杜渐，把危机消灭在萌芽状态。沟通起到了一种预警作用。

（2）决策辅助功能。由于危机具有突发性、紧急性、不确定性等特点，因此危机爆发时有关危机的信息是极其匮乏的，资源也是极其有限的。这就需要及时地收集信息、界定问题，及时地进行危机沟通，为科学决策提供依据。

（3）资源整合功能。沟通网络和系统就像人体的中枢神经网络系统，把人体的每一部分紧密地连接在一起，形成一个有机的整体。危机沟通就发挥着这样的功能。危机爆发的影响面是非常广泛的危机管理指挥中心，通过沟通，使受到危机影响的内部利益相关者和外部利益相关者清醒地认识到危机已经把他们紧紧地连在了一起，成为了一个休戚与共、生死相依的命运共同体，从而激励大家齐心协力，同舟共济，共渡难关。

（4）危机监控功能。有效的危机沟通常常发挥着重要的监督和控制作用。一方面，在公共组织中，上级主管部门通过与所属部门的沟通交流，可以及早发现存在的问题，驱动下属部门进行整改，消除危机的诱因。另一方面，通过上行沟通把所存在的问题及时反馈给上级领导部门，或通过与大众传媒的沟通反馈给社会，也使存在问题的组织和人员产生压力，促使其面对问题，采取措施进行整改。

（5）危机修复功能。在危机爆发后，城市危机管理者亲临危机现场，与相关部门和受灾的民众直接面对面地沟通，使公众感受到危机管理者是负责任的，是关心公众的，危机的处理也是果断及时的，这有助于塑造政府的正面形象。同时，危机沟通也有助于对民众灾后心理进行疏导，帮助他们恢复到正常的心理状态。

扩展阅读8.1

沟通与杞人忧天

8.1.3　城市危机应急沟通的"过程论"

城市危机应急沟通应遵循城市危机的发展规律，在不同的阶段有针对性地进行应急沟通。关于危机的发展规律，在众多的危机阶段划分理论中得到广泛共识的是斯蒂文·芬克在1986年提出的四阶段划分理论[①]，即把危机的发展划分为四个阶段。

第一阶段是危机潜伏期。这个阶段是危机处理最容易的时期，也往往被忽视。需要决策者有危机意识，预想危机来了应该怎么办。

第二阶段是危机突发期。这段时间是危机发生时间最短，对人们心理冲击最强烈的阶段。爆发期有以下四个特征。

- 强度上事件逐渐升级，广泛引起公众关注。
- 越来越多的媒体把关注的焦点放到危机事件上。
- 危机管理的负面报道开始出现，危机控制出现干扰。
- 危机事件影响了组织的正面形象和团队声誉。

第三阶段是危机蔓延期。此阶段要求采取措施，纠正危机爆发期造成的损害。要求危机决策者认真分析危机产生的原因，思考危机应对计划是否周全。

第四阶段是危机解决期。危机对组织的影响逐渐减少，但组织要保持警惕，防止危机卷土重来。

斯特吉在斯蒂文·芬克的四阶段划分的基础上重点讨论了危机的沟通方式。在危机的不同发展阶段，危机沟通的要素和要求也有一定的差异。如表8-1所示。

---

① 张小明. 公共部门危机管理[M]. 北京：中国人民大学出版社，2006：88-96.

表8-1　政府部门在危机各个阶段应当具备的沟通要素

阶　　段	沟　通　要　素	备　　注
危机潜伏期	起草和准备预案； 建立和培养各种合作关系； 搜集相关建议； 对新闻发布渠道和反馈渠道进行监测	应"自我施压"，做到"未雨绸缪"
危机突发期	不隐瞒事实； 使用简朴的语言通报危机情况，表达关注； 努力树立和维护政府官员及发言人的公信力； 向公众及时提供切实可行的行动信息； 承诺保持沟通，及时传递最新消息	受到来自媒体和公众的"信息压力"
危机蔓延期	教育公众，使其了解面临的风险，继续向公众提供行动信息； 提出各种应对方案，并进行解释； 接受反馈意见，及时纠正错误信息； 着手对收益和风险进行评估	受到来自媒体和公众的'舆论压力"
危机解决期	继续教育公众，增强其应对危机的能力； 对引发危机的原因和危机处理中出现的问题进行诚恳的解释； 及时通报恢复工作的进展情况； 说服公众支持政府的各项政策，服从各种资源的调拨	

资料来源：史安斌. 危机传播与新闻发布[M]. 广州：南方日报出版社，2004.

大量研究表明，在城市危机应急管理中，尤其是在政府与公众的沟通中，政府危机管理团队或危机管理小组（crisis management team，CMT）起着重要的作用。政府对外部环境的认识和对公众反应的预期，通常决定其对外发布的信息内容，影响其推进危机沟通工作的节奏。在危机管理领域里，危机沟通作为危机管理的重要组成部分，是遭受危机打击的政府修复自身形象的主要手段。当CMT作为制度在政府内部建立起来，政府危机沟通的核心信息、政府对外发言时所采取的姿态、政府对外发言人的选择等方面的决策就应该归属CMT的职责范围。

城市危机应急沟通主要是政府、危机事件的目标群体、媒体之间的沟通与互动。其互动关系"公共部门危机状态下的三角互动沟通模型"如图8-2所示。

在危机沟通中，政府形象修复战略主导着政府的对外态度和对外传递信息的方式。公众的态度影响着危机沟通的效率和效果。媒体是政府和公众之间沟通的渠道和中介。显性的政府危机沟通是政府从事的防御性解释说明，它起到回应公众批评和质疑，维护、修复自身形象的作用。图8-2列出了政府形象修复战略的五种战略。每一种战略则又可以分为不同的战术。面对危机事件时，公众需要政府做出解释的同时，也需要政府采取实际行动维护公众利益。大众媒体在逐步介入危机事件，引导大众的主观态度、认知、行动时，也需要与政府积极配合。有实战经验的CMT要了解媒体的报道思路，把握参与公共话语的时机，充分利用媒体，与公众进行建设性的应急沟通。

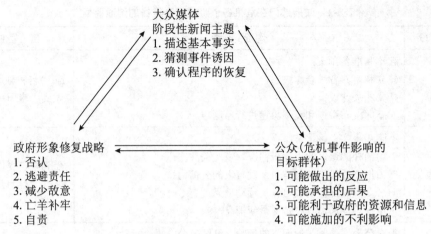

图8-2 公共部门危机状态下的三角互动沟通模型[1]

8.2 危机信息报送

危机信息报送工作不仅涉及信息的"上传下达",还包括对信息进行分析、研判、总结和提炼,使普通信息转化为有效信息,使海量信息转化为重点信息,从而达到有效防范风险,妥善处置危机事件的目标。及时、准确、全面的信息报送,有利于快速有效地处置危机事件,有利于地方政府及时掌握并准确发布危机事件处置进展,从而主导信息发布并引导舆论,避免因信息不畅引起的猜测和恐慌,维护社会稳定。

8.2.1 危机信息报送的内涵[2]

根据《突发事件应对法》的有关规定,信息的报送活动主要包括:各级人民政府及其有关部门向上级人民政府及其有关部门报告突发事件信息;专业机构、监测网点和信息报告员及时向所在地人民政府及其有关主管部门报告突发事件信息;获悉突发事件的公民、法人或者其他组织立即向所在地人民政府、有关主管部门或指定的专业机构报告突发事件信息。有关单位和人员报送、报告突发事件信息,应当做到及时、客观、真实,不得迟报、谎报、瞒报、漏报。

1. 危机信息报送的目的

危机信息报送是危机管理的基础性工作,危机信息贯穿危机件应对处置的全过程。危机信息报送渠道畅通与否和传递效率高低,直接影响对危机事件的预测预警、应急

---

[1] 张小明. 公共部门危机管理[M]. 北京:中国人民大学出版社,2006:249-253.
[2] 李喜童. 政府应对突发事件的信息报送机制研究[J]. 中国应急救援,2012(2).

处置、善后恢复等各项工作。及时准确报送危机信息，既是《突发事件应对法》规定的法律责任，也是省、市对危机管理工作的基本要求。建立、健全危机信息报送机制，提高信息报送工作的规范化、程序化、制度化水平，对于及时掌握情况、科学决策，科学开展危机管理活动，具有重要意义。

2. 危机信息报送的原则及要求

《突发事件应对法》第三十九条第二款规定："有关单位和人员报送报告突发事件信息，应当做到及时、客观、真实，不得迟报、谎报、瞒报、漏报。"在突发事件应对中，及时、准确、持续的信息报送对于提高政府快速反应能力，及时有效地采取处置措施、控制事态发展至关重要。因此，信息报送必须遵循及时、准确、持续三大原则。

（1）及时报送

危机事件的演进与发展瞬息万变。信息报送的迟延将影响应急救援资源的及时组合与有效配置，导致事态和局势的进一步恶化。为了提高应急的快速响应能力，信息报送必须体现及时性的原则。为此，2006年1月8日颁布实施的《国家突发公共事件总体应急预案》，在运行机制部分对信息报告做了专门的规定："特别重大或者重大突发公共事件发生后，各地区、各部门要立即报告，最迟不得超过4小时，同时通报有关地区和部门。应急处置过程中，要及时续报有关情况。"其中特别强调了"立即报告"和"及时续报"的问题。在危机事件的处置中，很多失败的案例都是因为信息报送不及时所导致的。信息迟滞的原因有多种，或是缺乏风险和危机意识，低估事情的严重程度；或是信息报送渠道不畅通，致使信息梗阻；或是因为害怕被问责，徘徊不定等。例如，贵州铜仁万泰锰业锰渣库泄漏，就是一起严重的信息迟报、瞒报事件。

（2）准确报送

准确性就是要求信息报送必须按照实事求是的方针，既不缩小，也不放大，客观地反映危机事件的实际情况。在危机管理中，准确的信息报送才有价值。①当危机事件处于潜伏时期，决策者如果能够获得准确的信息，便有可能做出准确的判断，并及时采取有效的措施进行预控；②危机事件发生后，准确的信息是危机管理部门进行决策与处置的客观依据；③危机事件平息后，准确的信息有利于危机管理部门认真总结经验、教训，为恢复重建奠定坚实的基础。为了保证信息报送的准确性，在危机信息报送过程中，我们必须加大对瞒报、谎报查处的力度。

（3）持续报送

赫伯特·西蒙（Herbert Simon）在《有限理性论》中认为，信息的不完备是制约决策的一个重要因素。在现实决策中，人们往往难以获得完备的信息，特别是在紧急状态下进行应急决策更是如此。持续的信息报送可以使应急决策部门所掌控的信息更加全面和真实。危机事件的性质、原因等要素往往在初始阶段暴露得不够充分，甚至出现一些假象。只有不断地进行续报,形成信息链,事态才有可能越来越清晰。此外,丰富的信息综合在一起还会产生"整体涌现效应"。例如,美国政府有关部门在"9·11"事件发生前就曾发现恐怖分子试图发动恐怖袭击的迹象。假如美国能够将相关的信息综合起来分析研究,或许恐怖袭击的阴谋就能够被挫败。

8.2.2 危机信息报送机制

1. 危机信息报送的责任主体 [①]

《突发事件应对法》对信息报送的主体及其责任做了明确的规定。责任主体主要包括以下几类:政府及其相关组织和个人;企事业单位;公民、法人和其他组织。

(1)第一类主体:政府及其相关组织和个人,主要包括政府及其有关部门、专业机构、监测网点和信息报告员。

按照统一领导、综合协调、分类管理、分级负责、属地管理为主的应急管理体制,危机事件发生地人民政府是信息报送的重要责任主体,其职责主要表现为:地方各级人民政府负责报告本行政辖区内的危机事件;政府各部门、单位按照职责分工,负责报告主管工作方面及发生在本部门、单位或系统的危机事件。同时,专业机构、监测网点及信息报告员有义务向所在地人民政府及其有关主管部门报告危机事件信息。对此,《突发事件应对法》和其他有关规章有明确的规定。

第一,属地政府负有收集信息、上报(必要时越级上报)信息、先期处置和控制事态的职责。《突发事件应对法》第三十八条第一款规定:"县级以上人民政府及其有关部门、专业机构应当通过多种途径收集突发事件信息。"《突发事件应对法》第七条第二款规定:"突发事件发生后,发生地县级人民政府应当立即采取措施控制事态发展,组织开展应急救援和处置工作,并立即向上级人民政府报告,必要时可以越级报告。"第三款规定:"突发事件发生地县级人民政府不能消除或者不能有效控制突发事件引起的严重社会危害的,应当及时向上级人民政府报告。上级人民政府应当及时采取措施,统一领导应急处置工作。"《突发事件应对法》第四十六条规定:"对即将发生或者已经发生的社会安全事件,县级以上地方各级人民政府及其有关主管部门应当按照规定向上一级人民政府及其有关主管部门报告,必要时可以越级报告。"

另外,国务院《关于全面加强应急管理工作的意见》中对于特别重大、重大突发事件发生后的信息报送,明确要求事发地省级人民政府、国务院有关部门要按规定及时、准确地向国务院报告,并向有关地方、部门和应急管理机构通报。

第二,专业机构、监测网点和信息报告员负有报告突发事件信息的义务。《突发事件应对法》第三十八条第二款规定:"县级人民政府应当在居民委员会、村民委员

---

① 李飞.《中华人民共和国突发事件应对法》释义及实用指南[M]. 北京:中国民主法制出版社,2007:13.

会和有关单位建立专职或者兼职信息报告员制度。"《突发事件应对法》第三十九条第一款中规定：……专业机构、监测网点和信息报告员应当及时向所在地人民政府及其有关主管部门报告突发事件信息。

（2）第二类主体：企事业单位。企事业单位负有控制事态，并向所在地人民政府或者人民政府有关部门报告本单位可能发生的危机事件和采取安全防范情况的责任。

《突发事件应对法》第二十二条规定："所有单位应当建立健全安全管理制度，定期检查本单位各项安全防范措施的落实情况，及时消除事故隐患；掌握并及时处理本单位存在的可能引发社会安全事件的问题，防止矛盾和事态扩大；对本单位可能发生的突发事件和采取安全防范的情况，应当按照规定及时向所在地人民政府或者人民政府有关部门报告。"

（3）第三类主体：公民、法人和其他组织。公民、法人和其他组织负有收集和报告危机事件信息的义务。

《突发事件应对法》第十一条第二款明确规定："公民、法人和其他组织有义务参与突发事件应对工作。"第三十八条第三款规定："获悉突发事件的公民、法人或者其他组织，应当立即向所在地人民政府、有关主管部门或者指定的专业机构报告。"社会应急力量重点围绕规范有序发展，发挥辐射带动作用，提高公众防灾避险意识和自救互救建设水平，形成政府主导、属地管理、配合有力、全社会参与的中国特色应急工作新格局。全社会参与必然要求公民、法人及其他组织具有一定的公共安全意识，对危机事件具有敏锐性和责任感，在危机信息报送过程中应该充分发挥其收集、传递和报告的作用。例如，2013年1月，上海市金山区朱泾镇苯乙烯等 C_8-C_{10} 类化学物质泄漏致环境污染事件。群众举报称空气中有异味，环保、公安等部门获知污染信息，随即开展排查，锁定污染源，为应急处置工作争取到了宝贵时间。

2. 危机信息报送简介

（1）危机信息报送的范围

在我国，危机事件根据发生原因、机理、过程、性质和危害对象的不同而被分为四大类：自然灾害、事故灾难、公共卫生事件和社会安全事件。因此，危机信息报送的范围也应涵盖这四大类危机事件。

（2）危机信息报送内容的要素

危机信息报送内容的要素，一般包括：时间、地点、信息来源、事件起因和性质、基本过程、已造成的后果、影响范围、事件发展趋势、处置情况、采取的措施及下一步工作建议等。例如，在突发事件信息报告工作中可能需要包括以下内容：①收集和预处理。多渠道收集涉及突发环境事件的相关信息，进行初步筛选和分析研判，根据事件的性质、等级、发生地等基本特征，采取存档、调度、上报、移交等不同的处理方式，使各类信息得到及时有效的识别和处理。②信息的调度和分析。在事件的应对过程中，通过调度获取全面有效的信息点，进行汇总分析，提出政策建议，为妥善处置突发事件提供决策依据。③统计和预测。利用相对较长时间尺度内的突发事件相关信息，对其发生发展的特点和趋势进行分析评估，为确定风险防范和应急管理的优先领域提供政策建议。

3. 危机信息报送的阶段及内容

危机信息报送的过程可以分为以下三个阶段：①初报——当危机事件发生时我们要进行初次报送；②续报——如果危机事件演化、产生次生和衍生灾害或者应急处置取得新的进展时我们要及时续报；③终报——危机事件处置结束后我们要进行总结报告。在不同的阶段，信息内容的侧重点也有所不同。如表8-2所示。

表8-2 信息报送阶段及内容

信息报送过程（三个阶段）	重点内容	要求
初报	①报告单位；②报告人姓名；③信息来源；④接报时间；⑤危机事件发生的时间、地点、类别和简要情况	"接报即报"，注重时效性
续报	①危机事件的基本情况；②应急响应情况；③事件发展趋势和建议	"及时续报"，注重连续性；因情况特殊当天不能处置完毕的实行"日报"制度，必要时随时续报
终报	报送正式文件并附全部附件。①危机公共事件情况（包括危机事件发生的时间，地点，原因，性质，涉及的人员、财产和事件分类、分级等情况）；②应急报告情况（包括接报时间、初次报告时间和阶段报告等情况）；③应急处置情况（包括预案启动时间、数量、名称等情况，开展应急处置的领导、部门、人员和设备、接报和到场时间、领导的指示，采取的主要措施的情况，人员伤亡和财产损失情况，事态影响的范围、控制和发展状况等）；④善后处置情况（包括死者抚恤、伤者救治、受灾人员安置等情况，受损财物的赔偿补偿，恢复重建等情况，相关责任单位、责任人的处理和相应措施等情况）	"立即总结"，注重全面性

资料来源：李喜童.政府应对突发事件的信息报送机制研究[J].中国应急救援，2012（2）.

此外，《国务院办公厅关于加强和改进突发公共事件信息报告工作的意见》规定：在特别重大、重大突发事件的处置过程中，现场指挥机构负责人或授权专人要与上级政府应急管理部门保持密切联络，及时、主动报告有关情况。其他级别公共事件现场也应明确专人，具体负责相关信息的收集、汇总、报告。

8.3 危机信息发布

危机信息发布是指政府向社会公众传播危机信息的行为。城市危机信息发布的目的是将有关危机发展和政府采取的应急措施等信息向公众传递,以赢得公众对政府应急措施的配合与支持,调动广泛的社会力量参与危机应对。

8.3.1 危机信息发布基本内涵

危机的信息发布就是指由法定的行政机关依照法定程序将其在行使公共危机管理职能的过程中所获得或拥有的危机信息,以便于知晓的形式主动向社会公众公开的活动。信息发布与预测预警有部分的重合。行政机构在掌握预警信息的基础上向社会公众发出警报的行为也可被看作信息发布。《中华人民共和国突发事件应对法》第五十三条规定:"履行统一领导职责或者组织处置突发事件的人民政府,应当按照有关规定统一、准确、及时发布有关突发事件事态发展和应急处置工作的信息。"

1. 危机信息发布原则

在危机信息发布中,应遵循的基本原则包括以下几点。

(1) 统一性原则

信息发布的方式多样,但不同方式发布的信息内容必须具有一致性,做到数据统一,口径一致。不然,社会公众就会无所适从,产生种种疑虑。当然,危机事件具有很强的不确定性,因此人们在信息搜集与报送的过程中存在着出现偏差的可能性。但当偏差被矫正之后,行政机关应在后续的信息发布过程中予以说明和解释。

(2) 真实性原则

在危机事件发生后,人们迫切希望从权威部门了解到危机事件的性质、原因、影响范围、演化趋势及政府的应对措施等信息。为了做到真实发布危机信息,我们应该确保信息的客观性与全面性。所谓客观性,就是指信息实事求是地反映危机事件的事实真相,不溢美,不隐恶;所谓全面性,就是指信息完整,没有避重就轻或断章取义。

真实性是信息发布的生命力所在,这是因为:第一,缺少真实性保障,信息发布将没有任何意义;第二,缺少真实性保障,政府的权威形象会受损,公信力会下降;第三,缺少真实性保障,小道消息将充塞信息空间,流言、谣言盛行,社会将会陷入恐慌状态。许多官员害怕发布危机事件的真实信息会诱发社会公众的过度恐慌,以"秘而不宣""外紧内松"的方式传递信息。但这样做会增加人们对危机事件的不确定感,往往会引发更大的危机。

(3) 及时性原则

危机事件发生后,社会公众希望能够在第一时间了解事件的真实情况。如果行政机关反应迟钝，不能及时地发布相关信息，人们会将注意力转向小道消息，以满足知情的需要。小道消息在公众间私下传播，没有规则约束，随意性很大，在传递过程中会被歪曲和误传，往往给社会带来严重的负面影响。而且，在政府失语、权威信息缺失的情况下，一旦小道消息捷足先登，就会在社会公众中间产生先入为主的效应。迟滞的真实信息将很难矫正小道消息。因此，要限制小道消息的传播，最根本的方法就是政府及时发布危机事件信息，保障人们的知情权，让权威信息主导信息传播。

（4）连续性原则

危机管理是一个连续的过程。因此，我们在信息发布的过程中要注意保持信息发布的连续性，定期或不定期地向社会发布事件处置的最新进展情况。例如，在"非典"后期，北京市政府每天都向社会发布"非典"疑似病例、感染病例、死亡病例、出院病例等信息。城市危机事件发生之初，如果政府不能全面了解和掌握信息，也可发布简单的信息以待未来补充，但切忌失语。

（5）公众导向原则

在危机信息发布的过程中，我们需要坚持以公众的知情需求为导向。同时，在信息发布的形式与技巧方面，我们要考虑公众的可接受性与理解能力，尽量使用通俗易懂的语言。此外，我们在满足公众的知情需求时，也要借助危机信息发布，引导社会公众理性地对待危机事件。

2. 城市危机管理中应予公开的行政信息

（1）危机发生与发展的情况。危机事件发生以后，政府应该通过新闻发布会或其他形式，全面介绍危机事件发生和发展情况。对于已经在社会上流传的谣言，要有针对性地予以驳斥。对于持续时间较长、影响范围较广的危机事件，应指定专门部门定期发布相关信息。

（2）政府的应对措施。危机事件是对政府能力的严峻考验，危机管理能力是衡量政府综合治理能力的重要指标。在危机事件中，人们对政府应对措施的关注，丝毫不亚于对事件本身的关注。事件越是严重，大家越是关注政府的应对措施。政府的反应是否迅速，措施是否得力，往往成为人们关注的焦点，并且直接影响到全社会对危机事件的态度和对政府能力的评价。因此，政府应该实事求是地公布自己处理危机的对策和措施，包括已经采取的行动和即将采取的行动。为了增强人们对政府的信心，政府除了要公布应对措施本身，而且要将措施的产生过程、专家对措施的认可、国内外类似事件的处理经验等一同向社会公布，以取得社会的广泛认可和支持，促进危机事件的顺利处理。

（3）社会和公众应注意的事项。危机事件的处理，并不是政府的单方面行为，需要公众的积极参与和配合。及时公布应注意的事项，为公民和社会提供行动指南，有利于防止和克服一些错误的做法，减少一些额外的损失。

（4）危机处理的经验和教训。随着事态的发展，人们对政府在危机管理中的态度是否端正、反应是否迅速、措施是否得力会有越来越清楚的认识。因此，政府应该实事求是地总结危机处理的经验与教训，诚恳地开展批评与自我批评。危机事件变幻莫测的特性和处理方案的不确定性，决定了政府在每次危机管理中的表现不可能是十全十美的，只要态度诚恳和实事求是，即使政府存在某些缺点或某种程度的失误，人们也是可以理解和接受的。[①]

8.3.2　危机信息发布的内容

危机信息发布的主体是法定行政机关；信息发布的对象主要是广大的社会公众；信息发布的内容是有关危机的信息，涉及国家秘密、商业秘密和个人隐私的危机信息不在发布的内容之中；信息发布的形式是行政机关以便于公众知晓的方式，主动地向社会公众公开。

为了保障公民、法人和其他组织依法获取政府信息，提高政府工作的透明度，建设法治政府，充分发挥政府信息对人民群众生产、生活和经济社会活动的服务作用。2019年5月15日施行的《中华人民共和国政府信息公开条例》中规定，县级以上各级人民政府及其部门在各自职权范围内确定主动公开的政府信息的具体内容。其中，应重点予以公开的内容有11个，涉及公共危机管理的两个，即"突发公共事件的应急预案、预警信息及应对情况"和"环境保护、公共卫生、安全生产、食品药品、产品质量的监督检查情况"。

此外，该条例还规定：设区的市级人民政府、县级人民政府及其部门重点公开的信息之一是"抢险救灾、优抚、救济、社会捐助等款物的管理、使用和分配情况"；乡（镇）人民政府应重点公开的信息之一是"抢险救灾、优抚、救济、社会捐助等款物的发放情况"。

按照危机事件演进的顺序，危机管理由减缓、准备、响应和恢复这四个阶段组成。社会公众在不同阶段有不同的信息需求，信息发布应贯穿危机管理的全过程。

在减缓和准备阶段，信息发布的内容包括：与危机事件相关的法律、法规、政府规章、危机事件应急预案、预测预警信息等。发布这些信息的目的是：①让公众了解危机事件的相关法律、法规，明确自身在危机管理中的权利与义务；②让公众了解应急预案，知晓周围环境中的潜在风险、预防措施及自身在处置中的角色；③让社会公众接受预测预警信息，敦促其采取相应的措施，以避免或减轻危机事件可能造成的损失。

在响应阶段，信息发布的内容包括：危机事件的性质、影响范围、危害程度、

[①] 朱立言，陈宏彩. 论危机管理中的行政信息公开[J]. 新视野，2003（4）.

初步判明的原因，已经和正在采取的应对措施、事态发展趋势、受影响的群体及其行为建议等。发布这些信息的目的：①传递权威信息，避免流言、谣言引起社会恐慌；②使社会公众掌握危机事件的情况，并采取一定的措施，避免出现更大的损失；③让社会公众了解、监督政府在危机事件处置过程中的行为；④便于危机管理社会动员的实施。

在恢复阶段，信息发布的内容包括：危机事件处置的经验和教训，相关责任的调查处理，恢复重建的政策规划及执行情况，灾区损失的补偿政策与措施，防灾、减灾新举措等。发布这些信息的目的是：①与社会公众一道，反思危机事件的教训，总结危机管理的经验，进而加强全社会的公共安全意识；②接受社会公众监督，实现救灾款物分配、发放的透明化，并强化危机事件责任追究制度；③吸纳社会公众，使其参与到灾后恢复重建活动之中。

在信息发布之前，危机管理者还需要了解社会公众对风险的认知与理解，掌握公众行为特点，做到有的放矢。一般而言，在危机事件发生的初期，公众需要知道哪里、何时发生了什么事情。在信息发布的过程中，信息发布者一定要坦诚，站在公众的角度进行思考。拟发布的信息一定要清晰，便于公众理解，具体要做到：简单而准确地描述问题，避免信息过量；以公众易懂的语言进行信息的编写，避免过多的技术术语；满足不同社会公众的需求，特别是有特殊要求的公众需求；使公众能够做出清楚的判断，采取适当的行动；信息一致，避免前后矛盾等。

8.3.3 危机信息发布的环节

一般而言，危机信息发布包括以下四个关键性的环节。

第一，进行危机事件的相关信息收集、整理与分析、核实，确保信息的客观、准确与全面。

第二，根据舆情监控，确定信息发布的目的、内容、重点、时机。其中，有关行政机关要对拟发布信息进行保密审查，剔除涉及国家秘密、商业秘密和个人隐私的内容或做一定的技术处理。

第三，确定信息发布的方式，并以适当的方式适时向社会公众发布。

第四，根据信息发布后的舆情，进行危机事件信息的后续发布或补充发布。

现代社会是信息社会，行政机关可以通过多种手段发布危机事件的信息，也可以根据需要选择一种或几种手段来完成信息发布的任务。在选择信息发布手段的过程中，行政机关应综合考虑危机事件性质、程度、范围等情况，传播媒体的特点，目标受众的范围与接受心理等，以确保信息发布的有效性。

8.3.4　危机信息发布的渠道

1. 大众传播渠道

从传播学的角度而言,大众传播主要是指通过报纸、杂志、广播、电视、网络等大众传播媒介,向人数众多、范围广泛的人们公开或定期传递公共信息的过程。大众传媒具有受众面广、传播速度快等优点。危机信息通过大众传媒可以将有关危机事件的信息与政府的决策告知广大的公众,增进公众对危机事件的了解,加强政府和公众的沟通。政府通过对大众传播的监测,可以收集公众舆论,不断改进和调整政府的决策和行为,改善政府形象。

扩展阅读8.2
"凡客体"宣传单的启示

2. 政府新闻发布会

在重大危机事件发生后,政府通常会召开新闻发布会,通过新闻发言人表明立场或发布信息。这是一种快速、直接地让公众了解危机信息的方式。新闻发言会是政府各类信息向社会公开的窗口,旨在增强信息发布的及时性和权威性。新闻发言人要掌握危机沟通的基本技能,掌握信息的主动权,引导社会舆论。针对正在传播的不实消息,新闻发言人要及时做出回应,减少负面舆情的不良效应。

3. 散发通俗易懂的宣传单、宣传手册和设置热线电话

在发生重大自然灾害、事故灾难和突发公共卫生事件时,可以在一定范围内散发包括危机信息、防范与救治措施等内容的宣传单和宣传手册。以当地公众能普遍理解和接受的,通俗易懂的方式进行信息发布,以求达到最广的覆盖面。这样可以最大限度地保障不同群体的危机知情权,使广大公众理性地配合和支持政府处理危机事件。设置热线电话,为公众提供个性化咨询,并答疑解惑,也是政府向公众发布危机信息的重要方式。

4. 领导人物出面

领导人的言语和行动,在稳定公众情绪、攻破谣言等方面有意想不到的效果。例如,"非典"疫情在广州暴发时,胡锦涛主席出现在广州街头,向人们挥手,并表示出对"非典"的焦虑和担忧。温家宝总理到北京大学食堂与学生一起用餐,谈论防治"非典"的话题,还到大商场视察非典防治工作,让顾客放心,并承诺政府能保证充足的商品供应。禽流感事件发生时,很多领导带头吃鸡肉,是想传递这样一个信息:吃烹调后的禽蛋食品不会被传染禽流感。领导人物出面是与公众近距离沟通危机信息的有效方式,领导人物要准确把握危急情境下的民意,在事件回应时力求找到与公众思想上的共鸣点,坦率真诚地交流,即使工作中有缺点和过失,也不必回避或模糊公众关切的焦点问题。对于存在的问题和不足,领导人要勇于担责,及时改正,以务实的举措和

优良作风赢得公众理解和支持，从而凝聚人心，与群众共同应对危机。

本章小结

城市危机信息沟通是政府或其他社会公共组织为了有效地管理危机所进行的信息、思想、情感及价值观等的传递与互动。作为危机管理的生命线，其基本功能有：危机预警功能、决策辅助功能、资源整合功能、危机监控功能、危机修复功能。

危机事件的信息报送是指各级人民政府及其有关部门、专业机构、监测网点及公民、法人或其他组织在危机管理过程中收集、报告、传递危机事件信息的活动。危机信息报送的内容要素一般包括：时间、地点、信息来源、事件起因和性质、基本过程、已造成的后果、影响范围、事件发展趋势、处置情况、采取的措施及下一步工作建议等。危机信息报送包含初报、续报、终报三个阶段。

危机信息发布是指由法定的行政机关依照法定程序将其在行使公共危机管理职能的过程中所获得或拥有的危机信息，以便于知晓的形式主动向社会公众公开的活动。危机信息发布时应遵循统一性、真实性、及时性、连续性、公众导向的原则。危机信息发布的渠道有大众传播渠道，政府新闻发布会，宣传单、宣传手册和设置热线电话，领导人物出面等。

关键词

城市危机应急沟通（urban crisis emergency communication）；城市危机信息报送（urban crisis information submission）；城市危机信息发布（urban crisis information diffusion）

思考题

1. 简述城市危机应急沟通的内涵。
2. 城市危机应急沟通应遵循哪些原则？其功能有哪些？
3. 简述危机信息报送的流程。
4. 简述危机信息发布的基本环节。

第8章
思考题参考答案

第8章
即测即练题

案例讨论

天津港"8·12"火灾事件

2015年8月12日22时51分46秒，位于天津市滨海新区吉运二道95号的瑞海公司危险品仓库（北纬39°02′22.98″，东经117°44′11.64″），运抵区（"待申报装船出口货物运抵区"的简称，属于海关监管场所，用金属栅栏与外界隔离。由经营企业申请设立，海关批准，主要用于出口集装箱货物的运抵和报关监管）最先起火。

第一次爆炸发生在2015年8月12日23时34分，相当于3t TNT；第二次爆炸发生在30s后，相当于21t TNT0，爆炸威力之大，河北部分地区均有震感。2015年8月12日22时50分接警后，最先到达现场的，是天津港公安局消防支队。经过8个多小时的抢险救灾，大火仍未被完全扑灭。救援情况复杂，现场情况极其危险。

视频8.3
天津港爆炸事故

事故造成165人遇难，其中包括公安现役消防人员、天津港消防人员、公安民警等公职人员和周边居民。截至2015年12月10日，事故调查组依据《企业职工伤亡事故经济损失统计标准》（GB6721—1986）等标准和规定统计，事故导致的直接经济损失68.66亿元人民币，本次事故已造成局部区域的大气环境、水环境和土壤环境受到破坏，而对于事故中心区域的人员伤害情况，须有针对性开展疾病筛查工作，判断其潜在风险与伤害。

"8·12"天津港危险化学品爆炸事件是天津滨海新区港务集团瑞海物流危化品堆垛发生的火灾爆炸事故，本应该属于企业危机，但是此次事故造成了重大火灾和重大爆炸，波及范围广，波及群众多，已经超越了企业危机范畴；加之政府机构对于瑞海公司的监管不到位，因此，"8·12"天津港事故迅速升级，处置难度也越来越大。安全事故发生后，有关事故的相关信息在微博、微信等互联网新媒体上迅速传播，引发国内外媒体舆论的高度关注，习近平、李克强等国家领导人先后做出重要指示批示，事件危机应对上升到国家级层面。随着公众关注度的不断提高，微博、微信、论坛、贴吧等信息平台中各类舆情信息不断催生，急需政府发布官方信息。

事故发生后，天津市政府共召开六次新闻发布会。面对如此重大的安全事故，天津市政府没有在新闻发布会前进行整体沟通协调，加之追责风暴带来的环境氛围紧张，使领导干部不敢说真话，天津市政府各部门缺乏有效的信息交互，导致政府官员在新闻发布会现场心中无数，不知所措。观察六次新闻发布会可以发现，历次新闻发布会参会人员均有变化，网上质疑"副市长哪去了"。在面对重特大安全事故灾难时，应该遵循危机处置的基本法则，即最高领导的顶格回应。而此次事故中没有见到副市长出现在新闻发布会现场，很显然不符合舆情应对的要求。此外，在发布会上，当媒体问及相关话题时，不仅没有得到明确回复，还出现一些类似于"这不是我的职责"的搪塞推诿之语，让公众难以接受，引发舆论不满。

资料来源：参见《天津港"8·12"瑞海公司危险品仓库特别重大火灾爆炸事故调查报告公布》，中国政府网站，http：//www.gov.cn/xinwen/2016-02/05/content_5039785.htm.

思考题

在天津港"8·12"火灾事件中，天津市政府与公众的危机信息沟通存在哪些问题？应如何改善危机沟通的效果？

拓展阅读

[1] 唐钧. 新媒体时代的应急管理与危机公关 [M]. 北京：中国人民大学出版社，2018.

[2] 张小明. 公共部门危机管理 [M]. 北京：中国人民大学出版社，2006.

[3] 张洁. 社会风险治理中的政府传播研究：变迁，差异与革新 [M]. 广州：中山大学出版社，2016.

[4] 黄杨森，王义保. 超越区分：城市安全治理风险沟通系统分析模式建构 [J]. 城市发展研究，2020，27（8）：67-73.

[5] 张志安，冉桢. "风险的社会放大"视角下危机事件的风险沟通研究——以新冠疫情中的政府新闻发布为例 [J]. 新闻界，2020（6）：12-19.

第 9 章
城市危机管理协调与联动

学　　习　　目　　标

通过本章的学习，掌握城市危机管理中协调联动基本内容，理解协调联动的涵义，了解不同的协调联动类型及其组织体系，明确协调联动中应急联动系统的运作。

城市危机管理协调联动是有效处理城市危机问题的重要手段，在应对那些对生命财产和社会物质财富造成重大危害的危机事件时，需要调动人力物力，充分联动相关主体来共同应对危机事件。

9.1 协调联动的含义

危机发生之后，其影响往往从一个行政区域蔓延到另外一个行政区域，甚至从一个国家蔓延到另外一个国家。同时，原生的突发事件可能会引发次生、衍生灾害，形成一个复杂的灾害链条。因此，在危机管理中，协调联动起到了至关重要的作用。有效的危机协调联动可以发挥协同效应，形成应对突发事件的强大合力。反之，危机协调联动不力不仅使危机管理者在应对突发事件的过程中产生无可奈何、力不从心的感觉，各个组织之间的各自为战也会导致摩擦与内耗，增加处置突发事件的难度。

9.1.1 协调联动的内涵

所谓协调联动，就是在危机管理过程中有效地组织政府内部各部门，以及政府与社会组织之间的沟通与互补，通过良好的沟通与有效的信息交流，整合资源，共同行动，协调处理危机的运作模式。①

危机的发生、发展是一个过程，协调联动贯穿于危机生命周期的全过程，在危机预警、危机识别、危机处置、危机善后阶段都发挥着重要的作用。另外，危机的影响范围是多领域的。当重大、特大危机事件发生时，不是单一政府部门能够解决的，往往需要联合不同政府部门、军队、非政府组织、人民群众等多方力量来共同应对。因此，按照"体系完整、机制完善、决策果断、反应敏捷、行动迅速、运转协调、救助有力"的总体要求，建设一个功能齐全、设施完善、平战结合、便于组织指挥的协调联动机制，就显得尤为重要。

视频9.1
京津冀建立应对危险化学品事故协调联动机制

9.1.2 协调联动的作用

协调联动的目的是达成纵向和横向的配合，形成跨区域、跨部门、不同主体之间，在危机应对中的合作和交流。协调联动的作用主要体现在以下几个方面。

一是信息共享。在协调联动的理想框架下，危机的发生情况（如初报情况）、发

---

① 凌学武. 公共危机管理中的协调联动机制建设研究[J]. 前沿，2007（9）：135-138.

展情况（定时从不同部门处更新）和处置情况（包括决策及其他主体已做的措施）在协调联动状态下处于无障碍的共享流通状态，危机应对的不同主体能够及时获取信息，以紧跟危机形势变化，采取有针对性的措施。

二是力量整合。危机应对的力量来自于消防、公安、卫生等相关政府部门及社会中的专业救援组织和公众等。通过协调联动，可以有效整合各方力量，形成相互配合、互为补充的危机应对共同体。

三是资源配置。危机应对需要人、财、物、信息等多种资源，这些资源存在于不同的部门，通过协调联动，可以在短时间迅速征调各类资源，实现对关键性资源的优化配置和有效利用。

9.2 协调联动的模式

各城市政府在建设应急联动中心的过程中，根据应急联动指挥体制的整合程度、城市的规模、市政府对应急联动的运行与管理方式等情况，来确定协调联动的模式，一般来说，城市危机管理中协调联动的模式主要有以下四种。①

9.2.1 集权模式

集权模式是指整合政府和社会所有的应急资源，成立专门的城市应急联动中心，由该部门代表政府全权行使协调联动指挥大权。该类型的系统一般称为"城市应急联动中心"。该模式所具有的特征是：政府牵头、政府投资、集中管理，应急联动中心是政府管理的一个部门，有专门的编制和预算；联动中心是城市应急事件处理的唯一中枢；政府将所有的指挥权归于联动中心，应急联动中心在处置紧急事件时，有权调动政府任何部门；采取一级接警、一级处警方式，即指挥中心统一接警，统一处警；简单事件由专业组处理，出现重大事件时，由指挥长协调联动各专业组进行联动处警；市政府不再另外设立各种指挥中心，出现重大事件时（如 SARS 病毒流行事件），应急联动中心同时也是政府针对这种事件的指挥中心，政府领导可以在指挥中心的市长指挥区里直接进行指挥。

南宁城市应急联动系统就是典型的集权模式。② 广西壮族自治区南宁市在 2002 年成立了国内有史以来第一个城市危机协调联动中心。该中心隶属于南宁市市政府，主要行使的职权为运行、指挥、协调联动南宁市城市协调联动系统；主要由协调联动中

---

① 唐伟勤. 我国城市突发事件应急联动模式探讨[J]. 中国行政管理，2008（3）：79-82.
② 蒋珩. 区域突发公共事件应急联动体系研究[D]. 武汉：武汉理工大学，2006：29-34.

心分派接处警指令,作为联动单位的城市政府职能部门接到指令后即按照本单位本系统的有关规定和工作规范专门派员进行现场处置。在事件处理的过程中及处理结束后,及时将有关过程信息及处理结果信息反馈给协调联动中心。协调联动中心对相关信息加以整理、分析、归档。

国外有关集权模式协调联动中心的研究要早于我国,可以说广西南宁市协调联动中心的成立也是借鉴了国外的先进经验和做法。美国芝加哥市的"911"中心于20世纪90年代就已经正式投入运营,现已是全美最大的紧急管理与通信办公中心之一。该中心由芝加哥市政府直接进行管理,中心副主任由市长任命。与我国任意电话拨打"110"都是免费的情况不同,芝加哥市每部电话的使用人必须按照州法律每月上缴1.25美元的"911税",该税费就是"911"中心运作的主要经济来源。该城市的警察、消防部门都集中在接处警大厅集中开展接处警,在接处警大厅的席位都按照政府职能性质进行划分,而不同性质的政府职能部门都设有接警席、处警席、班长和培训坐席。其中警察接警席有82个,消防接警席有27个,所有接警员一律身着制服,每人同时操作两台显示终端,各类报警按照事件的不同性质直接由大厅内相对应的处警席各自进行处理。

9.2.2 授权模式

授权模式是政府利用现有的应急指挥基础资源,根据城市应急联动的要求,通过局部的体制调整,授权应急基础比较好的某一部门(通常是公安部门)执行城市应急处理任务。在该部门的牵头下,政府相关应急部门联动办公,联合行动,从而快速构建城市应急联动系统。授权模式所具有的特征是:政府将协调联动的指挥权授权给公安部门,以公安处警为核心,协同其他联动部门共同处警。公安部门实施的"110""119""122"三台合一的应急体系,也是一种特殊的授权模式。在紧急情况下,公安代表政府调动各部门联合行动,并代表政府协调联动和监督紧急事务的处理。我国的上海市、广东省广州市和英国首都伦敦等城市可以作为该模式的典型代表。

广东省广州市政府于2003年12月充分依托市公安局"110"报警中心建立"110"危机协调联动指挥中心,并授权市公安局对协调联动指挥中心进行统一管理。国内紧急救助报警电话"110"和接处警平台在广州当地由该中心进行统一管理,实行一级接处警的工作机制。除公安、消防,该中心可以根据协调联动工作规定调度政府其他职能部门协同处理其他社会应急求助和紧急救助,从而实现各政府联动单位的一体化指挥。[1]

英国伦敦"999"中心的运作模式虽然与我国的授权模式运作模式有些区别,但

---

[1] 蒋珩,佘廉.区域突发公共事件应急联动组织体系研究[J].武汉理工大学学报(社会科学版),2007(5):595-598.

是其核心本质仍然可以视作为授权模式。20世纪30年代，英国伦敦"999"中心发生一场由于报警接入延误导致施救不及时，造成5人死亡的火灾惨剧。从成立那天起，"999"中心的办公点就设在伦敦市的警察局内，警察局统一管理中心内的来自政府其他联动单位的工作人员，但相关运行费、工资等支出均通过政府财政拨款来承担。而比较特殊的是，英国电信统一接听了"999"报警或求助电话，并由电信接听人员根据报警或求助电话的属性转接给"999"中心的各联动单位接处警。英国伦敦"999"中心在日常处警中实行两级处警模式，日常处警主要转给各区分指挥中心处理；若涉及重大会议活动、重要安保活动或超过一定人数规模的大型活动，须政府其他部门协助配合的，再由"999"中心统一进行处理。和其他国家或地区的联动中心类似，英国伦敦"999"中心的联动部门也包括警察局、消防、急救、海岸警卫队、其他政府部门等。

9.2.3 代理模式

代理模式是政府成立统一的接警中心或呼叫中心，负责接听城市的应急呼叫，根据呼叫的性质，将接警记录分配给一个或多个部门去处理，并根据各部门处理情况反馈报警人。[①] 本质上，这种模式还不是真正意义上的应急联动，但向城市提供了统一的紧急呼叫入口，方便了紧急情况下市民呼救。代理模式所具有的特征是：由政府牵头，统一了紧急呼叫的入口；各部门分头处警，各自指挥；中心负责向报警人反馈处理信息，监督各部门处理事件的过程。例如，北京的应急联动系统属于代理模式。

北京市市政府于2005年4月专门成立了一个专门处理突发公共事件的机构——北京市突发公共事件应急委员会，并下设办公室（市应急办）。该应急办承担着全市多个应急处突的职能业务，业务范围涵盖应急指挥、预案管理、综合信息、技术通信等，并对应成立有关处室负责具体工作。此外，该应急办属于"一套班子两块牌子"，分别挂着北京市人民政府总值班室和北京市应急指挥中心的牌子在市政府内承担着相对应的工作职责。而作为市应急办，该部门在全市共组建了13个专项应急指挥部，这13个应急指挥部根据业务分工设在市政府有关职能委办局内。一般工作流程为：市紧急报警服务中心（110）接报各类突发公共事件后，在第一时间及时将接报的有关情况上报市应急办，市应急办根据实际情况启动等级预案，直接指挥调动对口的应急指挥部和专业处置队伍赶赴现场进行处置。[②]

[①] 唐伟勤. 我国城市突发事件应急联动模式探讨[J]. 中国行政管理, 2008（3）: 79-82.
[②] 张平. 我国城市应急联动运行机制建设面临的挑战与重构[J]. 中国人民公安大学学报（社会科学版）, 2008（5）: 62-69.

9.2.4 协同模式

协同模式是多个不同类型、不同层次的指挥中心和执行机构通过网络组合在一起，分工协作、联合指挥、联合行动。协同模式所具有的特征是：应急联动机制由多个不同类型、多层次的指挥系统构成。一般由一个政府指挥中心、多个部门指挥中心和更多个基层远程协同终端构成。不同系统具有不同的职责。这种模式下原有的机构基本不动，投资最省，更适合于大批中、小城市。广西柳州和江苏扬州、苏州城市应急联动系统就是协同模式的代表。[1]

以苏州市为代表。一般由一个政府指挥中心、多个部门指挥中心和多个基层远程协同终端构成。优势在于政府与各部门职能分明，各有重点，互不冲突；政府的应急指挥系统是核心，大事政府牵头，小事部门负责。风险在于各指挥系统之间的信息联动有一定难度，同时存在有些部门积极性不高的问题。

各个城市的应急联动系统采用的模式不是一成不变的。它会随着时间、条件、需求的变化而变化。它也可以以一种模式为主，融合其他模式的一些功能，成为一种混合的模式。例如，起步时采用代理模式的城市，现在向集权模式发展；当初采用协同模式的小城市，有的现在已向授权模式发展。

9.3 协调联动的机构

当危机事件发生时，采取什么方式建立协调联动的组织体系呢？一般会根据突发事件的规模、破坏程度和应对难度来综合考虑，主要的协调联动机构包括以下四类。[2]

9.3.1 应急管理综合协调指挥机构

应急管理综合协调指挥机构，承担应急值守、政务值班等工作，拟订事故灾难和自然灾害分级应对制度，发布预警和灾情信息，衔接解放军和武警部队参与应急救援工作。它是为了实现指挥有力、信息共享、资源共用、协调顺利、联动一致的状态，真正地发挥协调联动机制的作用。它理想的状态就是成立国家应急管理综合协调指挥机构，把平时分散的政府各部门进行整合，如成立应急管理部。

---

[1] 林品副.城市突发公共事件应急联动体系研究[D].广州：华南理工大学，2010：28-30.
[2] 容志，王晓楠.城市应急管理：流程、机制和方法[M].上海：复旦大学出版社，2019：155.

9.3.2　专项应急管理指挥部

专项应急管理指挥部指依据法律、法规规定和应急处置工作需要，经市政府同意设立的，对有关专项突发公共事件实行统一指挥协调的各专项应急指挥部、领导小组、委员会等机构。针对不同突发事件种类，成立相应的专项应急管理指挥部，可以分为常态和临时专项应急管理指挥部。在较大规模的灾害救援和处置中，通常会根据区域或情况设置若干现场指挥部，由不同救援队伍具体负责实施应急救援和处置。

9.3.3　联席会议

联席会议指在突发事件应急管理中，由一方或多方牵头召开会议的形式，以解决应急管理中的协调联动问题。联席会议在市委、市政府领导下，统筹规划应急物资、装备的储备数量和应急运输能力，组织修订完善有关工作方案；建立重要应急物资监测网络，组织开展政府采购，确保应急救援物资、器材和装备对口、快速、高效、精准供应；建立完善应急救援物资储备、调拨和紧急配送体系，确保突发事件和各类自然灾害的应急救援物资供应科学及时、顺畅高效；合理规划布局市级重要应急物资储备库，实现社会储备与专业储备的有机结合；建立应急救援物资储备管理基础数据库，建立应急救援物资储备台账，实现动态管理，为市应急平台提供可靠的基础数据。

9.3.4　临时工作领导小组

根据突发事件的危害和规模，在不需要成立专项指挥部来应对的时候，就可以考虑成立临时的工作领导小组，来协调不同部门之间的联动。临时工作领导小组应该同时具备灾难前的后勤调动能力、信息整合能力和决定通信策略的能力。因此，临时工作领导小组通常由不同领域的专家构成：主要的决策人员、当下危机相关领域的专家、负责情报资讯交流和发布的专业人员、法律专家等。

扩展阅读9.1

应急管理协调联动机制构建_三种视角的分析

9.4　城市应急联动系统

9.4.1　城市应急联动系统的概念

随着我国步入"经济转轨、社会转型"的关键时期，各类自然灾害、事故灾难、传染性疾病、群体性突发事件在城市中高频次、大规模爆发。为有效提高政府对各类城市危机的应对能力和处理效率，最大限度地减少灾害事故的危害，确保社会稳定和城市安全，诸多城市开始建立统一指挥、规范有序、科学高效的突发公共事件应急处理体系，并组建了城市应急联动系统。城市应急联动系统（city emergency response system，CERS），是在一个城市中通过将统一的号码用于公众报告紧急事件和紧急求助，并整合城市各种应急救援力量及市政服务资源，实现多警种、多部门、多层次、跨地域的统一接警，统一指挥，联合行动，及时、有序、高效地开展紧急救援或抢险救灾行动，从而保障城市公共安全的综合救援体系及集成技术平台。[1] 它集成信息和通信网络系统，将公安、消防、急救、交通、人防等各应急行动部门，统一在一套完整的体系中，实现不同警种及联动单位之间的配合和协调，为城市的公共安全提供强有力保障。

建立城市应急联动系统，不仅要进行基础设施建设，如制作数字地图、建设城市危险源分布数据库、建设城市应急基础数据库、建设城市专题数据库、建设城市综合监测预警体系和建设异地容灾备份中心。同时还要完善城市应急联动系统的法制保障和体制保障。例如，制定《城市突发事件应急联动条例》，建立应急管理委员会，理顺公安、消防、医疗等应急机构间的职责关系等。

9.4.2 城市应急联动系统的发展

城市应急联动系统最先出现在西方少数发达国家中，其核心技术经过了三个主要发展阶段。每一阶段的主要技术特点概括如下。

第一阶段的城市应急联动系统。就是简单地以有线电话为主进行报警或求助和指挥的系统。例如，早在1937年，英国就开始使用号码"999"，用以报告紧急情况的发生。当电话"999"被拨打时，在英国电信接线员的操作台上会出现闪光，呼叫将立即得到应答并马上被转给适当的单位，例如警察局、消防局或急救中心。

第二阶段的城市应急联动系统。随着计算机技术、无线通信技术的发展，在有线电话系统的基础上扩展了支撑平台，增强了系统功能，丰富了指挥手段。系统一般包括如下几个组成部分：电话系统；无线通信网络及调度；计算机辅助调度系统；地理信息系统；移动数据终端。

第三阶段的城市应急联动系统。在20世纪90年代之后，各子系统的自动化和智能化水平比第二阶段又有了进一步的提高。这个阶段的系统一般包括如下几个组成部分：具有来电显示的电话系统，电话号码可以与位置信息进行关联；无线网络及集群调度系统；计算机骨干网络及计算机辅助调度系统；车辆定位系统；地理信息系统；

---

[1] 谭伟贤，杨以仁. 城市应急联动系统综述[EB/OL]. 中国信息化网，2006-09-07.

无线移动数据传输终端；自动广播系统；卫星图像传送系统。

与国外的城市应急联动相比，国内的城市应急联动系统的建设起步晚，发展快。我国早期分别建立了公安"110"、消防"119"、急救"120"和交警"122"四个独立的应急系统，属于只应急不联动的初级模式。这种模式目前仍然被我国大部分城市所采用。与国外采用统一的报警或求助电话号码、统一接警、统一指挥的应急联动模式相比，这种初级模式存在明显的差距。

2002年5月，广西南宁市建成了我国第一个城市应急联动中心，开通了覆盖整个南宁市辖区的我国第一套城市应急联动系统。北京、上海、天津、深圳、南京、大连、济南、成都等城市在考察、借鉴南宁市应急联动中心成功经验的基础上，结合本地的规模、体制、力量、现状等特点，纷纷开始建设或规划各自的城市应急联动系统。南宁市应急联动系统的成功启用，标志着我国城市信息化、数字化、危机管理已经迈出重要的一步。[1]

9.4.3　城市应急联动系统的建设目标

在整合和利用城市现有条件的基础上，采用现代信息等先进技术，建立集通信、指挥和调度于一体，高度智能化的CERS，对社会和公众的各类报警求助做出快速反应，提供有效服务，保障重大突发危机处理的指挥与部署，保障重大活动的安全保卫和调度，为城市危机管理和科学决策提供信息和通信平台。具体来说，应急联动系统的建设包括以下几点。[2]

第一，建立完善危机指挥中心和值班室等危机指挥场所，各区县和有关部门要建设和完善网络视频会议系统，并与市政府危机管理平台视频会议系统联通，配备音视频、显示系统和常用办公等设备，满足异地会商和决策指挥等需要。

第二，应急联动平台体系建设要充分利用电子政务系统和市公共通信资源，在完善现有设施基础上，保证平台所需网络、存储和运行设备等硬件条件。依托政府办公业务资源网，利用公用通信和专业部门通信资源，完善应急联动平台通信网络条件，满足图像传输、视频会议和指挥调度等功能要求，实现各区县和有关部门与市政府应急联动平台和其他相关平台的互联互通。按照保密规定，通过统一加密技术手段，实现政务外网上的应用系统整合。

第三，应急联动平台体系建设要以有线通信系统作为危机管理值守的基本通信手段，配备专用保密通信设备，以及电话调度、多路传真和数字录音等系统，确保市政府与各区县、各部门之间联络安全畅通；利用卫星、蜂窝移动或集群等多种通信手段，

---

[1] 窦桂琴.基于着色Petri网的应急联动系统流程建模与分析研究[D].武汉：华中师范大学，2008：6-8.
[2] 邹逸江.城市应急联动系统的研究[J].灾害学，2007（4）：128-133.

实现突发危机现场与应急联动平台间的图像、语音和数据等信息传输。有关部门和地方的图像监控系统能够接入市政府应急联动平台。

第四，应急联动平台体系建设要加强现场监测和指挥调度应急系统建设。装备便携式信息采集和现场监测等设备，根据实际工作需要，有关区县和部门可以基于特种应急保障车辆等交通工具，利用公用应急资源等，建设移动应急平台，在实现现场不同通信系统之间互联互通的基础上，实现与市政府应急平台和其他相关应急联动平台的连接，供现场应急指挥和处置决策时使用。现场应急平台和通信系统的建设应严格按照有关要求和标准执行。

第五，应急联动平台体系建设要整合接报平台。城市可根据实际，积极稳妥地推进面向公众的紧急信息接报平台整合工作，建立统一接报、分类分级处置的工作机制，确保各职能部门之间快速反应、协同应对。

第六，应急联动平台体系建设要规范标准，遵循通信、网络、数据交换、信息安全等方面的相关行业标准，规范网络互联、视频会议和图像接入等建设工作，采用政府有关部门发布的人口基础信息、社会经济信息、自然资源信息、基础空间地理信息等数据标准规范，逐步建立和完善应急平台业务流程、术语标识和数据共享等标准化体系，通过试点示范工程建设，推进标准规范的制定和完善，保证应急平台技术体系一致。

第七，应急联动平台体系建设要加强安全保障，严格遵守政府相关保密规定，依托电子政务网络信息安全保障体系，实行内网、外网分离，采用专用加密设备等技术手段，严格用户权限控制，确保涉密信息传输、交换、存储和处理安全；加强应急平台的供配电、空调、防火、防雷、防灾等安全防护，对计算机操作系统、数据库、网络、机房等进行安全检测和关键系统及数据的容灾备份，逐步完善应急平台安全管理机制。

9.4.4 城市应急联动系统的结构及运作

1. 城市应急联动系统的结构

城市应急联动系统主要由应用系统和支撑系统组成，应用系统由以下五个部分组成。

（1）先期指挥调度系统。该系统负责对危机信息进行统一处理，是应急联动系统业务运作的入口，它在公安报警三台的基础上，增加其他紧急号码及其他方式（短信、邮件、网上、技防等）的统一受理，紧急危机可以尽可能迅速地传达到应急指挥中心，而对于一般的危机则由先期调度中心进行处理。同时，先期指挥调度系统也负责完成对于无效或恶意危机报告信息进行过滤的工作。

（2）应急指挥系统。该系统负责完成危机事件处理过程中危机应对单位、各级指挥中心、移动指挥中心及现场的业务工作，是一个覆盖指挥业务全过程的系统。该系统是实现编制出动方案、下达出动命令、应急处理全过程的语言和数据实时记录、现场图像传输、文字传真及应急信息的综合管理等方面功能的大型综合性系统。

（3）辅助决策系统。辅助决策系统包括的主要模块有统计分析模块、事件分析模块和现场图形模块等。统计分析模块提供关键区域及要害部位的安全监督动态信息，完成数据汇总统计，生成各种统计汇总报表；事件分析模块可以快捷地估算事件、灾情、爆炸等事件造成的破坏区域和影响范围信息；现场图形模块对重点部位采用现场实地取景，经过三维建模处理，能够非常逼真地反映重点部位现实中的设备布置、管道走向、安全设施等情况，方便调度指挥。

（4）应急资源管理系统。该系统负责对应急联动指挥中所需要调度的资源进行管理。例如，对危机应对单位与人员信息进行管理和维护，使计算机内的资源信息与实际资源保持一致，从而保证调度系统在对应急资源进行调度时的正确性和有效性。

（5）预案管理系统。该系统通过对信息的分析，预测事物的发展趋势，识别可能带来的威胁，并对这些情况制定相应的预备性处置方案，一旦预测的情况发生，就可以按照预定的方案行动，同时根据具体的事态发展及时调整行动方案，以控制事态的发展，将可能发生的损失降至最低，维护整体利益和长远利益。

除上面五个系统，应用系统还包括信息发布平台，基于 WebGIS 网络地理信息系统的分布式危机信息发布系统是一个 Web 服务器，提供统一的浏览器访问界面，可对内对外服务。

技术支撑系统平台有计算机网络系统、监控系统、显示系统、有/无线通信系统、图像传输系统、电源及机房、软件支撑平台等。其中，计算机网络系统包括指挥中心、二级指挥中心与移动指挥中心、业务执行机构之间的三级计算机网络，即指挥中心局域网络、业务机关网络、与分支机关的广域网络、与移动指挥中心的远程访问网络。指挥中心与二级指挥中心、分支机构、移动中心之间有语音通信、数据通信，指挥中心与移动中心有语音通信、数据通信（无线）、现场图像传输；指挥中心与公安其他机构通过拨号网络访问（内网），指挥中心与普通老百姓通过拨号网络访问（外网）。[①]

2. 城市应急联动系统的业务流程

一般来说，应急联动系统的业务流程包括以下环节。

（1）危机预警

公众需要紧急救助时，只需要拨打一个城市应急联动电话号码或采用其他报警方式，即可接通城市应急联动指挥中心。当有危机事件发生时，由人们通过有线或无线通信网络向应急联动中心报警，或由自动报警装置通过专线向应急联动中心报警。

---

① 王文俊. 应急联动系统的建设模式[J]. 信息化建设，2005（8）：15-17.

（2）接警

应急联动系统中心的接警员接取危机的事件内容、时间和准确地址等信息，并将事件分派给不同调度中心的调度机进行调度处理。计算机辅助系统自动将打入的报警电话送至空闲的接警员处，该接警员与报警员通话的同时，计算机自动识别报警人的电话号码及其所在位置，终端电脑自动生成并存储标准化的危机事件记录。

（3）调度

根据接过来的危机警情，应急联动系统向处置力量部门发出指令派出处置力量编组到现场，并根据现场反馈回来的信息，决定是否增援或归队。事件记录通过局域网被送到相应的危机处警员终端，危机处警员通过计算机辅助调度系统查询相关资料，制定反应措施，并向相关联动单位发出具体调度指令。在紧急事件发生时，相应的电子预案会被触发启动。如果发生了重大灾难、险情或特殊的危机事件，则可以启用城市紧急状态指挥室，由首长进行统一指挥。联动单位根据调度指令到达现场，采取相应的救援措施。与此同时，有关现场的话音和数据信息可通过无线通信系统传回指挥中心，形成指挥中心与现场之间的互动反馈。指挥中心的大屏幕将根据需要显示危机事件处置的全过程，以便进行实时监控。信息网络及语音记录设备将如实记录下与危机事件相关的语音的及数据信息，供未来检索。①

视频9.2
应急管理大屏可视化决策系统

（4）危机警情汇总汇报

事件处理完毕后，事件情况和处理情况被汇总汇报到相关部门。城市管理可以定期从CERS获得有关各种紧急危机事件的统计报告，进行趋势分析。

本章小结

城市危机的处置往往涉及多个部门，实现政府部门之间，以及政府和其他社会力量的协调联动是应对危机事件的要求和保障。城市危机协调联动就是在部门之间建立起沟通、联系的制度。通过良好的沟通与有效的信息交流，整合资源，共同行动，协调处理危机，以提高应急处置的效果。城市危机协调联动的模式包括集权模式、授权模式、代理模式、协同模式。协调联动的机构有应急管理综合协调指挥机构、专项应急管理指挥部、联席会议、临时工作领导小组四种类型。

城市应急联动系统是在一个城市中，通过采用统一的号码用于公众报告紧急事件和紧急求助，并整合城市各种应急救援力量及市政服务资源，实现多警种、多部门、多层次、跨地域的统一接警，统一指挥，联合行动，及时、有序、高效地开展紧急救援或抢险救灾行动，从而保障城市公共安全的综合救援体系及集成技术平台。它包括

---

① 陈相屹. 城市突发公共事件应急联动系统的设计与实现[D]. 上海：上海交通大学，2009.

先期指挥调度系统、应急指挥系统、辅助决策系统、应急资源管理系统、预案管理系统五个部分。应急联动系统的运作包括危机预警、接警、调度、危机警情汇总汇报四个环节。

关键词

协调与联动（coordination and linkage）；城市应急联动系统（city emergency response system）

思考题

1. 简述协调联动的内涵。
2. 协调联动的模式包括哪些？
3. 简述城市应急协调联动机构的构成。
4. 什么是城市应急联动系统？

思考题参考答案

即测即练题

案例分析

河南"7·20"特大洪涝灾害的处置救援

2021年7月，河南省郑州市连遭暴雨袭击引发网友关注。7月19日21时59分，郑州市气象局已发布暴雨红色预警信号，20日上午局长李柯星连续签发至少3份暴雨红色预警信号。7月20日，"河南大雨""郑州地铁4号线成水帘洞"等多个话题登上微博热搜。7月21日3时，河南省防汛抗旱指挥部决定将防汛应急响应级别由Ⅱ级提升为Ⅰ级。7月23日0时，郑州市防汛抗旱指挥部决定将防汛Ⅲ级应急响应降至Ⅳ级。

郑州地铁第一时间启动防汛应急预案、恶劣气象应急预案，组织客运、车辆、供建等应急抢险队伍驻守车站和相关安全关键点，并安排专业技术人员加大对车站内外的巡视力度。线网各车站配备充足的沙袋、防水膨胀袋、防淹挡板、移动排水泵等专用防汛物资和器具，全力做好应对暴雨天气的各项准备工作。面对严峻复杂的汛情、雨情、灾情，河南省委省政府主要领导做出明确指示，实地指挥督导。郑州市委、市政府迅速行动，郑州市防指决定将防汛Ⅰ级应急响应调至Ⅲ级。

中共中央总书记、国家主席、中央军委主席习近平对防汛救灾工作做出重要指示。习近平指出，河南等地遭遇持续强降雨，郑州等城市发生严重内涝，一些河流出现超警水位，个别水库溃坝，部分铁路停运、航班取消，造成重大人员伤亡和财产损失，防汛形势十分严峻。习近平强调，当前已进入防汛关键期，各级领导干部要始终把保障人民群众生命财产安全放在第一位，身先士卒、靠前指挥，迅速组织力量防汛救灾，妥善安置受灾群众，严防次生灾害，最大限度减少人员伤亡和财产损失。解放军和武警部队要积极协助地方开展抢险救灾工作。国家防总、应急管理部、水利部、交通运输部要加强统筹协调，强化灾害隐患巡查排险，加强重要基础设施安全防护，提高降雨、台风、山洪、泥石流等预警预报水平，加大交通疏导力度，抓细抓实各项防汛救灾措施。习近平要求，各地区各有关部门要在做好防汛救灾工作的同时，尽快恢复生产生活秩序，扎实做好受灾群众帮扶救助和卫生防疫工作，防止因灾返贫和"大灾之后有大疫"。①

按照《河南省水利厅水旱灾害防御应急预案》有关规定，经研究，河南省水利厅决定将水旱灾害防御Ⅳ级应急响应提升为Ⅲ级应急响应。巩义市委市政府及时启动红色预警，进行防汛应急一级响应，市委市政府主要领导靠前指挥，一线调度，各镇（街道）全体班子成员带队深入村（社区）排险救灾，同时强化水利、交通、城管、电力等部门联动，加强对河流、水库、地质灾害、城市基础设施等巡查排查，及时排除隐患。同时，做好有可能进水企业及存在热炉企业的停工停产工作，防止热冷相击产生爆炸事故，目前有隐患的企业和生产线已全部关闭。接报后，应急管理部主要负责同志和分管部领导立即赶到指挥中心，视频连线河南省政府主要负责同志，调度了解有关情况，要求及时转移危险区群众，确保群众生命安全。应急管理部派出由国家防总秘书长、应急管理部副部长兼水利部副部长周学文带队的工作组赶赴现场，指导当地开展防汛抢险救灾工作。

郑州市消防救援支队特勤大队紧急赶赴现场，历经6个小时救援，转移村民50余人至安全地带。河南省消防救援总队共处置抗洪抢险救援408起，郑州市消防救援支队出动消防车548辆次，舟艇25艘次，指战员2710人次，营救被困人员849人，疏散转移群众1500余人，消防救援队伍已做好跨区域增援的准备。经请示中部战区批准，已调派解放军指战员730人，武警官兵1159人，车辆60余辆，消防救援队伍指战员6760人次、1383车次，民兵690人，冲锋舟35艘，其他各类抢险装备25784套参与抢险救援。目前，救援工作仍在进行当中。2021年7月21日，应急管理部启动消防救援队伍跨区域增援预案，连夜调派河北、山西、江苏、安徽、江西、山东、湖北7省消防救援水上救援专业队伍1800名指战员、250艘舟艇、7套"龙吸水"大功率排

---

① 朱汝月. 地方协同应急管理体系构建法治路径探究——以河南"7·20"特大洪涝灾害为切入点[C]//第十四届中部崛起法治论坛论文集（上）. 2021，537-547.

涝车、11套远程供水系统、1.85万余件（套）抗洪抢险救援装备紧急驰援河南防汛抢险救灾。

按照应急管理部消防救援局调度命令，邯郸市消防救援支队18部车、103人冒雨驰援郑州，目前救援力量已在安阳集结。此次邯郸消防救援支队携带的主要装备包括远程供水设备1套、冲锋舟2艘、橡皮艇8艘、浮艇泵4套、手抬机动泵3套、抛投器3套、漂浮担架15个、雨衣和救生衣140件、救生圈20个，以及漂浮绳、照明灯、强光手电等。河南郑州市抢险排涝的现场传来好消息，一名男子在强降雨中被困地库，与家人失联三天四夜后被安全救出。由国家防总秘书长、应急管理部副部长兼水利部副部长周学文带队的工作组抵达河南郑州，现场指导郭家咀水库和常庄水库险情处置。在郭家咀水库抢险现场，工作组指出，要抓紧实施水库应急除险，充分发挥中国安能专业抢险人员的作用，尽快开挖泄流槽降低库水位，保障郑州市城区和南水北调中线工程安全。同时，要设置观察哨，在确保抢险人员安全的前提下科学排险，避免人员伤亡。要加强全省水库风险隐患排查，特别是没有溢洪道的水库要立即采取整改措施。

针对常庄水库主坝背水坡疑似管涌险情，工作组要求，要组织权威专家科学会诊，查明出险原因，不留隐患，当前要加强巡查防守，发现险情要立即处置。抓紧在水库上游增设水文站，加强监测预报预警。经过多方抢险，郭家咀水库水位逐渐平稳、形成回落态势。经省市水利专家组研判认定，郭家咀水库险情基本解除。

由于危机事件的影响范围广泛，由此涉及的管理部门、队伍和人员也往往呈几何级数增多。"集体行动的逻辑"就给不同部门和队伍之间配合、协作增设了许多障碍和难度，由此造成危机管理体系常常不能快速反应和有效应对突如其来的危机事件。以地铁轨道交通事故为例，所涉及的就不仅仅是轨交公司，在救援处置过程中还涉及公安、消防、安监、电力、建交委、交港局、卫生、民政等一系列部门。如果城市发生台风暴雨引发的危机事件，则涉及部门更加广泛。这些部门和人员之间要在时间约束的条件下有效合作，就需要统一高效的指挥系统。《突发事件应对法》第四条明确规定："国家建立统一领导、综合协调、分类管理、分级负责、属地管理为主的应急管理体制。"在城市危机事件应对处理的各项工作中，必须坚持由各级人民政府统一领导，成立应急指挥机构，对城市危机事件的处置实行统一指挥。各有关部门都要在应急指挥机构的领导下，依照法律、行政法规和有关规范性文件的规定，开展各项应对处理工作。危机管理体制，从纵向看，包括中央、省（自治区、直辖市）及市、县地方政府的危机管理体制，实行垂直领导，下级服从上级；从横向看，包括危机事件发生地的政府及各有关部门，形成相互配合，共同服务于指挥中枢的关系。只有这样，才能保证整个政府系统步调一致，行动一致，构筑一道严密的防控网络。

思考题

在"7·20"洪涝事件中,郑州市是如何协调联动相关部门,共同应对处置洪涝灾害的?

拓展阅读

[1] 刘红芹,沙勇忠,刘强. 应急管理协调联动机制构建:三种视角的分析 [J]. 情报杂志,2011,30(4):18-23.

[2] 盛明科,郭群英. 公共突发事件联动应急的部门利益梗阻及治理研究 [J]. 中国行政管理,2014(3):38-42.

[3] 胡正凯. 新的应急管理体制下社会应急力量的管理联动机制探索 [J]. 中国应急救援,2019(5):9-13.

第10章
城市智慧应急

学 习 目 标

通过本章的学习,理解智慧应急的内涵,了解智慧应急的特征与意义,把握智能技术是如何推动城市应急管理变革的。了解城市智慧应急的实践发展,并思考城市智慧应急面临的风险及其化解策略。

近年来，以互联网、大数据、云计算、人工智能、物联网为代表的新一代信息技术蓬勃发展，对经济发展、社会治理、人民生活都带来巨大而深远的影响，大大增强了人们对世界的信息获取和感知能力，也为应对各类危机事件提供了有力武器。城市危机管理的过程可分为事前、事中、事后。事前需要做好预防和准备，对城市安全风险进行识别、监测、分析；事中需要积极响应，综合研判方方面面的信息，做出正确的决策，做好处置和救援；事后要收集信息，做好恢复与重建，防止事态反弹。在危机管理的整个过程中始终需要及时、准确报送危机信息，以有利于上级机关和领导及时准确地掌握情况，所以实现应急管理的信息化、智能化非常重要。

10.1　智慧应急的内涵和特征

10.1.1　智慧应急的兴起

1. 智慧技术的兴起

21世纪初，在金融危机产生广泛影响的背景下，IBM公司首次向美国政府提出了"智慧地球"的概念。建议政府从长期和短期的战略行动出发，在以宽带、互联网为代表的新兴技术中投入资金，建设国家级的、智慧型的基础设施，以此来提振经济，减少经济危机的影响。随后，美国时任总统奥巴马及政府接纳了这一概念，并将其上升到国家战略层面，采取了包括建立7000亿美元专项经济刺激计划，向网络基础设施建设、医疗档案和流程电子化、政府和教育系统IT建设投资等措施，并取得了持续的效果。2009年，以IBM公司为代表的商业企业向我国推介了这一概念，阐释了其在电力、医疗、工业、城市管理和交通物流等领域的潜力。

同一时期，我国政府也认识到了工业化和信息化的融合对经济和社会发展的价值，并做出了"两化融合"的战略安排，在传统工业领域进行信息化、智慧化改造，提高智能化水平，最终实现信息技术和工业生产的广泛融合。"两化融合"的推进和发展促进了全社会智能化、信息化水平的提高，成为智慧技术在我国兴起的基础和前提。在社会商业领域，信息化水平的持续提高重塑了企业的生产和经营方式，以及供给端与需求端的交互形式，最终影响到产业和经济结构的重塑。而随着社会生产生活方式的进步，信息化的技术手段不断升级，其内涵和外延不断变化，最终催生了"智慧技术"的概念。相对传统的"信息技术""信息化手段"来说，"智慧技术"更强调智能化、数字化手段和方法与实际应用场景的融合，其背后由具体专业领域与信息化理念共同驱动。智慧技术的运用可以提升资源的使用效率，促进流程和体系的扁平化，更灵活地满足需求。

2. 智慧技术与城市管理

智慧技术运用于城市管理的过程，可以从三个层次进行解读。

在基础设施层次，智慧技术是先进的信息通信技术、人工智能数据分析技术、数据收集和存储技术的运用，逐步建立起智能互联的城市管理基础设施。例如，物联网技术在城市交通管理中的运用——在交通信号灯等设施中安装智能传感器，实时收集路况信息，汇总道路状况视频监控数据并传输至运算中心进行分析。一方面将交通信号管理的精细程度从区域/道路级别提高到路段/路口级别；另一方面可以快速掌握突发路面情况，做出及时处理。

在城市建设和管理的层次，地方政府运用智慧技术，升级自身信息化水平和管理能力，整合与优化内部工作和外部服务流程，提高效率和资源的配置，各个职能部门以下辖的管理信息系统所汇聚的数据为基础，不断加深对实际情况的理解与对信息的掌握，修正决策并为政策制定提供依据和参考。同样以城市交通管理为例，交通管理部门通过对道路拥堵情况进行分析，以修改道路通行规则的形式（部分路段分离出左转车道、设置单行道等）优化局部路况，根据公共交通线路在不同区域、不同时段的使用率等，进行公共交通路线的变更、车辆运力的再配置等。而交通管理部门所收集到的数据同样可以被城市建设规划部门进行跨部门使用，用以支持城市道路新建、延长、维修等决策。

而在居民与社会生活的层次，则是民众对智慧技术手段从认知到适应，再到熟悉和积极主动运用的过程。依旧以交通管理为例，居民既会了解到人脸识别等新技术被逐步运用到交通管理中，在行人闯红灯公示系统、市区鸣笛声呐记录系统等的约束下规范自身行为，也会主动使用智慧公交管理系统，掌握车次的实时到站情况，方便出行等。

10.1.2 智慧应急的内涵

对于城市危机管理而言，大数据、人工智能、深度学习、云计算等智慧技术的应用同样产生了革命性影响，无论是管理理念、业务流程还是工具手段都产生深刻的变化。智慧应急成为推动应急管理体系和能力现代化的重要工具。

1. 智慧理念指导下的应急管理

智慧应急将应急管理工作数字化地融入城市的整体运行管理工作，对风险来源进行识别，对危机事件规模等级进行评估，在防灾减灾中实现跨系统、跨地域的协调。智慧应急的实质是智慧理念指导下的应急管理工作。智慧理念的指导，关键在于将智慧技术的运行逻辑与应急管理的体制、机制进行深度融合，实现应急管理体制机制的再造与优化。

2. 智能技术支持下的应急管理

智慧应急的发展过程，就是积极运用物联网、人工智能识别、大数据分析、高速数据传输等新技术，综合提高对风险的感知、识别、化解和学习的过程。[①] 例如，各级应急管理部门，按照"一张网"的要求，对原有的应急管理业务进行梳理，积极开展流程再造，实现与智能技术的深度融合，建立了包括应急信息枢纽、智慧应急指挥中枢在内的一系列系统。在实际工作中，打造统一的信息化基础设施，有助于整合应急力量和资源，优化职能。

综上，本书认为，智慧应急是在国家信息化、数字化治理的背景下，以智慧理念为指导，以智能技术运用为依托的应急管理模式。智慧应急的核心是应急管理，智慧是理念和方法。智慧应急与传统应急管理一样，包含预防准备、监测预警、应急处置与救援、恢复重建四阶段，精准防控、快速反应、科学决策、协同处置是智慧应急的优势所在。

10.1.3 智慧应急的特点

1. 决策的科学化

新型传感设备的应用，可在安全生产、食品药品、卫生健康、自然灾害等各领域提供全新的信息采集方式，利用云计算技术针对各类数据资源进行自动汇聚、识别、关联、融合，开展大数据分析和应用，可有效找准监测的重点，加强对重点行业领域的安全风险排查，显著增强风险早期识别和预报预警能力，提升应急决策的科学化水平。例如，重大节日期间，城市针对特定街道区域，运用智能视频监控和分析系统，对街道人流量的现状和趋势进行分析，有效识别拥挤可能发生或已经发生的区域，在此基础上，迅速决策、及时干预，避免踩踏事件的发生。

2. 高技术装备和系统的应用

从技术层面来说，智慧应急的发展，主要体现在与物联网、大数据、人工智能等新技术在应急管理领域的深度应用。相对于传统的应急管理工作，具体表现为装备的智能化和系统集成度的提升，小到一只带有物联网传感器的水文监测探头，大到整个城市的智能应急一体化系统，都表现出较高的装备技术水平。例如，应急管理部设立的"国家灾害风险预警"智能系统，将各地智能监测系统采集到的自然数据、城市数据，以及各地政府报送的灾害监测信息，

视频10.1

无人机助力抗震救灾

---

① 魏木新，张宪军，陈海雄，等. 广电网络开展惠州智慧城市建设的构想[C]//第二十三届媒体融合技术研讨会（ICTC2015）论文集，2015：48-52.

结合其他部门汇总的专业数据，对重大风险源进行判别和预测。这一模式经过推广，各级地方应急管理部门，采用"一张图"系统，探索综合识别和联动的模式，提高应急管理能力。

3. 信息数据的整合

在智慧技术的支持下，应急管理精细化和集成化水平不断提升。典型的例子是各地应急风险监测系统对城市地理信息（geographic information system，GIS）数据的整合。一个城市的 GIS 数据包括自然数据和城市数据两部分，自然数据包括城市区域的地形地貌、地质水文、气候环境等，城市数据则包含了诸如行政功能区划、道路位置与承载能力、社会功能建筑（如消防局）的位置等。对这一系列数据的整合，能够使得应急管理触及城市的各个领域，并精准掌握危机事件发展的全过程。

智慧应急作为新的管理模式与系统工具，其本身仍然在不断更新和演化。在建立了数据集成系统和信息共享平台后，应急管理职能部门可以与其他城市管理部门更好地沟通与合作。在对各部门专业数据进行汇总，和对历史灾害与危机数据进行分析的基础上，智慧应急系统也在不断发展变化，以期更好适应现代化的城市环境和新形势下城市危机管理的要求。

4. 高效的物资调配

在应急物资调配和保障方面，智慧应急同样发挥很大的作用。以山东省为例，2021 年，山东省率先立项，搭建省级层面的应急物资储备保障平台。完善救灾和物资保障管理系统，秉承了"全灾种、大应急"的发展目标和理念，以前分散的"单一种类灾害"物资管理模式转变为整合化的、统一调度的物资管理模式。省应急管理厅启动建设全省应急物资保障平台，这一平台建设推动应急物资储备管理、标准化、规范机制的完善。物资的需求方可以通过物资管理系统与供应商进行高效的对接，在一定程度上能够提高物资准备和到达现场的速度，缩短救援现场获得物资的时间。①

10.1.4 智慧应急的意义

1. 全面提升危机管理现代化水平

面对新形势下更加复杂的城市安全风险，智慧应急成了危机管理的有效手段。智慧应急强调对多种风险源进行统筹管理，建立综合预警和联动处置机制。例如，杭州市建立了"城市大脑"系统，下设一个应急数据主站点，对分散在包括气象、水利、交通、公安、公用事业等各部门的数据进行汇集和整合，建立应急管理空间信息数据库。

---

① 腾讯新闻. 助力山东省打造应急物资保障平台[EB/OL]. （2021-11-03）[2022-06-01]. https://new.qq.com/rain/a/20211103A077LI00.

同时建立并接入城市危机监测物联网线路，实时汇集信息。强化各部门间的横向信息交流和交换，建立了应急信息和指挥"一张图"系统。能够对城市运行中已经识别的类型风险源做到全天候、可视化监测，并开展协同处置行动，大大提升了城市危机管理的现代化水平。

2. 增强应急动员能力

在传统的应急管理工作中，应急动员能力取决于应急管理部门所能掌握的信息渠道和物资资源，但这些渠道和资源可能分散在不同的部门和系统中，它们能否被及时、充分调动起来，是存在一定挑战的。而智慧应急首先基于"一张图"的管理理念，对关键的防护对象及其周边的应急资源进行量化管理，对应急物资的库存情况可以动态掌握，对物资流动的轨迹和承载力量可以针对区、街镇，甚至村居提前规划分析，做好预案。同时智慧化的应急信息管理系统积极运用5G、云服务、新媒体网络等信息渠道，能够更深层、更广泛触及社会居民群体，在应急动员的过程中可以提高效率，减轻压力，应变危机事件的发展变化。

3. 实现多部门协同处置

传统城市管理的各类数据与信息，归属于不同的专业部门，分散在各自的业务系统中。各部门信息不能实时互通，也难以有效整合利用，形成一个个信息孤岛。当发生重大危机事件时，信息壁垒成为组织协调的障碍，导致统一指挥、多部门联动处置面临困境，最终影响危机管理的效果。通过建设统一信息化应急管理平台，实现数据的互联互通，达成信息共享。在此基础上建立智慧化协同模式及沟通机制，推动业务模式整体转型，促进跨部门协同治理。可见，智慧技术消除了部门间信息壁垒，使多部门协同处置成为可能。

4. 助推应急准备文化的形成

应急准备是危机管理的重要内容，西方发达国家十分重视应急准备工作。面对地震、飓风、洪水等频繁发生的自然灾害，美国发展完善了针对灾害和日常生活的安全教育培训体系，将安全教育课程纳入美国从幼儿园到高中的教育中。联邦和地方政府应急机构在全国范围内广泛开展各类灾害应急知识培训、灾害应急演练和科普教育活动。日本作为一个地震、台风、海啸、火山爆发、暴雨等自然灾害频发的国家，高度重视宣教的应急科普工作，建立了国家级防灾信息宣传教育中心。①

而智慧技术赋能的应急准备文化建设，可以成为现代应急管理体系得以在全社会落地的文化基础。《应急管理部关于推进应急管理信息化建设的意见》指出：构建智慧应急管理科普宣教体系，搭建资源共享平台。地方各级应急管理部门要充分利用共享平台制作发布具有地方特色的应急管理科普宣教内容，利用新媒体开展应急宣传，

---

① 张玉玲.应急管理，国外怎么做[J].决策探索（上半月），2015（9）：20-21.

普及安全知识，强化应急意识，提高防灾避险、自救互救能力。逐步普及危化品企业线上线下融合的安全培训空间，推动全体员工安全培训行之有效。近年来，我国逐步建立了防灾减灾救灾的社区"第一响应者"制度。通过规范化培训和大规模宣传，不断赋能基层社区的第一反应者或自救互救群体。随着信息技术的发展，应急文化建设可以进一步借助信息技术，大力推进互联网应急文化科普项目的实施，着力推动传统应急文化与信息技术的深度融合。[①]

10.2 智能技术应用下城市危机管理的变革

智能技术的应用推动了城市危机管理的深刻变革，具体体现在以下方面。

10.2.1 决策逻辑向数据驱动转变

智能技术推动下危机管理的一个深刻变革在于决策驱动方式的变化。应急决策是危机管理的关键性内容。传统的危机管理常常依靠领导者的经验进行决策，依靠职能获得决策授权，信息化的数据可以成为决策的参考但不是主导因素。而智能技术的深度运用，带来的是决策信息的"全域化""全知化"，这为危机事件的态势掌握、精准决策创造了条件，实现了应急决策逻辑由经验驱动向数据驱动转变。

传统的危机管理决策中，由部门领导或指挥机构的负责人做出决策并承担责任。决策风格可能受到个体偏好和注意力影响，而智能技术可以极大地促进决策和执行团队内部的信息交换，使得专家型管理者可以将自己的专业判断迅速准确地传导到决策层。另外，在传统应急决策中，受信息容量限制，决策方案具有片面性和滞后性，往往在危机发生后，才能明确其因果关系并做出决策。而智能技术所具有的数据汇总、分析和归纳功能，能够帮助决策者抽丝剥茧，从庞大的基础数据中找到潜在的风险诱因，并判断其演化为危机事件的可能性及影响范围，这使决策者做出的应急决策建立在实证性数据支撑和科学的数据分析基础上，避免了决策者盲目决策。

10.2.2 危机管理业务流程的智能化

智能技术的运用，为危机管理插上了"智慧的翅膀"。智能技术能应用于危机管理的各个环节，从而重塑危机管理业务流程，提升业务流程的智能化水平。在实践中，参与危机管理的不同部门借助智能化工作平台进行有效的协作，将智能化的模拟分析、

---

① 本刊编辑部. 2019年习近平总书记关于国家网信工作的重要讲话集萃[J]. 中国信息安全，2020（1）：26-29.

精准评估和科学决策相统一,将常态化城市运行管理与危机状态下的城市智慧应急相统一,实现管理流程的智能化。

以杭州市江河水资源危机识别管理为例,在风险源识别层面,该市借助省级气象部门的信息系统进行联动,运用气象卫星数据,结合气象巡逻无人机,地表与地下水文物联网网络的数据,对区域内的水体资源对象,如江河干流、支流,重要水井点位,水利设施等进行监测,实时获取多维度水体数据,如流量、水位、排水量等。在常态化时期,所收集的数据将供城市水务管理部门识别使用,为正常工作的决策提供参考依据。而在危机预警监测层面,运用基于大数据和云计算技术搭建的数据分析平台,存储和归纳大量的监测数据,并根据数据变化的情况临时增设和调整监控点位的具体位置。在应急响应层面,如果发生水体异常情况,具备 AI 智能算法的指挥系统就会结合历史数据进行对比,迅速做出事态分析和警告,并针对具体的危机类型如洪水、水体污染、水利设施损坏等,给出包括水利调峰、紧急水体净化、加强现场监控等不同的处置建议。该系统同时从属于更高等级的应急管理网络,异常报告会即时共享给其他相关部门,在涉及跨部门协调应急力量时,可以提供更实时和准确的信息。在灾后恢复层面,智能化和多样化的监测手段可以更加准确掌握灾害减轻和结束的趋势,在防控二次危机的基础上,缩短减灾动作启动时间,争取更良好的效果。

10.2.3 危机管理的全过程、全周期

受制于客观条件的限制,传统应急管理往往是被动响应。随着智能化技术的深入运用,统一的应急管理智能信息系统、指挥系统的搭建,使得对危机的主动溯源和判别成为可能,辅以决策的数据化驱动,使智慧应急工作可以更多覆盖到应急准备和应急预防方面。这些都体现了应急管理"全过程、全周期"的发展趋势。如果面临城市重大突发事件,危机管理部门也可以借助指挥平台,融合传感数据、视频影像乃至于卫星图像等,进行在线实时分析。同时,智慧化的跨部门系统可以有效打破"条块数据壁垒",实现上下级应急管理单位、同级其他职能单位间的数据共享,实现危机处置的"动态响应",改变过去"被动出击,被动救火"的局面。

在智能技术的支持下,应急管理队伍可以利用"应急大脑"提供的大数据、人工智能、公共安全决策模型等技术,挖掘历史案例经验,分析处置场所情况,形成综合辅助决策建议,构建智能科学的"决策中心"。同时应急管理队伍综合运用 5G、卫星等手段,建立多维弹性通信通道,实现不同制式装备的语音、视频统一通信调度,纵向到达每一个作战人员,横向覆盖所有参与组织,构建高效可达的"指挥中心"。特别是在沿海发达地区,应急管理队伍通过整合安全生产、防灾减灾、消防安全、交通安全、城市生命线、特种设备等监测监控信息,初步建立了城乡安全风险综合监测预警体系,大大提高城乡安全风险发现、防范、化解和控制的水平。

10.3　城市智慧应急的实践发展

当前，数字化正以不可逆转的趋势改变人类社会，已然成为推动经济社会发展的核心驱动力，全面重塑城市治理模式和生活方式。为顺应时代发展趋势，全国各地都在部署数字化转型战略。上海积极推进新一代信息技术与应急管理业务的有效融合，在感知网络覆盖、大数据支撑、应急场景拓展应用等方面创新发展，为应急管理插上了"智慧"翅膀，全面提升城市应急管理现代化水平。本部分以上海为例，对城市智慧应急的实践发展进行分析。

10.3.1　市级层面以"一网统管"的城市大脑为应急核心

上海建设了"一网统管"的城市大脑系统。基于智慧城市发展的成果，整合了物联网、大数据技术，兼顾了政府管理和市民需求，形成跨部门的，覆盖全市地域的系统机制和架构。将城市运行管理的方方面面进行数字化，数据统一汇集到城市运行管理中心，将城市治理的诸多要素统一整合呈现。打通部门数据壁垒，有效整合治理资源，第一时间发现和解决安全隐患，推动城市治理向智慧化、精细化迈进。[①]

纵向看，市城运中心规划了三级平台的组织设计，如图10-1所示。其中，城运中心负责顶层设计，加强对三级城运中心的建设和指导。城运区中心向市级开放，横向对接街镇，整合本区各部门，统筹协调。街镇中心是信息收集的前端和事件处置的末端，聚焦城市治理中的具体危机和小隐患。从横向来看，在常态化的城市管理中，城运中心是委办局合作的枢纽，委办局是具体事务的承担者和响应者。但在城市紧急情况下，城运中心将统一指挥协调跨部门、跨地区、跨层级的应急响应事务。

图10-1　区级"一网统管"智慧大屏

---

① 宋杰."上云"故事之上海：一座超级都市的"一网统管"实践[J].中国经济周刊，2021（6）：18-20.

"一网统管"城市运行管理系统将常态化的城市管理子系统与应急管理功能子系统进行整合，在突破数据壁垒，实现统一调度的基础上，仍保留了各子系统独立运行的能力。区级应急管理"一网统管"大致可分为安全生产综合监管、消防指挥、防汛防台指挥、智慧天气精细化管理四类应用场景。

视频10.2

一网统管守护独居老人

安全生产综合监管系统以感知网络为基础，以智慧应用为核心，以应急大脑为重点，结合监管业务的痛点和难点，将信息技术融入业务的每一个环节和全流程，实现在线精细监管与执法检查的统一。14个监管模块打破信息孤岛，掌控监管大局，时刻把握城市安全"脉搏"。随着企业档案数据的建立，系统通过汇总分析信息如监督执法、隐患排查、风险控制等，被监管企业的全链条安全风险管控得到一网查的有效支撑。

消防指挥系统可以对突发的消防安全事件进行跟踪和监督，不仅可以从连接的单兵设备和无人机上直接观看现场火灾和救援情况，还可以从大屏幕精密模型地图上准确知道起火点的位置和附近消防栓、地下管线等的分布情况。根据现场情况，设置处置权范围，指挥员可调用范围内的摄像头图像，对火灾进行全方位的研判，不留任何死角；该系统还可以访问建筑信息、墙壁定位信息、人口信息等，方便消防员掌握建筑物、房间结构、住户信息，实现精准施救。此外，该地图还支持测距和测高功能。指挥员可以通过测量起火点到附近消防栓的距离和消防楼层的高度，然后指挥消防员携带足够的水龙带和梯子，科学高效地开展灭火救援工作。

以全过程监管为核心的防汛防台体系，突破多个职能部门的数据壁垒，整合治理资源，推动水灾害治理智能化、精细化。以上海防汛台指挥系统为例，该指挥系统汇集了气象、水文、海洋、海事、流域机构等十多个部门的各类防汛信息，通过数据采集、数据管理、数据应用的统一标准，集成了一个完整的数据共享平台。例如，台风天气中，如果立交有积水，当积水达到10cm时，防汛防台指挥系统会自动将信息推送至路政管理部门，道路养护人员会赶到现场进行排水作业。当积水深度达到25cm时，系统会同步向公安、路管、排水等部门推送信息，并从应急预案中自动弹出关闭立交桥作业、交警现场指挥、就近调度资源进行现场支援救援等措施并实施。同时，道路积水信息将通过上海发布、市民云、高德地图等互联网移动平台同步向社会发布，提醒市民主动规避风险。①

10.3.2　社区层面"AI云卫士"提供精准预警

城市常态管理和应急管理并不是完全分离的，而是相互衔接、彼此渗透的。常态

---

① 网易新闻. 全市"一网通办""一网统管"全面推进 防汛指挥系统跻身成功范例[EB/OL]. （2020-01-09）[2022-06-01]. https://www.163.com/dy/article/F2G3SI8C05149VD9.html.

管理中的风险识别、排查、预控也是应急管理的重要内容。在社区层面，上海在智能技术应用和智能应急体系建设方面有着丰富的实践探索。在市级应急管理指挥系统下，连接建立覆盖社区层面的智能应急信息系统。"AI云卫士"是智能应急系统的具体应用之一。根据社区管理需求定制开发的"AI云卫士"是一款具有自我深度学习功能的软件机器人。它可以智能分析计算公共视频设备上的图像和视频，然后通过云平台将报警信息推送到相关人员的手机上。除了高空抛掷物品、遛狗不牵绳，还能自动发现、报警火灾高危区域、电瓶车进入走廊、侵占消防通道等存在安全隐患的动作，实现事件的自动处理。整体来看，"AI云卫士"提升了社区管理效率，实现了社区层面风险源的识别和分类，以及应急报警联动处置。

以上海松江区莱顿小城为例，该小区率先试点"AI云卫士"，如图10-2所示。小区采用了视频监控系统，共有734个视频监控探头，全面覆盖小区的重点区域、重点部位、重点场所。该小区有80多栋高层建筑，不久前的一天，一个燃烧的烟头从天而降。幸运的是，没有路人，也没有晾晒的衣服。谁扔的烟头？它是从哪里来的？物业人员在微信上收到报警画面后，查看了"AI云卫士"拍摄的视频并进行图像分析，一分钟内锁定了抛物窗。报警画面由"AI云卫士"自动抓拍发送。"AI云卫士"不仅可以自动识别高空抛物现象，还可以通过分析公共视频拍摄的图像，清晰记录物体下落轨迹。居委会的工作人员拿着照片来到门口，找到扔烟头的居民。对方承认后道歉，并承诺以后不会再有这种行为。工作人员了解到，该居民之前多次扔烟头，都是点燃的烟头。居委会多次派人上门沟通，但都没有效果，因为居民不承认。这次被"AI云卫士"抓到后，之后没有再扔。

图10-2　社区"AI云卫士"视频监控中心

"AI云卫士"监控系统解决了高空抛物找人难、证据固定难、责任追究难的三大难题，大大提高了物业人员的工作效率。目前养狗的人很多，但是有些居民在小区遛狗的时候不牵狗绳。"天上掉东西""遛狗不牵绳"一度面临"难以发现和取证"的局面。有了"AI云卫士"，情况就不一样了。一天，物业人员收到报警信息，提示小区广场有一只宠物狗未被牵绳。物业人员在监控室看了公共视频后，确认遛狗的人没有牵绳。结合拍摄到的活动轨迹，物业人员确认对方是小区南门商业街的商户，于是第一时间拿着截图照片上门与他们沟通。一开始对方否认，看到照片后不得不承认错误。过去遛狗不牵绳的行为是人工巡逻发现的。自"AI云卫士"自动报警以来，相关监管效率大幅提升。它在社区一级识别、监测和分类风险源方面发挥了重大作用。①

视频10.3

智慧电梯安全应急

10.3.3　城市智慧应急的风险防范与化解②

依靠数字技术及相关基础设施搭建的智慧城市，在极大提高人类生活的便捷性及治理效率的同时，也因数字技术的不稳定性而产生不同风险。被数字技术"绑定"的城市应急管理工作类似于"把鸡蛋放到了一个篮子里"，不同部门通过数字技术形成了密不可分的网络结构。而在这个网络结构中，若某个关键节点或网络基础出了问题，遭受如地震、洪涝、暴恐等袭击，整个网络运行就可能会出现问题，甚至瘫痪。例如，日本北海道强震引发了大规模断网断电，札幌市瞬间成了"黑暗之都"。

数字技术支撑下的网络瘫痪或中断后，会给受灾群众生活、工作带来很大影响。一般来说，数字技术网络应用带来的风险及其影响，具体表现在对"物""人"因素等承载体的多重风险链条影响。数字技术网络给城市基础设施等"物"维度层面带来的风险影响。例如，城市应急指挥网络中断，指挥网络无法获取底端灾情信息，即便获取到灾情信息，受限于网络传输渠道中断，灾情信息上传下达失效，给城市突发事件应急信息研判、有效决策指挥带来极大挑战等。"物"维度层面带来的风险影响直接导致了"人"维度层面的风险产生。一旦发生灾害导致城市网络设施中断，今天人类所推崇的数字化、信息化、网络化，反而会束缚人们的工作、生活。例如，依靠扫码的支付、交易、出行等无法使用会影响人们的正常消费。可见，沉浸于数字技术的便利环境中的人群，一旦发生灾害，也会遭受数字技术带来的风险。此外，在"物""人"等承载体的多重风险链条叠加影响下，在城市突发事件应对过程中，如何治理数字技术信息污染、遴选有价值信息，也成为需要面对的问题。

针对城市智慧应急的潜在风险，可以从以下两方面探索防范与化解的策略。

第一，积极挖掘城市应急管理中数字技术风险对"物"因素冲击的防范化解措施。对城市智慧应急中的智慧技术风险的生成机理进行深入研究，做好源头的风险识别、

---

① 新浪新闻. 松江莱顿小城试点"新式武器""AI云卫士"，处理高空抛物有妙招[EB/OL].（2021-03-13）[2022-06-01]. https://finance. sina. com. cn/tech/2021-03-13/doc-ikknscsi2899579. shtml.
② 钱洪伟. 防范与化解城市应急管理中的数字技术风险[EB/OL]. 中国社会科学报, http://m. cssn. cn/yw/yw_gdxw/202207/t20220712_5417166. shtml.

监测预警，及时发现问题并予以纠正是重中之重。例如，应急指挥信息平台目前在不同部门广泛应用，其稳定运行的保障措施之一，就是提前做好该平台的战略规划设计，从源头工程技术设计层面做好风险防范工作。具体措施包括：备用网络线路、备用电源、体系化指挥平台备份、替代性应急能源等。可以采用头脑风暴或德尔菲（Delphi）法等方法，借助本单位职工或专家的智慧，预判可能发生的黑天鹅事件、灰犀牛事件。同时，在灾前预防准备、响应处置及灾后恢复等城市应急管理的不同阶段，贯彻落实底线思维，做好城市应急管理中数字技术风险防范和应对工作。只有这样，一旦灾害发生，才能做到应急讲究科学，实现科学应急。

第二，主动探索城市应急管理中数字技术风险对"人"因素冲击的防范化解措施。"物"的因素一旦遭受突发事件打击，所带来的风险连锁反应之一便是对"人"因素的冲击影响，防范化解这些冲击影响存在必要性和紧迫性。防范化解数字技术对"人"因素的风险影响，首先要搞清楚"人"因素受到哪些风险影响、风险影响的机理是什么，然后才能对症下药。此外，一方面，针对数字技术给"人"因素带来的风险影响，要考虑人能否驾驭新兴数字技术。另一方面，要综合考虑"人"的因素的兜底作用。例如，数字技术在城市应急管理中应用，提高了应急管理工作效率，但依靠数字技术支撑的城市应急管理系统，一旦遭受洪灾、地震等灾害打击而瘫痪的话，"人"的因素如何激活就十分重要。针对这一现实需求，要解决的是"人"的因素，即专业化组织队伍及社会化应急响应网络系统建设问题。相关责任主体部门要通过产教融合等方式建立专业化组织队伍培养渠道，要激活社会应急资源的活力，要有长远战略规划布局眼光，通过短期培训与对口学历系统培养相结合，建立科学有效的社会化应急响应网络应急能力体系，从而未雨绸缪，化解"人"的因素遭受数字技术冲击的风险。

本章小结

近年来，以互联网、大数据、云计算、人工智能、物联网为代表的新一代信息技术蓬勃发展，智慧应急成为推动应急管理体系和能力现代化的重要工具。智慧应急是在国家信息化、数字化治理的背景下，以智慧理念为指导，以智能技术运用为依托的应急管理模式，具有决策的科学化、高技术装备和系统应用、信息数据的整合、高效的物资调配等特点和优势。智慧应急有助于全面提升危机管理现代化水平，增强应急动员能力，实现多部门协同处置，助推应急准备文化的形成。智能技术的应用推动了城市危机管理的深刻变革，具体体现在决策逻辑向数据驱动转变，危机管理业务流程的智能化，危机管理的全过程、全周期。近年来上海积极推进新一代信息技术与应急管理业务的有效融合，在感知网络覆盖、大数据支撑、应急场景拓展应用等方面创新发展，为应急管理插上了"智慧"翅膀，全面提升城市应急管理现代化水平。不容忽视的是，数字技术在城市应急管理领域中应用，也会带来一定风险。面对城市智慧应急的新兴数字技术风险，要从"人""物"不同层面探索防范化解新兴风险的策略。

关键词

数字技术（digital technology）；智慧应急（intelligent emergency management）

思考题

1. 智慧应急的特点有哪些？
2. 智慧技术在城市危机管理中有哪些应用？
3. 如何防范与化解城市智慧应急的风险？

思考题参考答案

即测即练题

案例分析

上海智慧防汛防台系统

夏季，上海暴雨频繁，复杂多变的天气使得这座拥有 2400 多万人口的超大城市面临着更加严峻的防洪形势。幸运的是，2022 年上海已经提前做好了准备，拥有高科技工具——"上海防汛和台指挥系统 2.0 版"。这套运用物联网、地理信息系统、移动互联网、流媒体等技术的防汛防台指挥系统，大大提高了防汛抢险的及时性和准确性。

汛期以来，上海持续降雨，在台风"黑格比"的影响下，上海全市经历了大到暴雨。在市防汛指挥部指挥长中心，工作人员紧紧盯着上海市防汛指挥系统的大屏幕，密切关注着各处积水的信息。通过这个大屏幕，可以实时查看全市 800 多台实时监控设备、50 个易积水点的视频监控、1.4 万名社区管理人员从 App 提交的数据。

5 日 7 时 58 分，对"龙泉，金山铁路 5 组地下通道积水"进行监控抓拍，系统立即通过政务微信、短信自动通知相关部门进入处置程序：交警控制路面，排水部门组织排水，相关信息同步至交通广播、电视台、高德地图，引导市民避险。随后，指挥中心的值班人员收到系统自动推荐的调度方案，将排水泵车送至现场进行应急处理。几个小时后，积水路段救援完成，系统立即将积水处置信息发送至绿化市容、交警等部门，提示做好道路清扫和交通恢复工作。

这不是上海防汛指挥部第一次快速高效地处理积水。上海正式进入汛期的第一天，上海防汛台指挥系统 2.0 版正式上线。按照"一体化部署、分级应用"的原则，将防汛防台指挥系统同步部署到社区、街道、镇、市交通运输中心，实现日常管理一屏、态势感知一网、信息展示一图、指挥调度三级防汛指挥一体化。特别是围绕"快速高效处置积水"问题，市防汛指挥部从预报预警、感知发现、联勤联动、应急处置、反馈取消五个阶段探索智能化应用，实现了积水处置闭环管理。

视频10.4
城市智慧防汛系统

2.0 版的发布是根据上海"一网统管"要求对原有防汛信息平台的升级，与原 1.0 版相比，新系统从广度、深度、精度三个方面进行了拓展。一是信息来源和覆盖面更加丰富，不局限于基于"水位"的防汛调度，而是通过互联网和热线电话等渠道获取社会各级防汛数据，从而了解真实的情况。二是信息更加简洁，重点突出。1.0 版本的数据纷繁复杂，屏幕上会显示一些基础数据，淹没了关键信息。2.0 版系统更注重数据整合。对当前值班人数、"风暴潮洪水"四大灾害因素、人员伤亡及坠物等灾害、人民群众呼声反映的洪涝灾害报告、人员转移安置、救援队伍和物资准备等模块进行了明确安排。

依托该系统，上海市建立了相应的防洪调度机制。上海市防汛指挥部信息中心技术科负责人说：从全社会参与和服务的角度来看，我们把所有与防汛相关的信息都整合到了防汛屏上。此外，我们将部门联勤联动系统纳入政务微信系统，建立了以区块为主体、街镇为主体的基于政务微信的灾情上报系统，实现全网基层第一手灾情数据的实时上报和逐级复核。同时加强基层单位应急值班管理，将原有的两级值班模块延伸至市、区、街镇三级，做到各级防汛责任可控可查。①

思考题

结合案例展开分析，上海市在防汛工作中采取了哪些智慧应急措施？效果如何？

第10章
案例分析参考答案

---

① 上观新闻. 聚焦 | 中国纪检监察报：上海运用防汛防台指挥系统 一网统管 智慧防汛[EB/OL].（2020-09-04）[2022-06-01]. https://sghexport.shobserver.com/html/baijiahao/2020/09/04/256047.html.

> **拓展阅读**

[1] 孙建平. 超大城市智慧应急 [M]. 上海：上海人民出版社，2022.

[2] 郁建兴，陈韶晖. 从技术赋能到系统重塑：数字时代的应急管理体制机制创新 [J]. 浙江社会科学，2022（5）：66-75，157.

[3] 李瑞昌. 技术赋能城市综合应急管理的路径 [J]. 求索，2021（3）：118-125.

[4] 陶振. 迈向智慧应急：组织愿景、运作过程与发展路径 [J]. 广西社会科学，2022（6）：120-129.

第 11 章
城市危机网格化管理

学　　习　　目　　标

通过本章的学习,理解城市危机网格化管理的内涵与功能,掌握基于网格化管理的城市危机管理的结构与机制,包括统一领导机制、群防群治机制、联防联控机制、资源配置机制、责任传导机制,把握推进城市危机网格化管理的思路。

城市化快速发展过程中，社会环境急剧转变、新型危机不断涌现。面对复杂性加剧的风险挑战，城市危机管理需要从观念到技术的全面升级，利用网格化管理手段进行城市危机管理，不仅提高了危机信息收集、存储的质量，更有利于对城市发生的危机事件进行精细化防控，实现全覆盖、全过程、全天候的城市危机管理。

11.1 城市危机网格化管理的内涵与功能

在"数字城市"的快速发展和建设下，一种新型的城市管理模式——网格化城市管理模式应运而生。在此基础上，城市网格化管理模式为解决城市危机管理中出现的应急管理机构缺乏有效协同、危机信息整合程度低等问题提供了一条新的思路，即采用"万米网格模式""社区网格模式""自然地域网格模式""一本三化网格模式"等，把城市网格化管理资源整合到城市危机管理中，克服城市危机管理的制度缺陷和技术障碍，真正实现城市危机管理的制度化、规范化、长效化。

11.1.1 网格与网格化管理

网格作为一种新兴的信息技术，也常被国外媒体称为"下一代互联网""Internet 2"等，其利用互联网给当今社会经济管理带来了深远的影响，彻底消除了信息资源"孤岛"，充分实现资源开发共享。国内北京、上海等城市率先在某些领域开展网格化管理并取得突出成效。目前，网格化管理已经成为我国基层社会管理的重要模式与管理工具，并在危机管理领域积累了一定的实践经验。

1. 网格

网格（grid）这个词最早来自于电力网格（power grid），意为拆分，主要优点在于用户提交需求的简洁性和网格响应需求的精准性及迅捷性三个方面。[①] 网格通过将互联网、高性能计算机、大型数据库、传感器、远程设备等融为一体，以实现资源共享、功能交互等需求，同时也将各种资源（包括计算资源、存储资源、带宽资源、软件资源、数据资源、信息资源、知识资源等）连成一个逻辑整体，形成一个虚拟的、空前强大的超级计算机，以满足用户不断增长的计算、存储等需求，从而实现网络虚拟环境下的资源共享和协同工作。

2. 网格化管理

网格化管理是指借用空间网格及计算机网格管理的思想，根据一定的标准将管理

---

① 秦上人，郁建兴. 从网格化管理到网络化治理：走向基层社会治理的新形态[J]. 南京社会科学，2017（1）：87-93.

对象分为若干网格单元，同时利用现代信息网格技术对各个网格单元之间进行协调，最终达到整合、协调系统资源，提高管理对象工作效率的现代城市管理思想。[①]

网格化管理兴起于城市居住区管理，特点是精细化管理，依托统一的数字化管理平台，按照一定的地理空间和人口分布，把全域行政管理区域划分成若干网格，将辖区内人、地、物、情、事、组织全部纳入网格进行管理，实行分片包干、责任到人、设岗定责，实现力量下沉、无缝对接、服务到户。其最大特点是将过去传统、被动、分散的管理转变成现代、主动、系统的管理，以实现基层社会服务与治理的精细化、集约化与高效化。自 2004 年北京东城区首次实施网格化管理以来，浙江、上海和湖北等多个省市对这一基层管理模式进行了因地制宜的创新并取得了积极的成效。[②]目前，网格化管理已经发展成为我国基层社会管理的重要模式与管理工具。

3. 网格化管理的技术基础

网格化管理是以数字技术为基础的，其关键技术包括：①"3S"及其集成技术。"3S"（GIS、RS、GPS）技术是现代空间信息科学的重要组成部分。GIS 是对多种来源的空间数据进行综合处理、集成管理、动态存取，作为新的集成系统的基础平台，并为智能化数据采集提供技术支撑；GPS（全球卫星定位）主要用于实时、快速地提供目标的空间位置；RS（遥感测绘）用于实时提供目标及其环境的各种信息，发现区域表面上的各种变化，及时对 GIS 数据进行更新。"3S"技术集成是指将 GIS、GPS、RS 这三种相关技术有机地集成在一起，实现空间数据的实时采集、管理和更新，具有在线性、实时性和整体性等特点。"3S"及其集成技术是网格化管理实现的关键。②网络及网络通信技术。网格化管理要用到不同部门、不同区域的资源和数据，因此数据交换和传播将是网格化管理的重要环节。网络和通信技术为数据的顺畅交流提供了重要的技术支撑，从而实现资源和数据的交换与共享，发挥其最大作用。随着计算机网格技术的推广及其在网格化管理中的应用，对网络和通信技术会提出更高的要求。③分布式数据库及分布式计算技术。分布式数据库是由相互关联的数据库组成的系统，它是物理上分散在若干台互相连接着的计算机上，而逻辑上完整统一的数据库。它的物理数据库在地理位置上分布在多个数据库管理系统的计算机网络中，每台计算机上的用户在访问数据库时通过分布式数据库系统由网络从其他机器中传输过来。分布式计算是一种计算方法，在这种算法中，组成应用程序的不同组件和对象位于已连接到网络上的不同计算机上。用于管理的数据可能位于不同地区、不同部门的系统或数据库中，因此网格化管理需要用分布式计算技术来构建异构的分布式数据库，并实现相关的运算、分析和处理。④移动 GIS 技术。广义的移动 GIS 是一种集成系统，是 GIS、

[①] 郑士源，徐辉，王浣尘. 网格及网格化管理综述[J]. 系统工程，2005（3）：1-7.
[②] 秦上人，郁建兴. 从网格化管理到网络化治理：走向基层社会治理的新形态[J]. 南京社会科学，2017（1）：87-93.

GPS、移动通信、互联网服务、多媒体技术等的集成。移动 GIS 作为一种服务系统，当用户与现实世界的一个模型交互时，在不同时间、不同地点，这个模型会动态地向不同用户提供不同的信息服务。

11.1.2　网格化嵌入城市管理的技术变迁

1. 技术浅度嵌入阶段与"单台运转"模式

20 世纪 90 年代以来，现代信息技术被快速应用于城市公共部门管理，其主要影响之一是政府内部管理的信息化。各部门探索利用新生的信息技术，建立新的内部信息沟通系统和城市要素信息管理系统。例如，1994 年，国家在 50 个城市试点开通"金税工程"一期，旨在提升城市税务系统的管理信息化水平。这一阶段为技术浅度嵌入阶段，信息技术作为一种新工具，开始嵌入和影响城市管理过程。税务、交通、水务、工商、住建、公安等城市管理部门逐步采纳了信息技术工具，其收集、处理并向居民发布信息的能力得到了提升。不过，这一阶段的技术嵌入并没有改变城市管理的组织模式。城市管理依然是按照传统模式组织起来的，也即按照传统工作模式分头管理相应的城市要素或对象。城市管理者关于提升自身管理能力的想象，往往局限于推进机构改革（包括调整部门间职能事项）或是加强部门间常规沟通与协调。一言以蔽之，在技术浅度嵌入阶段，信息技术帮助再造了各城市管理部门内部的信息管理实践，但是不同部门之间、部门与管理对象之间的关系没有发生大的变化。一个全面打通管理部门间壁垒，整合各部门的前台或前端职能（如发现城市管理问题、接触城市居民）的平台型组织尚未出现。城市日常管理仍由一个个"单台"部门分头组织和完成，城市管理的组织特征总体上表现为"单台运转"。

2. 技术中度嵌入阶段与"前后台互动"模式

新型信息系统在各城市管理部门的陆续建成，以及 1996 年以来相对集中行政处罚权（综合执法）改革的有序推进等因素，共同开启了技术中度嵌入阶段。城市管理部门之间的信息系统被进一步打通，部门与城市管理对象之间的关系也开始发生变化。整合各部门前台职能的"前台"组织逐渐出现，并代表各部门（此时可称之为"后台"）与城市管理对象直接交互。城市网格化管理中心就是这一阶段产生的典型城市管理前台。

2004 年年初，北京市东城区在全国首创了"万米单元网格法"，建立了基于全区域覆盖、全时段监督、全方位管理（部件）、零距离接触（居民）的城市管理监督系统，其"依托数字城市技术创建城市管理新模式"项目在 2005 年 2 月中旬被批准为国家信息化示范项目。推行"万米单元网格法"的实质是超越以部门职责为核心内容的城市管理体系，构建"以网格空间为核心内容的城市管理体系"，最终目的是提升城市应对复杂问题的能力。城市网格化管理由此风靡全国，成为信息技术中度嵌入阶段城市管理创新的重要成果之一。有学者认为，网格化管理借助信息技术，借助社会力量在政府层级、职能和部门之间进行了全方位打通的努力，尽管带有浓厚的中国色彩，但它是继"无缝隙政府"模式后在政府管理流程上的一个重大变革和突破。总之，网格化管理中心作为城市管理前台的出现，再造了部门与部门、部门与管理对象的关系，改变了城市管理的组织模式，把"单台运转"推向"前后台互动"。

3. 技术深度嵌入阶段与"三台一体"模式

城市网格化管理运转的愈发成熟，信息技术的高速发展，整合领域与应用空间的不断扩展，使得技术与城市管理融合愈加紧密。数据管理职能原本是城市后台管理与前台管理的通用部分，但它现在变得越来越重要。一些城市借鉴私营部门经验，把数据管理职能独立出来，设立了城市管理的"数据中台"。2016年以来在杭州、上海等地逐渐发展起来的"城市大脑"本质上就是专司数据管理职能的数据中台，它的出现打开了城市管理的新阶段。需要说明的是，中台的概念与实践首先发生在私营部门。阿里巴巴在2015年年底就提出"中台战略"构想，意图构建"大中台、小前台"的组织机制与业务机制，作为前台的一线业务会更敏捷、更快速地适应瞬息万变的市场，中台将集合整个集团的运营数据能力、产品技术能力，对各前台业务形成强力支撑。城市管理数据中台既是技术快速升级的成果，也是技术深度嵌入城市管理的证明。尽管城市管理数据中台还处在相对初级的阶段，但已经展现出串起前台与后台、重构城市管理组织模式的力量，预示着前台、中台、后台"三台一体"组织模式的生成。①

在城市管理精细化战略背景下，为进一步推动技术融合、业务融合、数据融合，打通信息壁垒，形成覆盖全市、统筹利用、统一接入的数据共享大平台，上海组建了大数据中心——"一网统管"，通过把尽可能多的物、事、人、组织（法人）等城市管理要素纳入一张跨区域、跨部门、线上线下一体化的城市管理网络里，对这些要素进行统一与高效的管理。"一网统管"不仅依托着上海市有着比较成熟的城市管理组织基础和信息技术基础设施，拥有丰富的管理前台建设经验，在网格单元设计、部件事件的分工、网格化管理中心运营、网格化综合信息系统建设、社区网格队伍建设等方面形成了扎实的管理基础。另外，还依托于上海市长期深耕数字化城市管理与智慧政府建设，在城市信息基础设施布局、城市要素数据化、数据管理能力、政务数据共享等方面走在全国前列，能够为"一网统管"的实施提供相对完善的软硬件信息技术基础设施。

---

① 刘伟. 技术运行与"一网统管"新型组织模式的建构[J]. 行政论坛，2021，28（3）：125-130.

11.1.3　城市危机网格化管理

1. 城市危机网格化管理的内涵

当前，公共危机已成为现代风险社会的重大难题，城市危机网格化管理作为城市治理的组成部分和重要基础，以条块联动、资源整合、重心下移、实时监督为原则，以危机预警为主要抓手，通过精准引导，将更多治理主体纳入治理体系，优化治理结构及其行动网络，激发其他社会主体的积极性，形成了共建共治的网络格局，提升了治理有效性。

2. 城市危机网格化管理的特点

网格化管理在应用于城市危机管理的过程中，逐步形成了属于自己的禀赋和特点，主要表现在以下五点。

（1）管控性。通过地方政府各职能部门和社区网格管理人员的"绑定性下沉"，对社区网格范围内人、事、物展开巡查和处置，实现覆盖性管控。

（2）覆盖性。我们之所以使用"网"字来比喻网格化主要是因为网格具有极强的覆盖性，有人将其比喻为"横向到边、纵向到底、全面覆盖、不留死角"，能够实现全覆盖，并及时发现基层社会中存在的问题。

（3）链接性。所谓链接性，主要是指网格体系中包括基层政府及其各职能部门、社区工作者、志愿者等多元主体，通过网格体系能够建立起一种带有实质性的工作协作、反馈和责任追索的链接，使政府各部门之间、基层政府与居民自治组织之间，都建立起一种带有实质性意义的联结关系。

（4）应急性。网格化管理模式能够借助于现代技术实现治理事件目标化、数据化，对各种危机事件做出相应的科学预判，及时发现问题并处置。在此背景下，网格化能够在应急管理中起到资源整合、信息整合和危机预警等目的，具有较强的应急能力。

（5）技术性。城市危机网格化管理通过云计算、互联网、大数据、人工智能等信息技术手段的嵌入，来推进危机管理制度创新、模式创新。具体而言，城市危机网格化管理，主要体现在"基础设施建设"和"智能化运用"两个层面，如通过电子监控、人脸识别技术和数据感知手段等智能手段收集单位内每块细小区域的数据，再对收集到的数据和信息进行整理、分析和预测，实现城市危机管理中各个主体之间的互联互享。

11.1.4 城市危机网格化管理的功能

1. 城市危机网格化管理为预警和预防提供可靠的依据

危机管理对信息的全面性、真实性要求很高，而现实的掣肘是部门分割造成的信息壁垒，不同部门掌握和提供的信息往往具有很大的差异性，这对危机管理的各个环节和各项工作的开展造成了障碍。实施城市危机网格化管理之后，一是通过网格化管理提供的基础信息，可以实现高效可靠的人防、物防、技防，提高预防的有效性。例如，一个区域的人口结构（包括常住人口与流动人口比例、年龄结构、特殊人群分布等）对危机管理的基础建设如消防、医疗、避难场所、警力、天网工程等具有十分重要的影响。在准确掌握了区域人口信息之后，对重点人群和事故高发区域的布控，对特殊、弱势群体的服务可以做到有的放矢。二是通过拉网式的严格排查，识别风险，及时报告，及时更新发现存在的隐患，尤其是社会安全和基础设施方面的隐患，提高预警的及时性，这在实施危机网格化管理之前是很难做到的。而实施危机网格化管理之后可以通过网格员进区入户及时掌握相关变化的情况，及时发现问题和隐患，做好防范。在基础设施方面，由于有网格员和信息员的及时报告，相关职能部门的及时回应，减少了因基础设施的脆弱性引发的灾害，预防了事故的发生。三是充分发挥了网格化管理的最大优势——扎实的基础性和超强的覆盖性。例如，可以通过网格员的进区入户及时发现矛盾、调处矛盾，提高社会安全突发事件的预防能力，解决物业管理与业主所不能及时得到受理和调处而造成的矛盾、群体性冲突和小区居民之间的生活上的摩擦。

2. 城市危机网格化管理可以提供及时、有效的应急响应

一方面，网格员通过进区入户式的走访和发展小区志愿者队伍及时发现突发事件，迅速进行先期处置或告知上级立即做出应急响应，极大地缩短了响应者核实和研判的时间，同时还可以极大地提高响应队伍的抵达效率。同时，从各地危机网格化管理实践来看，为了有效开展危机管理活动，一个被广泛推广的经验就是充分利用热心人和建设志愿者队伍。另一方面，从一定意义上讲，网格化管理中的网格员日常对网格管理中心发出的急需办理的有关业务信息，因为处置及时可能避免了更大的突发事件和公共危机，避免了"小事拖大、大事拖炸"的后果。

3. 城市危机网格化管理可以为基层应急管理体制搭建与流程优化提供组织载体

维护公共安全体系，要从最基础的地方做起，把基层一线作为公共安全的主战场，坚持重心下移、力量下沉、保障下倾。城市危机网格化管理通过将现有资源体系的整合，减少危机管理体制建设投入，同时，还能将基层有限的资源投入危机管理事务之中，实现基层危机管理体制的有效运转，也使基层危机管理有了体制抓手。通过网格化管理将危机管理链条下延到底，做实基层危机管理体制，通过街道、社区、网格单元构成的基层治理网络，将危机管理重心有效下移，将危机管理资源配置到社区之中，减少危机管理与服务的盲点和遗漏，有利于保障社区灾害危机应对资源体系建设。另外，网格化组织体系亦具有传统科层模式所不具备的网络优势，通过组织间功能与目标再优化，缩小部门组织间的距离，为基层危机管理流程更简化、更具操作性提供空间。

4. 城市危机网格化管理能够整合应急资源、减少浪费和重复投入

网格化管理模式为危机管理资源整合与培育提供了一条可选路径。当前危机管理仍然受到部门的条块限制，有限的应急资源受到部门化配置的影响，总体使用效率不高。传统危机管理模式下，卫生、安监、消防、公安、民政等部门分别建立指挥、信息、资源系统，而系统之间往往缺乏整合，直接导致应急资源浪费。同时，危机管理实践中，需要吸纳社会资源加入到非常态管理中，传统危机管理则过于注重政府资源体系的应用，忽视了吸纳和引导社会力量的制度建设。城市危机网格化管理重在打破部门资源壁垒、整合多方资源。一方面，可以通过网格强化部门间的互联互通，打破部门间的行政区隔，实现无缝组织架构，将有限的应急资源配置到亟待解决和提升的领域，减少资源配置模式中的部门主义倾向，实现政府资源优化；另一方面，通过网格能够吸纳社会组织、单位、企业、家庭的力量加入危机管理事务之中，在常态期建立起多元协同的资源网络，培育资源网络各主体的基本能力，在非常态期则能够更有效地运用于城市危机管理。

11.2 城市危机网格化管理的结构与机制

11.2.1 "人文 - 时空 - 技术"结合的危机网格化管理结构

城市危机网格化管理的结构包含以下三个维度。

1. 以服务为导向的人文维度

城市危机网格化管理充分适应了人民群众对美好生活的需求，将美好生活、人民利益作为共同体的最大价值公约数，在建立服务型政府基础上维护了人民的权利和利益，正是对以人民为中心的发展思想的落实，主要体现为城市危机网格化管理的规划理念与回应导向。在城市规划方面，遵循民主参与和政民协商原则，从市民角度出发，按照居民区网格或网格集合为基本单元来配置公共服务基础设施，包括建立"家门口"服务综合体、打造"15分钟"服务圈等，保障居民就近享受各类公共服务。同时，这种"一站式""集成式"公共服务系统可以依托现有公共服务基础设施，构建危机应急资源空间配置体系，建立各自的生活服务供应微系统，提升基层服务供给的均等化和可及化水平，在紧急状况下又能够提供庇护和保护。在回应导向方面，通过优化网格设置和强化配套改革，依托网格化将环卫、城管等涉及建、管、服等各项工作融合到城市管理中，及时查漏补缺，形成职责明确、运转高效的城市危机管理体系。

2. "全覆盖 - 全过程 - 全天候"结合的时空维度

"全覆盖 - 全过程 - 全天候"建构了城市危机网格化管理的时间维度与空间维度，将城市危机管理中的任一区域、任一阶段和任一时段都纳入了精细化治理的体系之中。"全覆盖"指的是对整个城市地域空间和人口的覆盖，强调网格化管理在整个城市空间上的延展，具体体现为对城市各个街镇，甚至村居进行网格化综合管理中心建设，实现网格化设施在城市地域范围内的全覆盖，对城市危机事件进行规范化、标准化、信息化、精准化地指挥和处理，有效解决城市危机管理中的实际问题。[①]

"全过程"指的是对城市管理生命周期中的延伸，关注从规划、建设、管理、运营到维护的整个城市管理周期，做到闭环管理、统筹规划、未雨绸缪。例如，在抗疫过程中，对疫情初始期、爆发期、平台期、衰退期等各个阶段都采取了不同的应对措施，充分体现了城市危机全过程管理的系统性和精准性。[②]

"全天候"强调时间维度上的纵向延伸，全年、全天候进行监控管理。例如，上海市浦东区于2018年在全国范围内率先成立城市运行综合管理中心，运用云计算、大数据、物联网等技术进行全天候智慧管理。针对上海群租这一管理难点，该运行中心设置了专门的群租管理系统，全天候监控出租房的水、电、煤气用电等数据，对异常情况进行预警。

3. "法治化 - 社会化 - 智能化 - 标准化"结合的技术维度

"法治化 - 社会化 - 智能化 - 标准化"建构了城市危机网格化管理的技术维度，为城市危机网格化管理提供了法治建设、协同治理、技术嵌入等多个结构层面的技术路径与解决思路。

城市危机网格化管理过程中要依法治理，必须做到有法可依、有法必依、执法必严。一方面，通过出台相关政策文件能够为城市危机网格化管理提供政策依据和执行标准，同时也能强化市民对于法律法规的遵守，加强市民的法制意识，进而提高管理效率。另一方面，有利于进行各组织机构的协调与合作，推动从严执法和联合执法。

社会化是指通过政府主导，企业、非营利组织等社会力量共同参与城市危机网格化管理，这也是城市危机网格化管理中的一个突出亮点。"人民的城市为人民"，从人本视角出发，将城市管理的成果落实到人民需要上，站在人民角度进行思考，有利

---

① 韩志明，黄扬. 现代城市治理的精细化之路：以上海市为例[A]. 湘潭大学公共管理学院. 公共事务评论，2019：15.

② 王健. 树立"全周期管理"意识 探索超大城市社会风险治理的新路径[J]. 理论与现代化，2020（5）：121-128.

于增加城市危机管理的精确性和有效性。例如，南京以"网格+部门""网格+志愿者"和"网格+物业"等模式充分发挥政府、市场、社会的多元主体作用，在防控新冠疫情，守住社区疫情联防联控第一线方面发挥了重要作用。

城市危机网格化管理还体现在智能化上，包括建立和完善风险数据信息监测预警平台、物联网系统，对风险信息进行筛查和识别，对城市风险进行实时监测、响应和处置等，从而有效降低城市风险隐患，并减少危机事件对城市居民人身财产安全和城市发展的负面影响。

扩展阅读11.1

上海智慧城市建设

标准化是指通过建立健全的技术、管理标准，为城市危机网格化管理提供标杆制度和参照体系，从而实现全覆盖、全过程、全天候的网格化管理模式。例如，浙江省2016年发布《关于加强乡镇（街道）"四个平台"建设完善基层治理体系的指导意见》，为推进综治工作、市场监督、综合执法、便民服务四个管理服务平台建设提供了清晰、明确的建设要求和数据标准，以确保网格化治理的有效展开。

11.2.2　城市危机网格化管理的机制

在城市危机网格化管理中，通过将城市空间和城市管理范围划分为网格，对复杂的社会治理实务和城市风险进行信息化处理，不仅仅是通过执法力量下沉进行组织整合和精细化治理，更主要是融汇、整合城市危机各个方面和空间的网络化机制。通过这个网络化机制，打通城市危机管理各个层级之间的壁垒，形成宏观上覆盖全域、微观上精细到底、时间上全天运行的一体化空间治理，带动基层与城市危机管理整体互动。具体来说，城市危机网格化管理的功能发挥依赖于以下五种机制（图11-1）。

1. 统一领导机制

统一领导是城市危机网格化管理有序、高效运行的核心要素。城市危机网格化管理主体包括网格工作人员、业委会成员、志愿者、物业管理人员、社会组织、下沉党员干部等多元主体，如果缺乏强有力的领导中枢和机制，就无法对众多行动者进行统一指挥、综合协调，也无法与外界进行统一的资源交流和供需对接。当前基层党组织的集中统一领导为构建完整、有序的权力结构提供了坚实的保证。具体体现在以下两个方面：①价值引领。在城市危机网格化管理的制度实践中，党政体制的嵌入式治理是其得以运作的重要机制，具有激励、监督和社会动员的功能。党政嵌入的激励与监督功能，表现为基层社会治理中的"党的领导"，包括政治领导、组织领导和思想领导。党中央明确强调"以人民为中心""把人民生命健康放在首位"的价值取向。在基层网格中，社区通过广泛宣传、深入动员、协商沟通等方式形成了危机管理的最大共识。在共同价值目标的指引下，多元社会主体共同构筑起了一张常态化管理网格，党建工作以制度化、组织化、网格化的方式嵌入危机管理中,通过自上而下地向基层社会渗透和覆盖,在社会领域中成为连接国家与社会的纽带,从而实现危机管理目标。②圈层构建。各种主体和资源在第一时间团结到基层党组织的周围。形成包含居委会、业委会、物业企业和各类志愿者、社会组织、下沉人员的圈层结构。这个行动圈层的核心就是基层党组织,它实际上负责网格内各类资源的统一调配与协调,形成一体化的城市危机网格化管理力量。

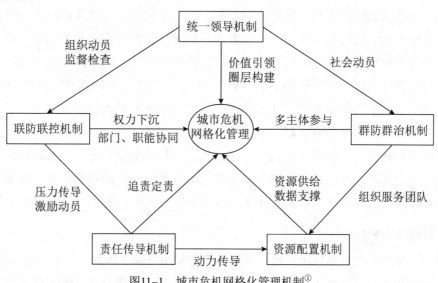

图11-1 城市危机网格化管理机制①

2. 群防群治机制

群防群治为危机管理网格提供了群众基础和动力来源。危机管理通常涉及国家与社会两个层面,不只是政府管理,还需要政府与社会的合作。一方面,社会力量是危机管理中不可或缺的重要力量,针对当前我国应急管理社会力量参与不足的问题,我国建立政府、非政府组织、社区自治组织、企业、公众等多元主体合作的全社会有序参与机制,来加强政府与社会的合作治理,促进多元主体参与危机管理活动。同时,改革传统的以政府为主导的管理模式,利用信息时代网络化的沟通优势,建立政府与社会之间多方合作的危机管理互动平台,形成全主体参与、协同运作的网络治理结构。另一方面,开展各种以防灾和应急为主题的商讨活动,鼓励社会力量积极参与,有效预防和评估危机事件。例如,第七届上海国际减灾与安全博览会暨中国(上海)国际减灾与安全产业峰会于 2015 年 11 月 4 日至 6 日在上海举办,这是国内减灾领域内唯一真正政府举办,同时也是办展历史最久、行业影响最大、国际参与最多的高端平台。自 2009 年举办首届以来,该峰会已成功连续举办六届,并在国内安全领域内取得了良

---

① 容志,秦浩.再组织化与社会治理现代化:重大公共卫生事件中社区"整体网格"的运行逻辑及其启示[J].上海行政学院学报,2020,21(6):66-77.

好的反响，其多元主体性、功效性、时代性的特点推动了危机管理工作的开展，同时也为国际各界人士参与危机管理交流提供了良好的平台与基础。

3. 联防联控机制

在危机常态化管理情境下，联防联控机制主要是指在社区网格空间内，通过政府相关条块部门（如公安、城管、环卫、房办等）人员下沉至社区网格，使行政力量与社区自治力量统一绑定在同一治理空间下，从而形成工作上的协同联动。在全面应急状态下，常态化危机管理网格升级成为非常态化管理网格，各党政部门齐力下沉基层网格、各相关职能部门协同作战，社会组织、辖区单位、物业企业共同参与联防联控治理。联防联控机制具体体现在三个方面：①各党政机关部门的绑定式下沉。有的省市采用"五级干部"齐抓防控的举措，省、市、区、街镇、社区五级书记坚守一线、靠前指挥，层层压实防控责任；党政部门积极动员机关行政力量绑定式下沉，将防控重心下移至社区，在基层网格层面形成下沉干部、街道工作人员、社区工作人员及志愿者协同战斗的格局。②条线部门与社区网格之间加强数据共享、信息联动，在科学研判的基础上实现精准防控。③各个职能部门设置相对应的网格联络员，其主要职责是根据网格内发生的网格事件及时响应，形成一个"发现—处置—反馈"的闭环。

4. 资源配置机制

健全完善城市危机网格化管理资源统筹调度和精准配送体系，对于基层危机预警、减缓、处置和恢复具有重大的意义。当重大突发公共事件爆发时，城市危机管理将采取封闭或半封闭管理手段以切断危机传播的链条。此时，网格的内外资源交流通道被严格约束、收窄，个体消费通道被限制甚至被切断，这就需要以网格为单元迅速重建组织化的资源对接和配置机制。一方面，城市危机网格化管理为各种资源、力量、队伍的整合与集成提供了重要物理基础和支撑，从而形成兼顾常态与非常态情景的集成式网格。另一方面，城市危机网格化管理借助"人口基层信息系统"，对每个网格内的社情、人员信息有较为全面的掌握，能够在危机状况下迅速精准锁定特殊群体，进行资源的个性化配置，从而最大限度地满足特殊群体在危机状态下的需求。

5. 责任传导机制

在科层组织结构中，责任机制是与权力行使密切相关的，旨在明确职责边界、传导管理压力、提升组织效能。"层层压实责任"是富有中国特色、最大化激励人员创造力和组织行动力的责任机制，依托自上而下的行政管理体制与社区网格化管理体系，能够将危机时期的行政任务和压力进行逐级分解并层层传导至基层社区网格，以此推动组织性整体应急行动，实现危机管理目标。责任传导机制主要有以下两个方面的作用：①危机管理工作的网格化定责。非常态化情境下重在精准，市、区、街镇、网格、村居依据网格形态，在统一指挥下，对下辖层级进行网格定点定责定人，建立常态化网格管理体系，实际上将所有社会成员纳入了基层危机管理网络。一般来说，城市街道办事处的领导人员都下沉到网格之中，担任主要负责人，在上下级组织联动互动过程中形成责任共同体，齐心协力推进整体防控。②危机管理工作的网格化追责。在非常态化危机管理期间，各级组织部门、纪检监察部门在各级党委领导下成立专项防控督察组，主动对基层危机防控工作、群众反映强烈的问题开展抽查监督、自查自纠，对形式主义、失职渎职的人员进行责任追究，对表现突出的人员进行表彰表扬。

11.3　推进我国城市危机网格化管理的思路与对策

城市危机管理网格化是城市危机管理的发展趋势，它不仅有利于高效地处置城市各类突发事件，也能大幅度提高城市安全水平和增强城市抵御各类风险的能力。加强城市危机管理网格化建设，需要转变思维方式，将管理方式从原有的粗放化、分散化向精细化和一体化方向推进，强调从全过程、全灾种角度考量常态化网格化管理，发挥中国特色社会治理体系和治理能力的独有优势与效能。

11.3.1　推进我国城市危机网格化管理的思路

当前，网格化管理在面对公共危机不利因素的高度积聚时仍存在着管理与情境的失衡，暴露出城市危机管理中的短板或不足。公共危机的突发性、不确定性、社会性等特征决定了危机管理的预警性、清晰性和整体性等内在需求，需要在充分预测网格化管理中可能出现的各类问题的同时，对现有危机管理体系进行重构和创新，以基本网格单元为基础，以信息技术手段为支持，以精细化管控和资源组织化配置为主要内容，整合动员、服务、管理、链接等多维功能的整体性生活单元及其管理机制，通过制度创新、补短堵漏和全周期管理来构建网格化管理体系，进而提升城市危机管理的现代化水平。

11.3.2　推进城市危机网格化管理的对策

1. 构建网格化监管体系，强化危机应变能力

强化城市危机网格化管理的应变能力，就是要保证风险应对的提前性、主动性，强化日常管理中的风险适应能力，做到战时如平时。这就需要构建强有力的监管体系，迅速发现危险苗头、遏制主要诱因、切断传输路径，将潜在危机消灭于无形。因此，①在构建网格过程中，要实现风险管理的全程追踪与分段应对，既有事前预警、事中处理,更有事后恢复与学习,将防控、响应与恢复综合纳入网格化治理框架。②在构建涵盖防控与恢复的治理框架的基础上,危机管理组织还须进一步构建风险管理、日常管理与应急管理循环往复、持续改进的治理闭环,借应急预案管理体系的强化来消除常态化网格体系与应急网格体系间的障碍。③结合网格员日常工作的开展情况,政府管理机构应协助基层网格组织建立一套完备的激励、容错、追责与学习机制,在调动个人参与积极性和提升个人专业治理能力的基础上,强化网格员领导及组织动员群众的能力水平。④危机网格治理监督体系的构建还须专门强调经验总结与提升步骤的落实,借必要的制度措施提醒网格员定期反思、调整、完善,将自我治理实践中经历的每一次重大风险冲击都视为制度完善的机会窗口,逐步完善相关制度体系。

2. 优化网格主体队伍,完善危机预警机制

首先,利用多元主体的参与扩大预警信息来源。要充分发挥网格化治理神经"末梢"感知灵敏、反应灵活的优势,充分利用网格多元主体的参与作用,形成众多"触发点"。将预警"起点"前移至网格内各"触发点",迅速捕捉突发性公共危机的前兆,从而早发现、早报告、早治理。其次,破除数据壁垒,实现各主体间的信息共享。网格的"条块"设计,极易造成主体间的"数据壁垒",并形成"信息孤岛"。因此,必须实现信息共享:①危机管理行政部门要承担起危机信息共享责任,依法实行数据开放,为网格信息共享提供良好环境;②畅通网格间信息交流的渠道,包括运用网格平台进行的数据交流和跨区域网格间的数据信息交流,并不断更新、丰富和完善共享信息资源;③对预警数据进行标准化储存,并以此作为突发性公共危机的预测依据;④严格规范共享信息所有权、使用权和安全权,并依法保护公民的隐私权。可以说,预警信息共享本质上是"多点触发"资源的集成系统,需要各方相互信任,合作共赢。最后,通过智能化手段实行科学化决策。智能化需通过"人机"合作实现优势互补。一方面,加大力度充实网格员队伍并优化既有队伍的学历、年龄结构,同时对现有的网格员进行专业技能培训,提升其专业预警及危机管理能力;另一方面,借助互联网计算机具有的检索、收集、分析和集成等强大计算能力,开发能够预测和评估的软件,根据历史信息自动化的处理对当前突发公共事件爆发的概率进行长期预警,并对其威胁的范围和程度、演变过程进行综合评估,同时结合专家预测和评估的结论进行科学决策。

3. 权力与资源下沉,完善危机管理协调机制

首先要充实参与主体的力量,改变过多依赖政府的单一架构。政府主导机构应通过治理主体的多元化来拓展"网"的牵引范围,以多主体合作制提升不同力量的参与积极性,进而增强治理过程中的联动性与能动性,以改变"格"到位而"网"不足的现状。这进一步要求政府组织必须真正放权、资源下沉,将基层治理过程中所需的人力、物力甚至权力向下放,着力培养社区网格员的专业技能、沟通技能,确保其在日常管

理中既心细又善于挖掘、联想而有警惕性，以提升危机网格化管理体系的风险应对力。在此基础上，政府管理机构还应大范围地向社会赋能，通过合理适度的激励政策、引导措施调动企业、社会组织参与危机管理的积极性，让其充当政策措施的制定者、完善者而真正实现风险识别、信息传导、救援处置的关联互动，有效弥补城市危机管理中的疏漏。

4. 创建多点信息技术整合机制，提高非常态清晰化治理能力

完善信息技术基础设施，开发非常态网格化治理软件。网格化管理最重要的是技术集合下的平台，根据城市危机管理的应用要求，搭建实现技术、业务、数据三融合，层级、地域、系统、部门和业务五跨的协同管理和服务，从技术角度是实现数据汇聚和大数据频繁运算，实现治理数据化，让危机管理部门从数据库中抓取所需要的数据，实现用数据说话、用数据治理、用数据决策、用数据创新。一方面，要加大推进老旧小区信息技术设施建设，适时地将物联网、区块链、云计算、大数据和移动互联网等新一代网络技术运用到基础设施的更新改造中，真正实现网格化治理的集成化、数字化、实时化、智能化、模块化和协同化，使网格成为最先进信息技术的汇聚地。另一方面大力开发非常态网格治理软件。信息技术基础设施是硬件设备与软件技术的集合体，目前许多社区已开发使用种类繁多的服务软件，而涉及非常规事务管理的软件较少，这可能与此类软件开发成本较高且收益较低有关。因此，政府应重点支持开发涉及非常态网格化管理的软件，进而提升网格化管理的清晰化、精细化能力。

5. 建立非常态网格化治理的智能化多边平台，实现信息资源共享互联互通

在危机管理期间，社区网络多边平台在压制谣言、化解恐慌、聚拢多元主体等方面发挥着积极作用，但大多网络信息平台是基于常态网格化治理服务平台的沿用，创新不足且治理功能欠缺，这就需要加强非常态网格化治理平台建设。首先，以现有网格化治理云平台为基础，加快建设非常态网格化治理专项平台。目前，大多数社区已建起了多边智能化常设网格化治理平台，如基础信息管理、综合信息采集、GIS地图数据分析研判、指挥中心、事件处理、人口综合管理、爱心关护、政务服务、便民服务、考核等多边平台。然而，现有的网格化治理常设平台缺少非常态网格化治理专项平台。新冠疫情防控实践表明，建立突发性公共危机非常态网格化治理专项平台尤为重要。其次，非常态网格化治理专项平台应包括预警监测、信息发布、危机处置、资源需求、法律法规、公共危机知识等多边平台，专项平台建设要充分体现城市危机治理的基本规律和法治的基本要求。再次，打通非常态网格化治理平台与市、区、街道及社区等多边平台之间的"藩篱"，真正实现信息资源共享。最后，非常态网格多边平台建设是一项系统性工程，需要大量的资金投入，政府须承担更多的责任。此外，非常态网格化治理的多边平台建设需要既懂技术又懂业务的复合型人才，这需要政府、高校和社会力量联合培养、共同努力。

本章小结

城市危机网格化管理模式是在"数字城市"迅速建设与发展的背景下产生的新型城市危机管理模式。将网格化管理引入到城市危机管理中来,既能发挥其自身处理复杂性问题的能力,又能克服现有城市危机管理机制的不足,使城市政府能够统一组织调配各类资源,实现对城市危机事件全过程的有效管理。根据当前城市危机管理情境,结合网格化管理的优势,基于网格化管理的城市危机管理机制可以划分为统一领导机制、群防群治机制、联防联控机制、资源配置机制和责任传导机制五部分。同时,加强城市危机网格化管理建设,第一,要转变城市危机管理的思维方式,它要求管理者全面把握现有城市危机管理的制度架构,将网格化思想逐步渗透到危机管理的体制和机制之中,在充分预测网格化建设可能出现的各类问题的同时,构建网格化监管体系,强化危机应变能力;第二,要利用城市危机网格化管理平台,优化网格主体队伍,完善危机预警机制;第三,政府组织要实现权力与资源下沉,以此完善危机管理协调机制;第四,要在利用现有资源的基础上,创建多点信息技术整合机制,提高非常态清晰化治理能力。第五,建立非常态网格化治理的智能化多边平台,实现信息资源共享互联互通。

关键词

网格(grid);网格化管理(grid management);城市危机网格化管理(grid management of urban crisis)

思考题

1. 城市危机网格化管理的内涵。
2. 城市危机网格化管理的结构与特点。
3. 城市危机网格化管理的运作机制有哪些?
4. 当前我国城市危机网格化管理应该如何完善?

第11章
思考题参考答案

第11章
即测即练题

案例分析

新冠疫情下的社区网格化管理

新冠疫情暴发后，基层社区积极响应党中央、省、市、区、街道各级的号召，在相关部门指导下迅速建立起危机应急管理指挥机制。各社区在将疫情防控列为最优先级任务的同时，更以网格为单位对应急管理工作中的各项任务进行分配部署。在疫情防控的实际过程中，社区对外承担了疫情管控期间的权责，合理调配了社区内部资源，并敦促社区内各级管理主体承担相应管理任务，清除疫情防控过程中的管理盲区，将可能潜藏的传播源及时排出，力争"疫情不入社区，疫情不入街道"。

通过社区网格化管理，以疫情防控为中心、为重心，以社区居民防疫为工作导向，构建起跨部门防疫抗疫运行机制。社区对内依靠网格强化了对社区居民的信息收集与传递工作，对网格内部出现的各类问题与情况的细节都做到了实时管控，结合信息技术对网格中的各类事项进行及时协调处理，迅速地处理落实各类问题，及时回应了民众诉求。并在此过程中，增强了社区对人、财、物的统筹分配使用权，实现多元主体参与、多层级协同，依靠划定网格、明确责任人的方式，将责任与权力同时对称下沉，做好了社区疫情防控物资与生活必需品供给。面对疫情期间交通出行不便、物资采买困难的客观现实，网格员承担起了网格居民的民生保障工作，协助社区居民日常采买、药品采购、收寄快递，保障了社区居民的日常生活。同时，为降低接触频次，网格内的网格员、楼长、社区党员、社区志愿者等还利用微信群等形式每天定期与网格内居民联络动态掌握老人、病人的情况，及时有效地提供医疗保健服务。

在新冠疫情防控期间，网格员、楼长、社区党员、社区志愿者等多维联动，对网格内民情及社会事件进行快速采集，并按既定程序及时上报，提升了各级部门对社区民情的发现和处理时效，实现了公民和政府间的双向联通，促进了政府与社会间的良性互动，有力增进了社会和谐与团结。同时，依靠社区网格化管理，相关人员对密切接触者及相关人员进行追踪、管理与居家隔离，对聚集性活动进行有效监管，在社区内积极传播引导正能量，及时发布相关辟谣信息以消除群众恐慌。同时将社区网格化大数据上报，综合运用大数据、云计算、GPS、GIS等先进技术手段，实现各级数据互联互通。疫情的新增、减少趋势，都以可视化、动态化、实时化、数据化的形式披露，使政府能够实现对疫情全面、系统的了解和分析并以此做出科学的疫情判断和抗疫决策，实现了资源与信息在多平台、多终端的交互同步。

在新冠疫情防控过程中，社会组织、社会志愿者等不断加入网格化服务队伍，在缓解了疫情防控人员紧缺的同时更增强了疫情防控力量。基层党组织和居民委员会依靠以微信群为代表的信息沟通平台，促使社区居民、社区民警、社区医生、物管人员、保安、社

扩展阅读11.2

从疫情防控来看网格化在治理体系中的作用

会组织人员、社区志愿者等各司其职、有效联动，共同参与到疫情监测、秩序维护、信息报送、防疫宣传、防疫消毒、困难帮扶、环境整治等防疫工作中，织密了社区疫情群防群治防线。

资料来源：http：//politics.people.com.cn/n1/2020/0223/c1024-31600374.html 人民网.

思考题

结合案例资料，分析在新冠疫情防控过程中，城市危机网格化管理具有哪些功能优势？

拓展阅读

[1] 宋英华. 突发事件应急管理导论 [M]. 北京：中国经济出版社，2009.

[2] 陈柏峰，吕健俊. 城市基层的网格化管理及其制度逻辑 [J]. 山东大学学报（哲学社会科学版），2018（4）：44-54.

[3] 陶振. 城市网格化管理：运行架构、功能限度与优化路径：以上海为例 [J]. 青海社会科学，2015（2）：78-85.

[4] 孙柏瑛，于扬铭. 网格化管理模式再审视 [J]. 南京社会科学，2015（4）：65-71，79.

[5] 董幼鸿. 精细化治理与特大城市社区疫情防控机制建设：以上海基层社区疫情防控为例 [J]. 社会科学辑刊，2020（3）：192-200.

[6] 唐亚林，陈水生. 城市精细化治理研究 [M]. 上海：上海人民出版社，2018.

第12章
韧性治理：城市危机管理的新视点

学 习 目 标

通过本章的学习，了解现代城市面临的新的复杂性风险挑战，明确传统城市危机管理在管理结构、管理机制和管理手段等方面与复杂性风险之间的不适应性。了解韧性的起源及演变历程，并掌握韧性治理的内涵特征。以上海为例，了解中国城市韧性治理的现状，把握城市危机韧性治理的实践路径。

现代城市是各种风险因素交织的集合体，各类突发危机事件频繁发生，彼此交织耦合，呈现出复杂性的特点，给城市危机管理带来了前所未有的挑战。韧性治理是以调适过程为导向、立足于关系、扎根于现实世界、视危机为机会的创新治理过程。将韧性治理引入城市危机管理，有助于增强城市对复杂危机情境的适应力，提高城市危机管理能力。

12.1　城市复杂风险情境与城市危机管理的挑战

随着全球化、现代化进程的加快，现代城市在创造巨大财富，引领全社会经济文化飞速发展的同时，面临的城市风险也在急剧增加，各类危机事件层出不穷，这对城市危机管理提出了新的要求。当前，基于传统的单一危机进行处置的管理模式已经无法有效保障城市的安全运行，城市安全面临着前所未有的挑战。因此，重新审视城市风险的特征，研究在新的危机情境下的危机管理方式尤为重要。

12.1.1　城市面临的复杂风险情境

随着城市化的快速发展，现代城市大规模地集聚了各类人居、经济、生产等要素，彼此在地理上交织分布，更在应激反应上逐步形成具有强烈联动效应的关系链条，从而集中呈现出高度复杂性的特点。尤其是各类大城市在吸引人口、资本等因素进一步流入的同时，也逐步呈现出人口高度密集、工贸企业高度密集、各类建筑高度密集、经济要素高度密集、重要生活设施高度密集的"五个高度密集"的特征。

城市系统的高度复杂性直接导致了城市中的风险发生了新的演化，城市系统中各个环节都暗藏风险因子，各类"灰犀牛""黑天鹅"事件时有发生，城市危机管理也表现出了高度的复杂性特征。主要表现在以下几个方面。

（1）城市系统的高度复杂性表现在城市中多种风险要素相互耦合、叠加的演变过程中。城市发展使城市功能在极大丰富的同时，也使城市结构变得更加复杂，各类生活设施、生产设施及城市功能基建密集分布，设计异常繁杂，一旦某一环节出现风险，往往会造成多个要素环节一起发生风险，从而演化出具有强烈复合性的危机事件。同时在危机事件的演化过程中，各类危机事件具有极强的联动性。现代城市分工精细，内部联系紧密，城市危机事件的发生往往是一种风险因素带动其他风险因素一起作用的结果，导致某一危机事件引发其他领域次生危机事件的出现，在形式上表现出极强的级联效应。

（2）城市系统的高度复杂性表现在城市危机逐步波及不同区域的跨域演化过程中。随着现代城市功能结构越发复杂，城市危机事件的影响也表现出十分典型的跨域性特征，一方面在自然层面上不断突破时空边界的限制。城市危机事件往往是区域性危机事件的一部分，常有多个城市地区一同受到危机影响。另一方面在管理层面上也不断超出组织结构及其职能的边界。城市危机的发生需要多个区域的管理部门、组织单位协同应对，严重的危机事件带来的系统性冲击将远远超过单一部门的能力范围，使得基于传统科层制的危机管理组织结构难以为继。

（3）城市系统的高度复杂性表现在城市危机涉及不同社会群体和组织的互动过程中。当越来越多的社会群体、组织面临城市危机带来的威胁时，各社会主体在防灾减灾背景下的边界将会变得模糊。这是因为面对严重的城市危机事件时，无论是直接利益相关者，还是间接利益相关者，都会面临不同程度的侵害。随着城市风险的叠加和危机的持续演化，形成危机应对的共同体成为一种必然要求。因此，动员城市各社会群体和组织参与危机管理，发挥其主人翁精神，培育他们自主抗击灾害和危机沟通与协作能力将成为影响城市整体危机管理效果的重要因素。

城市系统的复杂性和城市危机的跨域性共同构成了城市危机管理的复杂性情境。在复杂性情境中，危机的叠加、耦合效应加大了城市危机管理的难度，影响了城市危机管理的整体效果。

12.1.2　城市危机管理的挑战

在应对复杂性城市危机的实践中，我国城市危机管理主要表现出了以下突出问题。

1. 管理的碎片化与危机管理的整体性失调

我国城市危机管理的制度安排受到"条块关系"治理结构的影响，一方面，城市危机的防控处置工作由城市相应片区的政府职能部门负责，突出强调危机管理的专业化；另一方面，各级政府又对危机的防控处理具有属地管理的责任，表现出复杂性危机管理的整体性。在理想的状态下，职能部门与层级政府的"条块关系"能够权责明确，各司其职，协同配合，对于发生的城市危机事件可以开展协调统一而专业的应对处置行动。但是，在城市危机愈加复杂的背景下，各危机管理部门往往不能有效整合各方力量，在应对复杂城市危机事件时表现出明显的治理碎片化特征，相关部门各自行动，甚至会出现目标偏差，互相制约、推诿的现象。而对于复杂性危机的应对处置而言，往往需要多方主体共同参与，强调政府统一和整体调度的制度安排。

2. 城市传统管理机制与复杂性危机防控的失配

传统城市危机管理具有明显的"事后补救""运动式治理"特征，而疏于源头管控。在复杂风险情境下，危机的演化逻辑难以明晰，波及范围广泛。事后应对的管理机制注定不能在危机管理中处于主动地位，容易出现管理机制与危机处置任务的失配。此外，政府管理能力与危机防控需求容易脱节，表现为政府对危机缺乏敏锐性和适应性，对突发性的风险和危机常常无所适从，疲于应对，甚至会触发组织僵化、部门主义等科层制反功能，造成危机进一步升级恶化。

3. 单一的危机管理手段与多样的管理需求失衡

政府在城市危机管理中处于主导地位，其管理手段往往具有较强的路径依赖，强制性手段的采用能在短期内控制危机事态，但也因为无法兼顾各方具体需求，衍生社会性危机。因此，在复杂性加剧的背景下，城市危机管理手段与管理需求失衡的矛盾更为突出。复杂风险情境下的危机管理需要政府协同市场、社会组织等多方主体，在控制危机事态的同时，发挥不同主体的优势，最大限度地解决受危机影响的社会公众的问题。

12.2 韧性及韧性治理概述

由于当前城市在发展过程中蕴含着巨大的内生性风险和公共安全问题，具有非常大的不确定性和脆弱性，如何提升城市危机管理能力成为人类可持续发展的重大议题。在此背景下，韧性及韧性治理的兴起，为城市危机管理提供了新的方向和路径。

12.2.1 韧性概述

韧性（resilience），也称为弹性、恢复力、抗逆力等，是与"应对能力"紧密联系的一个概念，源于拉丁语的"resilo"，意为弹回，回到原位的意思。19世纪中叶，韧性一词被应用于工程学，用以描述物质在外力作用下快速复原的能力。随着学界不断地深入研究，韧性的概念外延不断延伸，应用领域也逐步增多。加拿大生态学家霍林（Holling）最早将韧性概念引申到系统生态学领域，用以形容生态系统稳定状态的特点。经过发展，韧性在不同学科中的含义也愈加复杂化，在机械和工程科学中的韧性用以描述木材或钢铁等材料的抗压性。[1] 生态学中的韧性则关注种群、物种和生态系统在不断变化和波动的自然环境中的长期生存策略和运行机制。而人类系统风险管理中的韧性则关注人类社会和社区的日常生活和其他活动的维持。[2] 自20世纪80年代以来，相关学者对韧性研究渐渐从自然生态学延伸到了人类生态学，进而应用到了灾害社会科学领域。然而几十年来，韧性的定义在学术界一直没有统一的定论，即使在

---

[1] HOLLNAGEL E, WOODS D D, LEVESON N. Resilience engineering: concepts and precepts[M]. London: Ashgate Publishing, Ltd, 2007.

[2] JOHN W. HANDMER. A Typology of Resilience: Rethinking Institutions for Sustainable Development[J]. Organization & Environment, 1996, 9(4): 482-511.

同一研究领域，其内涵也不尽相同。韧性联盟（resilience alliance）定义韧性为社会一生态系统吸收或抵抗扰动或其他压力源从而保持相同结构和功能的能力。

韧性概念自被引进灾害风险研究领域以来，韧性理论的研究发展经历了工程韧性—生态韧性—演进韧性（社会-生态韧性）的三次转变，每次研究转变都极大丰富了韧性理论的内涵，扩展了韧性理论的应用领域与应用程度。目前学界对于韧性内涵的理解，主要有四种代表性的观点。

第一，能力恢复说。韧性是系统受到扰动偏离既定稳态后仍旧可以恢复到初始状态的速率。蒂默曼（Timmerman）认为它是人类社会在基础设施受到外界扰乱后从中复原或抵抗外来冲击的能力，可从制度变革、经济结构、财产权、资源可及性及人口变化等层面衡量。[1]

第二，扰动说。克莱因（Klein）等认为韧性是社会系统所吸收的外界扰动量的总量且仍可以保持稳态或吸引力的范围。[2] 卡什曼（Cashman）认为韧性指社会系统受到扰动后的一种反应能力，这是一种不但可以应对变化而且能够不断发展的长期能力，韧性减缓策略包括信息流通、自我学习、机动性和提升回馈机制。[3] 一个系统能够承受的扰动规模越大，韧性就越强，反之亦然。

第三，系统说。福克（Folke）认为韧性可从三个层面来进行考量。第一层面是系统在维持相同状态时吸收外界的扰动量；第二层面是系统自我重组或组织的程度；第三层面是系统的自我学习和自我适应的能力。城市系统包括了社会、经济、环境及组织机构四个子系统，在外界扰动之下，仍然能具备适应、学习、自我组织，以及系统间相互作用的能力，这也是韧性的价值所在。[4]

第四，提升能力说。阿杰（Adger）认为韧性不只是恢复到系统受到扰动前的一种状态，还需要通过学习进一步提升应对扰动的能力。[5] 卡彭特（Carpenter）等学者研究后指出韧性是系统在受到外界一系列干扰后能够有效吸收、保留相同状态的吸引能力，并且能够从一定程度上再进行学习和提升的能力。[6]

韧性概念随着社会的不断发展，研究的不断深入和应用领域的不断扩展，其内涵也越来越丰富，虽然不同的领域对韧性概念有着不同的定义，但是对韧性的概念界定都认同了以下几点：①吸收外力扰动并维持现有功能的缓冲能力；②受到外力作用后

---

[1] TIMMERMAN P. Vulnerability, Resilience and the Collapse of Society. 1981.

[2] KLEIN R J T, NICHOLLS R J, THOMALLA F. Resilience to natural hazards: How useful is this concept?[J]. Environmental Hazards, 2003, 5(1).

[3] A. C C. Case study of institutional and social responses to flooding: reforming for resilience?[J]. Journal of Flood Risk Management, 2011, 4(1).

[4] FOLKE. Resilience: The emergence of a perspective for social–ecological systems analyses[J]. Global Environmental Change, 2006, 16(3).

[5] ADGER W N. Progress in Human Geography Social and ecological resilience - are they related ?[J]. 2000.

[6] CARPENTER. From metaphor to measurement: resilience of what to what [J]. Ecosystems, 2001.

可以快速复原的恢复能力；③大多聚焦韧性具备降低灾害风险和损失的能力，同时拥有快速恢复正常状态的能力。④多强调韧性从软件（技术和知识）和硬件（设备和体制）两个层面应对灾害冲击的能力及速度。韧性作为从物理学中诞生，经过演化引用到人文社科研究领域中的概念，其概念表达中的"调适"一词成了当下研究的核心要义。

12.2.2　城市危机管理中的韧性治理

1. 韧性治理概述

韧性描述的是物体在受到外部力量扰动后可以恢复初始状态的能力，当引申到治理视域下，可以将韧性的这种恢复力与治理概念中的主体能力相结合，用以指治理主体在受到外部危机威胁时，能依靠自身的一系列能力，经过科学合理的程序实现抵御危机扰动，并保持主体自身稳定与安全状态的全过程描述。因此，韧性治理强调治理主体面对灾害风险与危机事件的应对能力、适应能力及学习和变革能力。

韧性治理是韧性理论与治理理论相结合而产生的，用以解决治理主体在面对危机灾害的新型治理模式，这一模式基于不同公共治理主体之间的合作治理和组织学习机制，其治理对象涵盖治理主体所在系统的全灾种、全过程，旨在增强自身及其所处系统对于各种灾害风险冲击的适应能力。韧性治理的出现，突破了传统治理的线性思维，通过系统能力的提升来回应各种复杂性的风险危机的冲击，同时引导危机管理从阶段性的风险防控、应急处置，向全过程、系统化转变。

2. 城市危机与韧性治理

在"韧性"视域下，城市可以被视作一个复杂巨系统，城市危机事件的发生就是对城市系统的扰动，因此整个城市危机管理亦可以从韧性治理的角度进行分析。这主要体现在以下几方面。

一方面，从危机管理的对象来看，城市危机管理可以从"韧性"视角进行拓展分析。传统危机管理以危机事件为对象，关注的是政府在危机事件发生后如何高效运作，采取何种行动去管控危机，存在着危机事件处理滞后性的特点，容易忽略城市危机事件的动态演化逻辑。而韧性视角下的危机管理是针对整体系统的适应性调适，旨在提高系统"容忍"危机、对抗外部扰动的能力。当城市系统的韧性程度越高，相应能抵抗危机扰动的能力也就越强。

另一方面，从韧性概念核心引申来看，"韧性"是复杂系统结构和功能维持的一种属性、能力和状态。一个具有韧性的系统是可以抵御外在冲击，并能快速恢复、经验学习的能动体系。城市本身就是一个集聚各种要素的复杂系统，因此从系统的角度出发，将城市打造成具备韧性的系统，并将复杂的城市看作一个具备抗干扰能力的动态性系统，强调调整城市中的各种因素，形成一个应对复杂性危机和不确定挑战的重要能力。值得注意的是，具备韧性的城市危机管理并不仅仅强调对危机的预防性投入，而是关注城市系统如何提高自身对危机的抵御力。

综上所述，韧性治理与城市危机管理的结合，是以"调适"为核心来分析城市危机管理。韧性治理的目的是回应城市复杂风险的冲击，从系统视角出发，增强城市对危机事件的适应性和调适力。

3. 城市危机视域下韧性治理的内涵

在关于韧性治理内涵的学术研究中，朱正威从公共管理视角出发，通过对城市中复合型灾害的分析，将"韧性治理"界定为：为了增强自身及其所处的城市和社区系统对于复合型灾害风险冲击的适应能力，不同公共管理主体基于合作管理与组织学习机制建立的，涵盖全灾种、全过程的新型管理模式。[①] 该定义从分析灾害入手突出了韧性治理的适用情境，管理主体和理想形态。在实际的城市危机管理中，韧性治理不仅仅局限在对复合型灾害分析的情境中应用，更加突出表现在从城市建设与发展出发，以全局性、系统性视角看待实际管理需求。具体而言，结合韧性的概念特点和城市危机管理的内容，本书认为可以从四个方面理解城市危机管理视域中韧性治理的内涵。

第一，韧性治理是城市危机在成因、后果、影响层面的复杂性、严重性和跨域性成为现实的背景下提出的，旨在克服传统城市危机管理模式在新形势下效能不高问题。

第二，韧性治理的目标是提升城市对于各类危机事件的适应能力。适应能力指主动调适并适应危机情境变化的能力，具体表现在城市遭遇危机事件的扰动后，可以快速恢复并维持其基本结构和功能。

第三，韧性治理强调将城市作为一个综合系统，通过多主体合作，多功能配合，多方面协调，形成涵盖各类危机事件及其全过程的管理模式。

第四，韧性治理注重的系统恢复性需要组织建立长效的学习机制。韧性治理中的组织学习意味着城市系统对于已发生的危机管理实践要进行全面反思，既包括对管理经验的总结提炼，也包括在此基础上的再次变迁和制度优化。

12.2.3 城市危机韧性治理的内容

城市危机韧性治理的内容集中表现在城市危机管理中的系统理念、多主体协同、系统冗余设计、情境学习四个方面。

1. 韧性治理系统理念

传统城市危机管理的重心在处置，目的是阻止风险的继续演化和危机的持续发酵，以此来遏制灾害，减少损失。传统城市危机管理坚持"以事为中心"的理念，包括危

---

① 朱正威，刘莹莹. 韧性治理：风险与应急管理的新路径[J]. 行政论坛，2020，27（5）：81-87.

机管理的事前事中事后的预防处置和恢复工作等，都是围绕危机事件而展开。危机事件成为城市危机管理者的对立面，他们采取一系列措施控制危机、消灭危机，保障城市安全。而韧性治理将城市视作具有周期变化的生命体征的综合系统。城市中的危机事件不再只是具有破坏性的突发事件，相反，城市危机是与城市发展相伴而生，共同构成城市系统的一部分。韧性治理理念下的城市危机管理将对危机事件的预防、处置的认知转变为如何在城市的大系统中与危机事件相处。基于此，韧性治理理念追求的不是理想化的没有风险威胁和危机事件的城市社会，而是一个不怕风险，与危机并存，并时刻在动态调整以促进城市继续平稳发展的综合系统。这样才能保证无论城市危机如何发生，城市都可以承受其冲击而不失序，并能通过动态性的总结调整、学习反思，使城市更加强大。

2. 系统内部多主体协同管理

增强城市系统的韧性，提升城市危机管理效能，要求城市中的各危机管理主体增强联动的协同性和灵活性，各危机管理主体能自主适应风险情境，并可以自我组织，迅速反馈，灵活消解危机事件的冲击，从而化解危机对城市系统的威胁。在城市危机管理实践中，各主体灵活的结构调整和功能优化是降低危机损害，提高危机管理整体效能的可行路径。城市危机管理的韧性治理在很大程度上取决于整个社会内角色的合理安排及其正确行为。在这个要求下，由政府宏观上主导城市危机管理行动，具有统一组织危机管理主体行为、集中调配应急资源等优势。在此基础上，强化居民社区韧性、企业组织韧性和第三部门组织韧性等。通过持续改进和强化基层治理，将更多的资源与权力下放到城市基层社区，为基层赋能，提高其自我组织能力、抗干扰能力和自愈能力。在危机管理主体结构调整的过程中，政府与其他主体合作，其他社会主体也将因城市系统中资源和权力等因素的调整而不断获得更多的精细化业务服务模块，从而实现自身功能的最大限度发挥，实现整个城市系统中各个危机管理主体韧性的协同组合，提升城市整体韧性治理效能。

3. 城市系统设计冗余度

城市系统设计冗余度是城市韧性的重要体现。城市系统的冗余度意味着系统具有多种功能，这些不同的功能将帮助城市抵御多种风险危机。它要求城市系统在顶层设计上要突出冗余度，即城市中的各种设施、建筑等具有多功能性属性。韧性治理要求把与城市良性运行相关的重要功能和设施设置备份，并且能保障在时空维度上布局要分散，以此来实现危机事件发生时，城市系统中有多样化的备用模块对受损之处予以补充，保证因危机事件扰动而功能失灵的子系统得以迅速复原。增加冗余度不仅表现在物质结构方面，管理结构和制度结构方面同样如此，一旦管理系统中某部分组织功能失效，或者某个功能模块应答过载，冗余设计能够实现迅速割离、撤换掉相关模块，并迅速提供替代性的措施和服务。进而保证在城市危机事件发生时，城市系统依旧可以保证正常运作。

4. 危机情境中学习能力

韧性治理将城市危机看作与城市发展相伴而生的产物，是整个城市系统中的一部分。因此应对任何一次城市危机事件，都不能只重视处理结果，而应将整个危机管理的过程进行系统性总结与学习，查找城市发展的症结问题，为城市系统的持续优化指明方向。韧性治理要求城市系统通过学习来不断总结、积累每次危机管理的经验，从而提高系统应对危机的能力。通过强化学习能力，实现整个城市从反思危机到适应危机的过渡，并通过不断修正，来保障城市危机管理各项决策和行为的适当性。

12.3 我国城市危机韧性治理的实践探索

韧性治理作为一种城市危机管理的新思路，在提高城市抵御、消解、适应不确定风险的能力，建设有韧性能力的城市上，具有很大的作用。近年来，我国注重对韧性城市的研究，并在实践中大力推动韧性城市的建设。《中共中央关于制定国民经济和社会发展第十四个五年规划和二〇三五年远景目标的建议》中明确提出要建设"韧性城市"。"韧性城市"的提出从宏观层面明确了城市危机管理的前景目标。

让城市更具"免疫力"上海建设韧性城市"样板间"

12.3.1 韧性治理在我国城市危机管理中的发展

我国韧性城市的建设，与爆发的各种重大灾害危机事件密切相关。例如，2008年的汶川地震与2020年新冠疫情等事件，引发了国内外学者对于危机管理的系统性反思，也使"韧性城市"作为一种现代城市建设目标与管理理念真正得到了学界的关注。在具体的治理实践上，国内黄石、德阳、上海等城市先后进行韧性城市的规划建设，总体来看我国城市的韧性治理呈现出明显的问题导向特征。

1. 上海城市韧性治理实践

上海在城市的韧性治理上一直走在全国前列。上海注重打造安全韧性城市，提高城市治理现代化水平，具体做法主要有以下几点。

（1）高标准推进城市精细化管理。上海坚持高标准引领，推动城市规划建设管理一体化，着重在细微处下功夫，将城市服务管理延伸到城市每一个角落。扩大智能化发现手段的覆盖面，加强多种应用场景的"神经元"建设和算法开发；制定完善人工发现标准和工作细则，强化专业技术和人员向街镇和居村高效下沉，使问题在基层得到解决；完善城市无障碍设施规范和标准，提供从出行到信息交流等全方位的无障碍服务，建设"有爱无碍"城市；深化城市管理综合行政执法体制改革，加强管理和执法部门的双向监督，实现管执衔接；引入社会力量参与城市管理，探索政府支持、市场投入、社区参与的多主体治理制度，引导市民深度参与城市综合治理；开展综合养护试点，打破行业条块分割，将区域性较强的设施打包实施综合养护和管理。

（2）严密守好城市安全底线。上海在宏观上统筹传统安全与非传统安全，全面提升城市运行的功能韧性、过程韧性、系统韧性。完善超大城市安全保障体制机制。强化应急管理的综合性和系统性，健全分级负责、属地为主、统筹协调、分类管理的应急管理体系；着力消除城市运行重点隐患，强化交通物流、通信保障、能源供水等各类城市生命线的综合韧性，提升应对灾害事故等突发事件冲击时基本功能维持和快速复原的效能；提升灾害监测预警能力，开展自然灾害分类型、分区域风险普查；提升应急避难能力，加强街镇、居村应急避灾站点建设，引导社会力量参与应急救援，提升救援救助能力，加强防灾减灾科普宣传教育，全面提升全社会的安全意识和应急能力。

（3）构建多元共治的社会治理格局。上海坚持共建共治共享，不断完善党委领导、政府负责、民主协商、社会协同、公众参与、法治保障、科技支撑的社会治理体系，着力构建人人有责、人人尽责、人人享有的社会治理共同体。坚持党建引领，进一步强化网格化党建，推进"微治理"创新，配足配强党建工作力量，提升居村党组织政治功能和组织力；优化街镇管理体制机制，推动社会管理权限和力量更多向基层下放，完善人财物向下倾斜、权责利挂钩对等的新型条块关系；大力支持社区社会组织发展，引导社会力量更好地链接社会资源、提供专业服务、参与基层治理，推动自治共治平台协同运转；完善社会多元参与机制，畅通企业和市民参与公共政策制定渠道和志愿服务渠道，不断拓宽民主协商渠道；全面加强网络安全保障体系和能力建设，完善重大舆情有效引导和协同处置机制，落实互联网属地化管理责任，不断提升线上线下协同的网络时代治理能力。

上海市坚持以人民为中心，围绕实现"一流城市一流治理"的目标，强化韧性适应理念，以基层社会治理为支撑，加强全周期管理，全面提高城市管理科学化、精细化、智能化水平，建设更高水平的平安上海。

2. 韧性治理在我国城市危机管理中应用的经验

经过多年的研究和实践探索，我国韧性城市建设实践取得了一定的成就，主要表现有两个方面：一方面，在吸取、借鉴西方韧性理论研究成果和国际实践经验上，我国韧性城市建设实践呈现出从简单借鉴到自主创新的转变。例如，湖北黄石在制定韧性城市建设规划时，虽然借鉴了全球"100 韧性城市"项目的城市韧性建设框架，但是并没有简单拿来主义，而是立足本地实情，根据城市风险评估结果和城市建设发展目标对原始的框架进行本土化的改造，从而制定出具有本地适用性的韧性城市建设规划。另一方面，在韧性实践的目标诉求上，我国韧性城市建设展现了从注重城市局部功能的强化向追求城市系统整体韧性水平提升的转变。我国韧性城市在经过各种重大危机事件后，城市建设除了在建筑、交通、基础设施等工程韧性指标，包括城市危机管理能力，恢复能力，区域协同能力等在内的非工程韧性指标也被纳入韧性城市的规划。总结起来，韧性治理在我国的城市危机管理中主要的经验可以提炼为以下几点。

首先，以深化改革为抓手，理顺城市危机管理的运行通路。城市危机管理立足系统性思维，全面审视、分析城市构成的各种要素、结构和功能等，对影响城市危机管理效能的问题和症结进行深入研究和周密部署，积极推进适应性改革，理顺危机管理流程间的各种管理要素和环节的协调对接。

其次，以科技创新为动力，着力打造智慧化、智能化城市。大数据、云计算等技术的迅速发展，给城市绘制电子风险地图和搭建城市危机管理一体化监测感知平台提供了技术支持。依托智能化城市运行管理服务平台，实现对城市危机管理工作的统筹协调和指挥监督，不断推进城市"一网统管"的智慧化建设，构建横向到边、纵向到底的覆盖城市管理全领域，城市危机全过程的整体管理技术体系。

再次，以管理转型为指向，以绣花之功推进城市精细化管理。城市管理坚持"以人民为中心"的发展理念，不断探索城市发展管理规律和城市危机演化规律，因地制宜地研究城市精细化管理的路子；紧盯城市危机管理目标补短板；持续推进城市危机管理程序与管理资源调度的能力精准提升，加快城市基础机构和应急设施建设，针对性实施重点整治和建设工程，筑牢城市安全运行之基。

最后，以提高市民素质为重心，树立城市建设人人参与的管理理念。2019 年习近平总书记在上海考察时提出了"人民城市人民建、人民城市为人民"的重要理念，深刻回答了城市建设发展依靠谁、为了谁的根本问题。这与韧性治理主张的多元主体参与危机管理的要求不谋而合。我国城市积极动员市民广泛参与城市危机的管理实践，通过不断开展安全理念进社区、社区应急演练与技能培训等活动，着力培养市民的安全意识，提升应急处理能力，从而在城市中培育出全民化的危机管理力量。

12.3.2　城市危机韧性治理的实践路径

韧性治理是新形势下城市危机管理回应复杂性风险挑战的治理升级。尽管我国的韧性城市建设取得了一定的成绩，但是受限于对韧性理论的基础性研究不足，以及城市管理的技术能力和现有体制等方面的诸多限制，当前我国的韧性城市建设仍存在一些不足：①对于城市危机的不确定性仍旧缺乏系统认识和应对，这导致城市对未知的危机事件欠缺适应性的准备；②城市韧性治理缺乏在常态情境与非常态情境之间的管理衔接；③当前我国城市的韧性建设还缺少系统化的制度安排。这一点在大型与超大城市的管理实践中尤为突出。从全球来看，特大、超大型的城市危机管理与韧性建设仍旧是一个难题。立足韧性治理的深刻内涵和我国现行的城市危机管理体系与实践，今后可以从以下几个方面进一步探索城市危机韧性治理的实践路径。

1. 树立"发展-安全"同构的系统管理理念，主动接纳城市风险的不确定性

面对高度不确定的城市复杂风险情境，城市危机管理在管理思路上需要进一步转变对危机的认识，充分认识到城市发展与安全的统一性，韧性治理视角下的城市危机管理应该兼顾发展与安全的双重目标，妥善处理危机管理与经济发展的关系，并将城市危机的不确定性视为城市系统的一种常态，而非传统的意外事件，从而接受城市与危机共存的事实。

2. 构建常态与应急相结合的韧性治理体系，增强城市治理体系适应性

韧性治理注重城市面对不同管理情境的适应能力，城市面对复杂性风险情境，一方面需要进一步完善现行的危机管理体系，将灾前的风险防控与化解、危机过程中的应急响应及灾后的恢复重建与组织学习统一纳入城市危机韧性治理的框架中，形成常态管理与危机管理的治理闭环；另一方面需要加强不同情境下城市管理制度之间的有效衔接，降低不确定性的风险对于城市各领域常态管理的冲击，增强城市管理体系的稳健性。

3. 完善多主体合作治理体系，形成全社会协同应对危机的合力

复杂性风险情境下的城市危机管理需要政府、企业、社会组织、社区与公众等多主体力量的共同参与，需要充分整合多方资源，统筹多方力量安排，从而构建出多主体合作的治理体系，形成应对城市危机的合力。一方面，由政府向社会增权赋能，提高城市中社区、企业、社会组织等主体面对危机冲击的自组织和自适应能力；另一方面，由社会向政府增权赋能，通过社会各主体的自主参与，提高政府在危机管理中的应急决策、资源调配和社会动员等方面的能力。

4. 重视和加强组织学习，将制度优势转化为治理效能

韧性治理重视城市系统在应对危机事件时的学习能力，面对城市高度复杂的危机的冲击，城市管理不仅需要针对具体的危机事件提出有效应对策略，还需要以此为契机深入分析各类危机背后潜藏的制度性、结构性诱因。这要求城市系统必须加强组织学习能力，一方面针对持续变化的城市复杂性风险情境，危机管理组织需要通过全过程的风险评估与管理、加强执行反馈等，及时调整危机管理策略，提升危机应对能力；另一方面，通过从各类复杂的危机事件中学习和提炼城市危机管理的一般性经验，从

真实的危机管理实践中深化对城市危机管理体系和管理能力的认知,并通过组织学习,将制度优势转为治理效能。

本章小结

现代社会的自反性导致城市各类危机事件频频发生,并随着城市的不断发展,城市危机也演化出了高度的复杂性特征,从而给城市危机管理带来了许多新的挑战,包括管理的碎片化与危机管理的整体性失调、城市传统管理机制与复杂性危机防控的失配、单一的危机管理手段与多样的管理需求失衡。基于韧性视角,对城市危机管理进行系统性认识,从增强城市自身的抵御力、恢复力和学习力出发,探究城市危机管理的新思路具有重要意义。

韧性治理致力于加强城市系统抵御风险的适应性和调适力,围绕系统治理理念、多主体协同、冗余设计、情境学习打造一个具有韧性的城市系统,从而破解城市危机管理的困境。近年来,我国注重韧性治理理念与城市危机管理相结合,积极打造韧性城市,探索城市危机韧性治理的实践路径,包括:树立"发展-安全"同构的系统管理理念、构建常态与应急相结合的韧性治理体系、完善多主体合作治理体系、重视和加强组织学习等。

关键词

复杂风险情境(complex risk scenarios);韧性(resilience);城市系统(city system);韧性治理(resilience governance)

思考题

1. 复杂性风险情境给城市危机管理带来了哪些挑战?
2. 什么是韧性?城市危机管理视域中韧性治理的内涵是什么?
3. 城市危机韧性治理的内容有哪些?
4. 简述我国城市危机韧性治理的实践路径。

思考题参考答案

即测即练题

案例分析

行动在"安比"到来之前——上海市气象部门合力织就台风防御屏障

2018年7月22日中午，第10号台风"安比"裹挟狂风暴雨登陆上海崇明，这是1949年以来，直接登陆上海的第三个台风。次日早晨，上海市民发现整座城市"优雅如初"：倒伏的树木运走了，道路积水迅速抽排，跳闸的电路抢修好了，大桥、公交、地铁、航班、铁路等交通枢纽快速恢复正常……

"安比"来去匆匆，上海气象部门扎扎实实地打了一场防御硬仗，精准的预报预警为市委、市政府决策提供了有力科学依据，更为全市部署台风应对工作提供了保障支撑。

气象部门的防御工作早在"安比"造访上海的前几天，就紧锣密鼓地展开了。

7月18日20时，台风"安比"在西北太平洋洋面上生成，根据预测，它将给上海带来较为严重的风雨影响，防汛形势不容乐观。紧接着，上海市防汛指挥部迅速发出紧急通知，要求各区、各部门、各行业切实做好台风防御工作，相关人员的避险转移工作也进入摸排准备状态。

眼看着"安比"步步逼近上海，气象工作人员的节奏也愈发紧张。21日9时30分，上海市中心气象台发布台风黄色预警，当日17时30分，台风黄色预警又升级为橙色，与此同时启动了气象灾害Ⅱ级响应。

22日7时，在上海市气象局预报大厅里，首席预报员们围坐在一起，仔细分析"安比"的发展趋势及风雨影响。经过研判，"安比"将于中午前后在上海崇明登陆。果然，12时30分前后，"安比"如约而至，崇明、浦东等沿海地区风雨大作，所幸到傍晚时分便风平浪静，一路北上而去。城市系统也很快恢复正常运行。

"安比"是29年来唯一正面登陆上海的台风，对该市防汛抗台风工作带来了新的考验。自7月18日以来，上海市气象部门多渠道传播台风防御避险信息：通过官方微博发布了台风最新动态及其风雨影响，面向公众持续发布最新台风信息和相关科普，并为上海电视台、文汇报、东方网等十余家媒体提供相关资讯。依托"上海知天气"App平台，市气象局与市应急办联合策划"气象防灾避险一起答"活动，派人前往抗台风一线洋山港区开展直播，及时向公众传递台风最新资讯。

同样，上海沿海区域各基层气象部门都严阵以待，为相关部门开展台风防御工作提供决策支撑，确保防台风工作取得实效。

根据上海海洋气象台预测，市政府要求洋山港区所有单位，除值班人员和应急人员外，全部撤离港区，洋山港区紧急开展轮吊防风绑扎工作。

从20日开始，金山区农业部门便组织农户抢收蟠桃和葡萄，最大限度地避免农户损失。区交通委公路、市政部门在接到气象部门

视频12.3
上海市交通委增备应急运能 应对台风"安比"

预警信息后,立即开展道路树枝修剪工作,确保安全渡台;全市各乡镇都及时做好大棚掀膜加固和裸露电箱加罩防水工作,崇明三耘果蔬专业合作社由于保护措施采取及时,棚内果蔬在风雨肆虐下"安然无恙"……

及时精准预警信息为全市交通行业提前筹备打出了充分的提前量。台风"安比"登陆前,全市储备了草包、沙袋、挡水板、阻水袋及其他各类防汛物资等,建立了300多支、5000多人的防汛抢险队伍,准备了数千辆各类公共交通应急车,8000余个在建工地全部停工,全市撤离安置人员近20万人,无险情发生。

资料来源:《中国气象报》2018年7月25日1版。

思考题

结合上述案例简述上海在应对"安比"中采取了哪些措施?这些措施体现了韧性治理的哪些内容?

拓展阅读

[1] 朱正威,刘莹莹,杨洋. 韧性治理:中国韧性城市建设的实践与探索 [J]. 公共管理与政策评论,2021,10(3):22-31.

[2] 朱正威,刘莹莹. 韧性治理:风险与应急管理的新路径 [J]. 行政论坛,2020,27(5):81-87.

[3] 肖文涛,王鹭. 韧性城市:现代城市安全发展的战略选择 [J]. 东南学术,2019(2):89-99,246.

[4] 唐皇凤,王锐. 韧性城市建设:我国城市公共安全治理现代化的优选之路 [J]. 内蒙古社会科学(汉文版),2019,40(1):46-54.

[5] 王磊,王青芸. 韧性治理:后疫情时代重大公共卫生事件的常态化治理路径 [J]. 河海大学学报(哲学社会科学版),2020,22(6):75-82,111-112.

[6] 刘紫涵. 韧性应急:上海应急治理四十年 [M]. 北京:中国社会科学院出版社,2021.

教师服务

感谢您选用清华大学出版社的教材！为了更好地服务教学，我们为授课教师提供本书的教学辅助资源，以及本学科重点教材信息。请您扫码获取。

» 教辅获取

本书教辅资源，授课教师扫码获取

» 样书赠送

公共管理类重点教材，教师扫码获取样书

 清华大学出版社

E-mail: tupfuwu@163.com
电话：010-83470332 / 83470142
地址：北京市海淀区双清路学研大厦 B 座 509

网址：https://www.tup.com.cn/
传真：8610-83470107
邮编：100084